Maddalena Fingerle
Lascivia mascherata

Vigilanzkulturen /
Cultures of Vigilance

Herausgegeben vom / Edited by
Sonderforschungsbereich 1369
Ludwig-Maximilians-Universität München

Editorial Board
Erdmute Alber, Peter Burschel, Thomas Duve,
Rivke Jaffe, Isabel Karremann, Christian Kiening and
Nicole Reinhardt

Band / Volume 3

Maddalena Fingerle

Lascivia mascherata

Allegoria e travestimento in Torquato Tasso e Giovan Battista Marino

DE GRUYTER

Funded by the Deutsche Forschungsgemeinschaft (DFG, German Research Foundation) – Project-ID 394775490 – SFB 1369

This book is a revised version of a doctoral dissertation written at the University of Munich (Ludwig-Maximilians-Universität München) that was defended in November 2021

ISBN 978-3-11-079124-2
e-ISBN (PDF) 978-3-11-079411-3
e-ISBN (EPUB) 978-3-11-079427-4
ISSN 2749-8913
DOI https://doi.org/10.1515/9783110794113

This work is licensed under the Creative Commons Attribution 4.0 International License. For details go to http://creativecommons.org/licenses/by/4.0/.

Creative Commons license terms for re-use do not apply to any content (such as graphs, figures, photos, excerpts, etc.) that is not part of the Open Access publication. These may require obtaining further permission from the rights holder. The obligation to research and clear permission lies solely with the party re-using the material.

Library of Congress Control Number: 2022938355

Bibliographic information published by the Deutsche Nationalbibliothek
The Deutsche Nationalbibliothek lists this publication in the Deutsche Nationalbibliografie; detailed bibliographic data are available on the Internet at http://dnb.dnb.de.

© 2022 the author(s), published by Walter de Gruyter GmbH, Berlin/Boston
The book is published open access at www.degruyter.com.

Cover illustration: Marino, Giambattista: *L'Adone, poema del cavalier Marino [...] con gli argomenti del conte Fortuniano Sanvitale et l'allegorie di don Lorenzo Scoto. [Précédé d'une "Lettre ou discours de M. Chapelain à M. Favereau, conseiller du Roy en sa Cour des aydes, portant son opinion sur le poème d'Adonis du cavalier Marino".]* Parigi 1623. In BnF Gallica: https://gallica.bnf.fr/ark:/12148/bpt6k1329478.r=L%27Adone%2C%20poema%20del%20cavalier%20Marino.?rk=21459;2 [ultimo accesso: 26/04/2022].
Typesetting: Integra Software Services Pvt. Ltd.
Printing and binding: CPI books GmbH, Leck

www.degruyter.com

Ringraziamenti

Sono grata a Florian Mehltretter per la fiducia, il tempo che mi ha dedicato e i suggerimenti sempre illuminanti. Ringrazio la fondazione *Hanns-Seidel-Stiftung* per la borsa di studio durante il primo anno di dottorato; il *Sonderforschungsbereich 1369 Vigilanzkulturen*, che mi ha permesso di dedicarmi alla tesi e di avere scambi e discussioni interdisciplinari in un'atmosfera piacevole e produttiva; Clizia Carminati per le fondamentali osservazioni sulla vigilanza in Tasso e Marino; Chiara Franceschini per le considerazioni sulle grottesche. Grazie a David Nelting e Angela Oster che durante la discussione mi hanno fornito preziose indicazioni per la riscrittura: non pensavo che una *disputatio* potesse essere così divertente. Grazie a Cecilia Mussini per l'intenso e allegro lavoro di editing, a Ilaria Paltrinieri, Alessandro Cavagna, Luisa Bertolini, Elisabeth Hösl e Cosimo Schlagintweit per le letture e le correzioni.

Infine, grazie a Chris.

Indice

Ringraziamenti —— V

Introduzione —— 1

1 Tasso e il rispetto delle regole —— 10

2 Marino e la trasgressione delle regole —— 24

3 Vigilanza e disobbedienza nell'*Adone* —— 39

4 Tasso e l'allegoria come strumento di riscrittura —— 48

5 Le grottesche nell'edizione parigina dell'*Adone* —— 60

6 Marino e l'uso offensivo dell'allegoria —— 74

7 Bruni e la credibilità dell'allegoria —— 92

8 Il travestimento e il velo nella *Gerusalemme* —— 100

9 Il travestimento e il velo nell'*Adone* —— 109

10 Evasione e gioco nell'*Adone* —— 120

Testi —— 139

Bibliografia —— 141

Tavole —— 149

Indice delle tavole —— 163

Introduzione

Sono molti gli studi che, negli ultimi decenni, hanno messo a fuoco il tema delle norme e della loro sospensione tra Cinque e Seicento. La produzione letteraria di questo periodo si sviluppa nell'intersezione tra diverse aspirazioni normative: se la Controriforma ha imposto un ripensamento del rapporto tra letteratura e religione,[1] la diffusione della *Poetica* di Aristotele[2] e le discussioni linguistiche nate sulla scia delle *Prose* di Bembo[3] segnano spartiacque fondamentali per chi si dedica all'attività poetica. La censura e l'Inquisizione controllano gli autori dall'esterno, ma la comunità letteraria stessa si impegna in un dialogo critico e vigile basato sulla riflessione circa le norme.[4]

Il quadro, già molto ricco, degli studi sul tardo Rinascimento – e nello specifico su Torquato Tasso e Giovan Battista Marino, entrambi figure chiave in relazione al tema del superamento delle norme esistenti[5] – può tuttavia essere ulteriormente arricchito con l'aiuto di due concetti, quelli di vigilanza ed evasione, finora non utilizzati in senso euristico dalla critica. Mi propongo così di indagare le opere di Tasso e Marino proprio attraverso le categorie di evasione e vigilanza, nella convinzione che possano aprire nuove prospettive interpretative.

---

[1] Durante la Controriforma si stabilisce il dogma della Chiesa cattolica in contrasto con la pluralità della prima età moderna (*Frühe Neuzeit*), cf. Hempfer, *Probleme*.
[2] Con il commento di Robortello alla *Poetica* (1548) si sviluppa una poetica neoaristotelica, cf. Weinberg, *History*; Hathaway, *Age of Criticism*; Morpurgo-Tagliabue, *Anatomia*; Kappl, *Poetik des Aristoteles*.
[3] L'imitazione di un modello come Petrarca per la poesia assume un ruolo fondamentale tra Cinque e Seicento, tanto che uno dei sistemi normativi per la poesia diventa proprio, insieme al neoaristotelismo, il petrarchismo, cf. Mehltretter, *Petrarkismus*; id., *Petrarca neu erfinden*; id., *Kanonisierung*; Regn, *Manierismus*; id., *Systemunterminierung*.
[4] Riguardo la prassi censoria e l'Indice risultano di particolare spessore gli studi di Rebellato, *Fabbrica* e Cavarzere, *Prassi*.
[5] Fondamentali in questo senso, in particolare per Marino, gli studi di Carminati, che allarga la prospettiva dell'analisi grazie a una serie di documenti e studi relativi alla censura e alla proibizione dell'*Adone* e ne analizza le motivazioni in un'ottica che prende in considerazione voci coeve al poema, cf. Carminati, *Inquisizione* e ead., *Tradizione*.

Nota: Nel corso del testo ho utilizzato forme femminili e maschili, consapevole di operare una semplificazione che non vuole essere ideologica. Purtroppo non ho ancora trovato, almeno in italiano, una soluzione universalmente accettata nell'*usus* accademico (*, ə, u, @, x, ecc.) per utilizzare un linguaggio ampio dal punto di vista del genere. A tal riguardo rimando con piacere e convinzione ai lavori di Vera Gheno, che ringrazio per aver risolto i miei dubbi; a titolo d'esempio cf. Gheno, *Femminili*.

Che cosa si intende, dunque, per vigilanza? La categoria euristica della vigilanza, in tedesco *Vigilanz*, deriva dalla medicina e dalla psicologia, dove riguarda lo stato fisico di veglia e di allerta, ma può risultare fruttuosa anche nell'ambito delle scienze umanistiche.[6] La vigilanza indica l'unione tra attenzione individuale e obiettivi sovraindividuali di natura etica, morale o religiosa. A differenza di quanto accade in tedesco, il termine italiano risulta apparentemente familiare e comprende un vasto campo semantico, che dal punto di visto storico-linguistico si può suddividere in due filoni: da una parte quello più antico del latino *vigilans/vigilantia/vigilare*,[7] dall'altra quello più recente, derivante a sua volta da quello latino, che è la variante spagnola *vigilancia/vigilante*.[8] Quest'ultima variante di derivazione spagnola, che ricorre più frequentemente in italiano rispetto a quella latina, soprattutto nel linguaggio colloquiale, è più concreta e si limita ai servizi istituzionali di controllo, sorveglianza e monitoraggio; in italiano indica la sorveglianza amministrativa di luoghi e persone che controllano. La variante di derivazione latina invece si trova in testi letterari colti e significa attenzione, cautela, sforzo, veglia (anche in senso fisiologico in opposizione al sonno), prudenza e cura.[9]

Ogni società spinge l'individuo a qualche forma di vigilanza: in tutte le epoche e in tutti i contesti si è tenuti a prestare attenzione, in una scala di intensità che spazia dalla veglia fino alla sorveglianza e che può coinvolgere anche fenomeni come censura e autocensura.[10] La vigilanza va considerata all'interno di specifiche condizioni culturali e storiche e non è solo oggetto di ricerca come forma di controllo, ma va studiata anche come tecnica, come stato mentale,

---

6 L'elaborazione della categoria di *Vigilanz* in ambito umanistico si deve al progetto di ricerca *SFB 1369 Vigilanzkulturen*, nell'ambito del quale ho potuto lavorare alla tesi di dottorato su cui si basa il presente volume. Il sottoprogetto (*Teilprojekt*) C03 "Im Schnittpunkt der Observanzen: Italienische Literatur um 1600 zwischen Gegenreformation und Regelpoetik" di Florian Mehltretter si inserisce nel contesto più ampio del progetto di ricerca dell'*SFB*, che include numerose discipline (dalla medicina fino alla giurisprudenza) e indaga 'culture vigilanti' molto differenti tra loro, a partire dall'Impero Assiro fino ad arrivare all'odierna frontiera messicana. Sul rapporto tra pluralità e autorità cf. anche l'*SFB 573 Pluralisierung und Autorität in der Frühen Neuzeit 15.–17. Jahrhundert*, https://www.sfb-frueheneuzeit.uni-muenchen.de/ [ultimo accesso: 03/02/2022].
7 Cf. Oxford Latin Dictionary, s.v. *vigilans, vigilantia, vigilare*.
8 Cf. Treccani, s.v. *vigilanza/vigilante* e Martínez Amador, *Diccionario*, s.v. *vigilancia/vigilante*.
9 Sull'utilizzo dei termini in italiano e in tedesco mi permetto di rimandare a Fingerle/Mehltretter, *Vigilanz*.
10 È la premessa teorica del citato *SFB*. In merito rimando a Brendecke, *Imperium* e id., *Vigilanzkulturen*.

come azione, attività o atteggiamento di un singolo individuo in risposta al contesto nel quale si trova.

Sono dunque la premessa teorica relativa alla vigilanza e l'attenzione specifica alle tattiche messe in atto da parte degli autori a legittimare l'analisi di due situazioni molto differenti l'una dall'altra. Altrimenti l'accostamento potrebbe risultare azzardato, essendoci con Tasso una situazione molto complessa di censura e autocensura, e con Marino un processo inquisitorio. In un contesto chiaramente vigilante, come quello censorio e inquisitoriale attorno al Seicento, gli autori che rompono le regole scrivendo di argomenti illeciti, come gli amori o gli incanti, possono – o meglio devono – ricorrere a determinate tattiche che chiamerò evasive. Tra queste annovero l'allegoria paratestuale,[11] il gioco e il travestimento.

La definizione di allegoria deve tener conto della confusione dei suoi due significati di figura retorica – che consiste nel dire altro da ciò che vuole significare – e di interpretazione allegorica. Si tratta di una confusione antica che perdura fino ai giorni nostri, tra un modo di parlare e un modo di capire. Già tra Cinque e Seicento si pone questo problema, tanto che con il termine allegoria si può intendere la metafora continuata, l'allegoria dei poeti e dei teologi,[12] la personificazione, ma anche un paratesto, situato a inizio o fine opera, relativo a tutta l'opera o a singole parti, che spiega i significati morali, filosofici e apologetici del testo stesso. Tasso e Marino scrivono allegorie paratestuali in prosa: con l'*Allegoria della Gerusalemme liberata* Tasso redige un paratesto organico situato a inizio poema, mentre Marino colloca un'allegoria prima del testo di ciascun canto.

La critica attuale sembra ormai essere concorde nell'attribuire la debita importanza all'allegoria nella revisione del poema di Tasso.[13] Tuttavia è stata a

---

11 Per un approccio più generale all'allegoria cf. Bàrberi Squarotti, *Letteratura instabile*; Balducci, *Dizionario*, s.v. allegoria; Garavelli, *Parlar figurato*; Pazzini, *Eredità*; Muzzuoli, *Materiali*; Haselstein, *Allegorie*; Sasso, *Allegoria* e Kablitz, *Rhetorik*.
12 Cf. Dante, *Convivio*, II, che, parlando dei quattro sensi delle scritture, suddivide le allegorie in "allegorie dei poeti" e "allegorie dei teologi". Nelle prime la lettera è solamente "una bella menzogna", mentre nelle seconde (per esempio il racconto biblico dell'Esodo) persino il senso letterale è vero e storico.
13 Morace, *Allegoria biblica*, p. 52 risponde a quella parte di critica che vede l'*Allegoria della Gerusalemme Liberata* come qualcosa di "posticcio" e aggiunto a forza al poema ricordando che Tasso considerava una la sua *Gerusalemme*, ovvero la *Conquistata*, "intrisa di allegoria e retorica sacra". Da qui nasce la necessaria distinzione tra il sacro "come forma del meraviglioso", ibid., che si rivela nella luce e nella notte, nell'uniforme cristiano e nel multiforme pagano, nella Natura divina e occulta, dal "sacro propriamente detto, biblico e patristico, fondato sulla teologia e sullo studio di essa da parte del Tasso, che ha i caratteri dell'immanenza,

lungo considerata come qualcosa di "posticcio", opinione dovuta non solo a Carducci,[14] a De Maldé[15] e a Tonelli,[16] ma anche, come si vedrà, alle opinioni

---

della verità e della Rivelazione", ibid. Inoltre, prosegue, il primo libro del *Giudicio* si intitola *De l'istoria e de l'allegoria*, a testimoniare un interesse "tutt'altro che strumentale". Ardissino, *Allegorie*, p. 48 riconosce nella *Conquistata* interessi più spirituali e individua una delle linee di riforma della *Gerusalemme*, precisamente nel nuovo modo di far poesia, dovuto proprio all'accrescimento del dettato allegorico, che "attira l'attenzione per la sua ricorrenza e per la priorità assegnatagli dall'esegesi del Giudicio". L'allegoria, secondo Ardissino, richiede quindi un'interpretazione complessiva; inoltre è anche in grado di creare un meraviglioso significante, nel contesto di un'allegorizzazione didattico-cristiana che risale ai modelli medievali e, in particolare, alla *Commedia* dantesca, cf. ibid., p. 56. L'allegoria diventa così l'alternativa alla povertà delle possibilità umane, incapaci di sorpassare la soglia del sensibile. Nel 2014 anche Comelli, *Poetica*, p. 339 individua un salto tra i primi anni della revisione, compiuta "su pressione dell'ambiente romano" e quelli del *Giudicio*, caratterizzati dalle letture patristiche e classiche. Avanza l'ipotesi secondo la quale Rinaldo, pur non arrivando alle sottili aderenze testimoniate dall'*Allegoria del poema*, fa cooperare piano ideologico e piano retorico attraverso quella che si potrebbe chiamare una retorica dell'allusività. Non si trova, come nella *Liberata*, un'allegoria che riesca contemporaneamente a presiedere al sistema ideologico e retorico del poema, ma diverse, possibili e compresenti allegorie, che intreccino grammatica del testo e ideologia del poema. L'allegoria diventa nel dibattito critico sull'eroico uno dei nodi essenziali dell'interpretazione del rapporto tra Storia e Poesia istituito dalla *Poetica* di Aristotele. La riconsiderazione del tema dell'allegoria in Tasso è dunque relativamente recente e la sottovalutazione di questa, considerata come una facile soluzione aggiunta da Tasso a posteriori e in maniera forzata, va rivista a partire proprio dall'idea che ci sia stata un'evoluzione nel pensiero tassiano e un cambio di rotta tra le prime considerazioni delle *Lettere* e le riflessioni del *Giudicio*.

14 Carducci, *Dello svolgimento*, p. 157 scrive di Tasso: "come Dante, ha sempre qualcosa da rimproverarsi nella conscienza sua di cattolico: al suo poema, pur essenzialmente religioso e cavalleresco, sovraintese un'allegoria spirituale e morale: a ogni modo teme sempre di averlo fatto soverchiamente profano, e lo rifà purificato: né anche del rifacimento si contenta, e finisce co 'l poema della creazione".

15 De Maldé, *Le fonti*, p. 336 sostiene di aver dimostrato quanto affermato da Carducci, ovvero che "un'allegoria spirituale e morale sovraintese alla composizione della *Gerusalemme*. Fu un'allegoria sana, spontanea, breve, facile e necessaria; nata quasi insieme con la materia e l'idea stessa, e che nulla ha a che dividere con l'allegoria forzata della *Conquistata*, prodotto di corpo infermo e più di fissazione passionata dell'ultima vita afflitta del Poeta".

16 Tonelli, *Tasso*, p. 136s. insiste sulla scarsa importanza dell'opinione di Tasso sull'unità e dell'*Allegoria del poema*, credendo che esista sì un'allegoria nella *Gerusalemme*, ma che non sia quella "composta *post factum*, con l'intenzione precisa di ovviare a quei pericoli di censura. È bensì quell'allegoria che s'era incorporata con l'opera d'arte, via via ch'era andata sorgendo; quella, anzi, ch'era stata concepita spontaneamente, insieme con l'opera stessa. E, in fondo, essa si riduce essenzialmente a quel senso di Provvidenza, che il Tasso, poeta e uomo di fede, sinceramente possedeva, e che, di necessità, doveva fargli considerare la Provvidenza stessa, come l'agente più alto degli avvenimenti storici in generale, e, in particolare, della vittoriosa Crociata", ibid., p. 137s. In seguito tale visione viene ripresa anche da Jenni, Della

espresse da Tasso stesso. È stato Mazzali, nel 1957, a riconsiderare per primo la funzione dell'allegoria, proponendola come una forma del meraviglioso e riconoscendo, nel percorso tassiano, il passaggio dall'iniziale risentimento contro i censori al riconoscimento che l'allegoria potesse essere di giovamento al poema: diventa così possibile descrivere le fasi di un processo in cui l'allegoria diventerà nel *Giudicio* un elemento necessario e costitutivo del poema.[17]

Terza e Getto. Nel 1967 Jenni, *Appunti*, p. 26 ripropone l'idea di un'allegoria "vera e istintiva" presente nella guerra tra crociati e pagani che detiene "per forza qualche cosa della lotta tra bene e male, figurata anche dai giuochi di luce e tenebre frequenti nel poema". Si tratta di "un po' di allegoria", presente anche per l'influenza della *Commedia* dantesca nel poema tassiano e dovuta anche alle pressioni della politica controriformista. Jenni distingue questo tipo di allegoria naturale e spontanea dall'allegoria forzata dell'*Allegoria del Poema*: "per l'allegoria spontanea, non dovuta cercare dall'autore col lanternino, si veda tutta la parte dell'isola di Alcina, o le tentazioni, superate con fatica, di eroi come Rinaldo e Tancredi. Mi sembra pure allegoria che si offre con naturalezza il fatto che ogni Crociato che cerchi di vincere la foresta incantata trovi come impedimento ciò a cui è più sensibile. Che per esempio per Rinaldo la foresta sia all'inizio – c. XVIII – una replica del giardino di Armida. L'autore può diventare conscio del significato allegorico di un suo tema nel corso dello svolgimento. Allora il senso morale di un brano verrà chiaramente espresso. [...] È già un estrarre l'allegoria del testo a posteriori, deliberatamente. Ma tutti poi sappiamo del caso estremo in questa direzione (tanto sa risultare un esercizio d'altra specie): finito il poema, il Tasso ne cerca e ne scrive l'intera interpretazione allegorica, per gli intenti da lui espressi nella nota lettera a Scipione Gonzaga", ibid. Questo è un esempio di come il giudizio negativo sull'allegoria derivi proprio dalle parole del Tasso nelle lettere. Della Terza, *Esperienza*, p. 153, identificando l'allegoria dei *Discorsi del poema eroico* con "allegorie locali trattate secondo un diffuso costume tardo rinascimentale" nel senso di prolungate metafore e perfezioni accidentali del poema, a cui Tasso reagisce con cauta diffidenza, afferma che "se l'allegoria consiste nelle concretizzazioni in immagini di palpabile spessore d'un idea generale, non v'è più nulla di precario delle allegorie della *Gerusalemme* dove la lettera nella sua labilità tende a disintegrarsi e a depositarsi in cristallizzazioni impressionistiche nella memoria del poeta". L'instabilità delle trame allegoriche escogitate dal Tasso mostrerebbe, sempre secondo Della Terza, ibid., p. 155, "l'inconsistenza del suo tentativo di avvicinarsi con intenti strutturali al concreto mondo della Commedia". Getto, *Malinconia*, p. 67 non manifesta il minimo interesse nei confronti dell'allegoria tassiana, affermando che "non tanto c'interessa constatare come l'allegoria rimanga un elemento estraneo alla sensibilità del Tasso, e si riduca ad un'appiccicatura eseguita a posteriori, staccata completamente dal poema (come stanno appunto a dimostrare le pagine intitolate *Allegoria della Gerusalemme liberata*, che obbediscono a quella tendenza cerebrale, di ripresa di forme medievali sviluppatesi nell'età della Controriforma), quanto piuttosto ci importa sottolineare la presenza di un gusto compiaciuto dell'indefinito e del misterioso, che sembra venire in contrasto con quella sua poetica così rispettosa delle precise dimensioni e della rigorosa chiarezza".
17 Cf. Mazzali, *Cultura*, p. 136: "l'allegoria non tradisce l'involuzione del Tasso in direzione controriformistica, ma è la rappresentazione metaforica ossia traslata di un concetto meraviglioso: struttura concettuale risolta in metafora". Da considerare è anche l'opinione di Derla,

Le allegorie di Marino vengono completamente sottovalutate o ignorate dalla critica,[18] che le considera una sorta di debole scudo contro la censura,[19] ridicole,[20] disadatte,[21] ipocrite,[22] posticce e non funzionali alla narrazione,[23] in contraddizione con il testo,[24] insulse personificazioni[25] e infine da leggersi credendo al contrario di ciò che viene esplicitato.[26] Ferrero ha addirittura deciso di tagliarle quando ha riproposto l'*Adone* nel suo *Marino e i Marinisti* del 1954, perché "infelicemente dettate da un ipocrito moralismo che non dovette ingannare nessuno, neppure nel '600".[27] Un elemento importante che accompagna visivamente l'allegoria mariniana è quello delle grottesche, decorazioni presenti nella prima edizione parigina del poema, che dimostreremo essere analoghe per effetto e funzionamento all'allegoria stessa. Al riguardo non ci sono studi specifici.[28]

Altre tattiche evasive presenti in Tasso e Marino, oltre all'allegoria e, nell'*Adone*, alla grottesca, sono il gioco e il travestimento. Nella teoria del gioco come

---

Allegoria, p. 479, che parla di conversione all'allegoria e sottolinea il carattere della spontaneità, già riconosciuto da De Maldé e Tonelli, che però a torto distinguerebbero l'allegoria implicita dall'esegesi successiva.

18 A eccezione di Colombo, *Fonti* e Piantoni, *Officina* che ne riportano le fonti, ma anche di Mehltretter, *Ende* e id., *Ambivalent*, che ne sottolinea la funzione deviante e di distrazione. Calcaterra, *Parnaso* le definisce invece contorte e mendaci, ma sostiene anche che per il Marino il cortocircuito, per cui il testo è in contraddizione con il paratesto, non esisteva. Travi, *Lirica* prende una direzione opposta rispetto al resto della critica e difficile da sostenere, affermando che i paratesti possono risultare sinceri, almeno nelle intenzioni, considerando l'educazione gesuitica di Marino. Tristan, *Scène* propone addirittura una lettura totalmente allegorica e filosofica dell'*Adone*. Secondo Grubitzsch-Rodewald, *Mythologie* la questione della presunta sincerità di Marino nelle allegorie non si pone perché deriverebbe da un pensiero romantico che confonde l'autrice/autore con la persona.

19 Cf. Corradino, *Secentismo*; Bongioanni, *Scrittori*; Balsamo-Crivelli, *Commento*; Saviotti, *Cavalier*; Ferrero, *Marino*; Mirollo, *Marvelous*; De Sanctis, *Storia*; Allen, *Misteriously*; Pozzi, *Commento*; Frare, *Canocchiale*.

20 Lo riteneva già Stigliani, *Occhiale*. Un'opinione analoga si trova in Corradino, *Secentismo*.

21 Cf. Damiani, *Sopra*.

22 Cf. Bongioanni, *Scrittori*; Fusco, *Scrittori*; Regn, *Tragödie*, p. 98n.; Corradini, *Terra*, p. 207.

23 Cf. Cabani, *Diverte*; Russo, *Commento*.

24 Cf. Mirollo, *Marvelous*.

25 Cf. De Sanctis, *Storia*, cap. XVIII, p. 642.

26 Cf. Sacchi, *Vicende*.

27 Ferrero, *Marino*, p. XVI–XVII.

28 Può risultare tuttavia utile lo studio di Balsamo, *Imprimeurs* per comprendere la situazione libraria parigina. Nell'edizione di Pieri dell'*Adone*, cf. Pieri, *Commento*, p. LXXXVs., viene enigmaticamente riportato un consiglio di Battisti che "esorta i Mariniani alle grottesche", poiché il poema andrebbe letto con queste.

sospensione del reale di Caillois,[29] che riprende Huizinga di *Homo ludens*[30] per il quale la struttura ludica precede la società, il travestimento viene considerato come *mimicry*, una delle categorie fondamentali che regolano il gioco e la conseguente evasione dalla realtà;[31] esso presenta infatti le caratteristiche ludiche di "libertà, convenzione, sospensione del reale, spazio e tempo delimitati".[32] Nel gioco viene accettata la finzione in cui, nelle manifestazioni *mimicry*, "il soggetto gioca a credere, a farsi credere o a far credere agli altri di essere un altro. Egli nega, altera, abbandona temporaneamente la propria personalità per fingerne un'altra".[33] In questo senso esiste un doppio travestimento: quello che avviene nei poemi da parte dei personaggi, ma anche quello degli autori stessi

---

29 Cf. Caillois, *Giochi*, in cui il gioco è definito come un'attività libera, separata, incerta, improduttiva, regolata o fittizia, le cui caratteristica sono appunto libertà, convenzione, sospensione del reale, spazio e tempo delimitati. Caillois propone una classificazione di attività e regole del gioco, individuandone quattro categorie fondamentali: la competizione (*agon*), la sorte (*alea*), la maschera (*mimicry*) e la vertigine (*ilinx*). Sei sono gli abbinamenti possibili: competizione-caso (*agon-alea*); competizione-imitazione (*agon-mimicry*); competizione-vertigine (*agon-ilinx*); caso-imitazione (*alea-mimicry*); caso-vertigine (*alea-ilinx*); imitazione-vertigine (*mimicry-ilinx*). Cf. Magris, *Libertà*, che aggiunge un'ulteriore categoria, il "quinto gioco", che potrebbe essere definita anche "amore per il sistema", la cui forma più semplice è il puzzle, seguito dal lego – in cui il bambino deve creare un mondo caratterizzato dall'emergere dell'ordine dal disordine – e infine dal modellismo – che rinvia all'architettura e alla meccanica. Si potrebbe aggiungere, oltre al lavoro di ricerca, un ulteriore esempio, sempre appartenente a questa categoria e di rilievo per il discorso letterario, ossia quello del linguaggio, che per antonomasia è un meccanismo che dal disordine crea l'ordine. Nel caso della *mimicry* non ci sono però regole rigide e chiare, ma c'è una dissimulazione della realtà. La regola è quella del fascino e dell'illusione, cf. Caillois, *Giochi*, p. 40.
30 Cf. Huizinga, *Homo*.
31 Il termine inglese *mimicry* indica il mimetismo, in particolar modo quello degli insetti, ed è stato scelto "per sottolineare la natura fondamentale ed elementare, quasi organica, dell'impulso che le suscita", Caillois, *Occhio*, p. 9. Il discorso sugli insetti assume negli studi di Caillois un ruolo particolarmente importante, soprattutto nel rapporto tra il mimetismo degli insetti e il gusto dell'uomo alla maschera, al travestimento, all'immedesimazione in una parte. Nel caso animale la maschera, e questo è fondamentale per comprendere l'aspetto puramente ibrido delle grottesche e delle metamorfosi, fa parte del corpo e non è "un accessorio inventato e costruito", ibid. Il fine del travestimento animale è "mutare l'apparenza del soggetto e incutere paura agli altri". In nome delle scienze dialogonali Callois individua nel mimetismo tre funzioni che sono il travestimento, la mimetizzazione e l'intimidazione. Nell'ultimo caso il nemico, animale o umano, viene preso da una vertigine e da una incapacità di movimento e di fuga, forse paragonabili, per analogia, alla vertigine della meraviglia che provano le lettrici e i lettori davanti al testo.
32 Caillois, *Giochi*, p. 40.
33 Ibid., p. 38.

che, anche attraverso l'allegoria, si travestono, evadendo così da un sistema che impedisce loro di parlare liberamente di qualsiasi argomento.

Tasso e Marino sperimentano non solo con la dimensione del travestimento come aspetto ludico di sospensione della realtà, ma anche con una forma di gioco differente, più generale, che è quella della scrittura come tattica evasiva all'interno di un contesto vigilante, a partire dall'idea che sussista una distinzione teorica tra regole poetiche[34] – che seguono una dinamica ludica e che possono essere considerate come regole di un gioco (che è di fatto la scrittura) – e regole religiose.

Ma di che gioco si tratta? Un primo significato è quello, elaborato nella filosofia contemporanea a partire dal secondo Wittgenstein, di *Sprachspiel*: un concetto che può servire a impostare l'analisi della pratica linguistica di Tasso e Marino. L'espressione 'gioco linguistico' nelle *Philosophische Untersuchungen* di Wittgenstein non indica primariamente una dimensione ludica, quanto i diversi modi di impiego delle parole e delle proposizioni; l'uso della parola 'gioco' serve a Wittgenstein per impostare – in analogia con i veri e propri giochi – la ricerca su ciò che significa propriamente 'seguire una regola' nel linguaggio.[35] Si tratta di una regola che non può essere collocata a priori, ma che deve essere continuamente indagata nella pluralità delle sue applicazioni e nella stessa possibilità di trasgredirla. In questo primo senso il gioco stesso della scrittura e l'agire in essa di regole interne e di regole poetiche, derivate dalla tradizione letteraria, è oggetto d'analisi dell'intera ricerca. Se si considera invece il significato di gioco in senso stretto, quindi come attività ludica, il gioco rientra nella riflessione specifica anche come oggetto sul piano diegetico: in che modo si differenzia il gioco di Tasso da quello di Marino? E che ruolo hanno le regole, in questo senso? Anche se non serio, il gioco può alludere o riferirsi alla realtà. Sia lo *Sprachspiel* che il gioco vero e proprio prevedono non solo la possibilità di barare, ma anche la possibilità di elaborare un modo di giocare finalizzato a sua volta a modificare le regole.

Durante la revisione Tasso cerca di trovare una soluzione ai problemi della riscrittura, dettati da regole poetiche e religiose. Le contraddizioni degli elementi ricavati da sistemi normativi differenti e apparentemente incompatibili tra loro comportano, dal punto di vista testuale, una sorta di gioco combinatorio; dal punto di vista storico una lotta (*agon*) tra l'autore e i sistemi normativi. È un gioco basato sulla creatività e sulla trasparenza dei riferimenti testuali,[36] che tro-

---

34 Alle quali i testi e quindi anche i due autori sono tenuti a rispondere.
35 Cf. Wittgenstein, *Untersuchungen*.
36 Cf. Regn, *Zyklische Lyrik*, p. 71s., che sottolinea l'importanza della trasparenza nell'autocommento alle *Rime*; fondamentale, riguardo al rapporto tra regola e giudizio in Tasso, ibid., p. 126. Sul ruolo del petrarchismo, oltre a Regn, cf. anche Russo, *Studi*.

vano una spiegazione e una legittimazione teorica nel *Giudicio*. Se si abbraccia l'idea romantica[37] e ormai superata[38] di un Tasso sofferente e folle, vittima di un sistema normativo che ne limita la libertà autoriale, potrebbe sembrare azzardato parlare di gioco. Tuttavia Tasso non è, come si vedrà, da considerarsi come pedina passiva nel panorama censorio, quanto agente attivo spinto da motivazioni non solo religiose o personali, ma anche poetiche. L'atteggiamento rigoroso delle revisioni tassiane si rispecchia inoltre nella concezione del gioco di Caillois, per cui il gioco si corrompe nella contaminazione con la realtà. Perde così la sua essenza riversandosi nella vita reale e subordinandola alle sue esigenze: "ciò che era piacere diventa idea fissa; ciò che era evasione diventa costrizione; ciò che era divertimento, diventa febbre, ossessione, fonte d'angoscia".[39]

A differenza di Tasso, Marino non fa distinzione tra regole religiose e regole poetiche e ludiche, e si comporta indifferentemente nei riguardi delle une e delle altre. Come spiega lui stesso nella *Lettera Claretti*, le considera tutte come le regole di un unico gioco: quello della letteratura intesa come un furto ben fatto, in cui il baro è accettato a patto che non venga scoperto. L'imitazione di Marino, basata sull'occultamento dei riferimenti e sul capriccio, è un'attività ludica e divertente che rompe le regole e permette all'autore di creare un testo nuovo a partire da un mosaico di tasselli presi da altri autori, ma incorporati così bene da non essere più riconoscibili, a meno che le fonti non vengano spiegate esplicitamente dall'autore stesso. Se il gioco testuale di Tasso si basa quindi sulla trasparenza dei riferimenti, quello di Marino, al contrario, si fonda proprio sul loro occultamento.

---

37 Cf. Taine, *Histoire*; Donadoni, *Tasso*.
38 Già da Caretti, *Ariosto*. Cf. in merito anche Residori, *L'idea*.
39 Caillois, *Giochi*, p. 62.

1 Tasso e il rispetto delle regole

Nei confronti delle regole e della censura Tasso ha due atteggiamenti apparentemente poco conciliabili tra loro, che possono risultare incoerenti:[1] se da una parte si autoaccusa presso l'Inquisitore di Ferrara e di Bologna[2] e prende l'iniziativa di far revisionare il poema, dall'altra, però, cerca strategie per non essere censurato, per sfuggire agli inquisitori e per aggirare le critiche dei revisori. Coesistono dunque in Tasso il poeta cristiano normativo, che segue le regole poetiche aristoteliche, e l'autore che non vuole essere sottoposto alla censura per scrivere liberamente di amori, incanti e meraviglie. Il tentativo di conciliazione di queste due spinte contrastanti sembra risolversi nel corso della riscrittura, contestualmente alla riflessione sull'allegoria, che nasce come strumento di evasione e

---

1 Sul tema, amplissimo, del rapporto di Tasso con le norme si vedano in particolare Caretti, *Ariosto*; Caponetto, *Riforma*; Güntert, *Gerusalemme*; Prosperi, *Istituzioni*; Corradini, *Questioni*; Residori, *L'idea*; Comelli, *Poetica*; Benedetti, *Ragioni*. Particolare attenzione alla devianza dalla norma, seppur in una visione di Tasso come poeta tormentato e vittima di ansie, in Labib Lecard, *Amori*, p. 76, che parla di "doppi sensi" e sottolinea l'aspetto allusivo e allegorico di una "sensualità fremente, espressa da un poeta consenziente e compiacente". Sull'autocensura poetica e morale, da cui nascerebbe la *Conquistata*, contrapposta alla vertiginosa ambiguità nel primo poema, cf. Residori, *L'idea* e Ferretti, *Allegoria e finzione*.

2 Indicativo, rispetto ai dubbi religiosi, il pensiero di Tasso stesso: "dunque non mi scuso io, Signore, ma mi accuso, che tutto dentro e di fuori lordo e infetto de' vizi de la carne e de la caligine del mondo, andava pensando di te non altrimenti di quel che solessi talvolta pensare a l'idee di Platone e agli atomi di Democrito, alla mente d'Anassagora, alla lite e all'amicizia d'Empedocle, alla materia prima d'Aristotele, alla forma e corporalità, o all'unità dell'intelletto sognata da Averroe, o ad altre sì fatte cose de' filosofi: le quali il più delle volte sono piuttosto fatture della loro immaginazione, che opera delle tue mani o di quelle della natura tua ministra. [...] Ma dubitava poi oltramodo, se tu avessi creato il mondo, o se pur ab eterno egli da te dipendesse: dubitava se tu avessi dotato l'uomo d'anima immortale, e se tu fossi disceso a vestirti d'umanità; e dubitava di molte cose da questi fonti, quasi fiumi, derivano. Perciocché come poteva io fermamente credere ne' sacramenti, o nell'autorità del tuo pontefice, o nell'inferno, o nel purgatorio, se dell'incarnazione del tuo figliuolo e de la immortalità de l'anima era dubbio? [...] Nel manifestare nondimeno i miei dubbj al confessore, non gli manifestava con tanta forza nelle parole, con quanta mi si facevan sentire nell'animo; perciocché alcuna volta era vicino al non credere, non tanto per vergogna o per malizia, quanto per timore ch'egli non mi volesse assolvere: e fra gli altri dubbi che io aveva, questo era il principale, che non mi sapeva risolvere se la mia fosse miscredenza o no, e s'io potessi o non potessi essere assoluto", Tasso, *Discorso sopra varj accidenti della sua vita*, in: id., *Prose scelte*, p. 129s.

Open Access. © 2022 the author(s), published by De Gruyter. This work is licensed under the Creative Commons Attribution 4.0 International License.
https://doi.org/10.1515/9783110794113-002

di scudo, per diventare poi – insieme ai grandi temi della storia e del vero[3] – una soluzione per i problemi del primo poema.

L'atteggiamento ambiguo nei confronti della censura[4] si nota in particolare nel rapporto con il revisore Antoniano, le cui critiche non si limitano, a differenza di quelle di Sperone Speroni, alla concezione del poema eroico, ma toccano anche questioni religiose e morali.[5] Tasso escogita così una tattica per salvare la parte del poema censurata da Antoniano e per farla franca: non mostrare all'Inquisitore le correzioni, in modo tale da non influenzarlo negativamente. Ne parla esplicitamente in una lettera indirizzata a Scipione Gonzaga:

> mi dispiace la tardità del signor [Antoniano], et anco il rigore. Credo che Vostra Signoria voglia intendere ch'egli sia rigoroso in quel c'appartiene a l'Inquisizione: e certo, se così è, io crederei che con minor severità fosse stato revisto il poema dal medesmo Inquisitore; il qual si ritrova or qui in Ferrara, e vi starà alcun giorno. Ma io farò un bel tratto: ch'io non mostrarò al frate quelle censure le quali mi parranno troppo severe; ma gli mostrarò semplicemente, senza dirli altro, i versi censurati e s'egli li passerà come buoni, io non cercherò altro.[6]

Tiene inoltre al fatto che il rigore di Antoniano non si estenda anche all'arte poetica, perché si dichiara "risoluto di non voler per ora conciar, se non alcune cose che mi paiono reali, ed appartenenti a la favola, ed a la somma del tutto":[7]

> e so ben io ch'in materia, qual è la poetica, probabile, si possono dire molte cose apparenti contra la verità: e certo a me darebbe il cuore di fare a l'Edippo tiranno cinquanta opposizioni simili a quelle che fanno molti critici a gli altri poemi; non per tanto, giudico che quella sia ottima tragedia. Questo dico per dubbio ch'egli ancora non voglia mostrar più tosto acume d'ingegno nelle mie cose, c'una certa gravità e realtà di giudizio.[8]

---

3 Per la riscrittura del poema Tasso si prefigge come obiettivo maggiore aderenza al vero. Uno dei metodi che ha per raggiungerlo è l'accrescimento storico, l'altro è l'impiego dell'allegoria. Sul rapporto tra storia e vero in Tasso cf. Gigante, *Commento* e Bellini/Scarpati, *Il vero*.
4 Alla revisione della *Gerusalemme liberata* di Tasso lavorano otto revisori (Scipione Gonzaga, Sperone Speroni, Flaminio de' Nobili, Silvio Antoniano e Pietro Angeli da Barga detto Bargeo; cf. Tasso, *Lettere*), ai quali il poeta mandava i canti da rivedere in base ai sistemi normativi religiosi e poetici. A riprova della sua ambigua resistenza nei confronti del lavoro sul testo da parte dei revisori da lui voluti e scelti, Benedetti rileva il ritardo tattico con cui Tasso invia i canti a Sperone Speroni, in modo da poter ignorare eventuali commenti critici utilizzando la scarsità del tempo a disposizione come scusa, cf. Benedetti, *Ragioni*, p. 245s.
5 Cf. ibid., p. 246.
6 Tasso, *Lettere*, p. 309s.
7 Ibid.
8 Ibid., p. 311.

La lettera che Tasso scrive direttamente ad Antoniano – definito nella *captatio benevolentiae* amico, revisore e cristiano – non solo è priva di un tramite tra l'autore e il revisore, ma presenta anche, come ha dimostrato Benedetti,[9] alcune tattiche retoriche rivolte contro un interlocutore ormai considerato nemico:

> desidero, poi, che sappia che de' suoi avvertimenti n'ho già accettati parte e sovra gli altri avrò diligente considerazione. Ho accettati quelli che appertengono alla mutazione d'alcune parole o d'alcuni versi, i quali potrebbono esser malamente interpretati, o in altro modo offender gli orecchi de' pii religiosi.[10]

La concessione, dai toni quasi ironici,[11] certamente ostili e provocatori, è seguita da una spiegazione dei passi che Tasso è disposto a modificare o addirittura rimuovere. Nello specifico si tratta non solo di alcune stanze giudicate lascive dall'Antoniano, ma anche di scene relative a incanti e meraviglie:

> peroché né la trasmutazion de' cavalieri in pesci rimarrà, né quel miracolo del sepolcro, invero troppo curioso, né la metamorfose dell'aquila, né quella vision di Rinaldo ch'è nel medesimo canto, né alcune altre particelle che Vostra Signoria condanna come Inquisitore o non approva come poeta. E pongo fra queste l'episodio di Sofronia, o almen quel suo fine che più le dispiace.[12]

Tasso però si mostra intransigente sul resto degli amori e degli incanti: non ha infatti nessuna intenzione di eliminare gli amori di Armida, di Erminia, di Rinaldo e di Tancredi, né pensa di togliere dal poema gli incanti del giardino di Armida e della selva, dal momento che non saprebbe come tagliarli "senza niuno o senza manifesto mancamento del tutto".[13] L'accrescimento degli amori, che Tasso vuole difendere, sarebbe legittimato dalla natura stessa della poesia: "l'accrescere, l'adornare e 'l fingere sono effetti che vengono necessariamente in conseguenza co 'l poetare".[14] Il meraviglioso antico diventa, nel poema epico cristiano, il meraviglioso cristiano, legato a diavoli, angeli e maghi. Più avanti sarà però Tasso stesso a cercare all'interno quel rigore che, proveniente dall'esterno, aveva inizialmente rifiutato. Questo è ben visibile nella riscrittura più

---

9 Cf. Benedetti, *Ragioni*, p. 246.
10 Tasso, *Lettere*, p. 343.
11 Cf. a tal proposito l'analisi di Benedetti, *Ragioni*, p. 249. Nella lettera, poco dopo, Tasso chiama Antoniano "Inquisitore" invece che "revisore". Per quanto riguarda le immagini sacre e il loro abuso Antoniano risulta essere persino più intransigente di Paleotti – che aveva dichiarato la necessità di un Indice delle immagini sacre da affiancare all'Indice librario.
12 Tasso, *Lettere*, p. 344.
13 Ibid., p. 345.
14 Ibid., p. 350.

matura della *Gerusalemme conquistata*, le cui scelte vengono legittimate e spiegate nel *Giudicio sovra la Gerusalemme riformata*, su cui ci soffermeremo.

Si tratta di un'opera incompiuta: dei tre libri progettati vanno alle stampe soltanto i primi due. Il primo (*De l'istoria e dell'allegoria*) affronta il rapporto tra vero e falso in poesia, mentre il secondo (*La favola, la qualità e la quantità*) è dedicato alla favola come imitazione e al problema dell'unità dell'azione. Dal confronto tra le riflessioni del *Giudicio* e quelle dei *Discorsi* si può notare come nella fase più matura Tasso riesca a trovare soluzioni soddisfacenti ai problemi teorici relativi alle regole che in un primo momento sembravano impossibili da risolvere.[15] Come sostiene Gigante[16] il *Giudicio* va considerato non tanto un'opera apologetica della *Conquistata*, quanto un testo sui "principali fondamenti di poetica e narratologia che Tasso si era visto contestare durante la 'guerra letterata' tra 'ariostisti' e 'tassisti'".[17] Con il *Giudicio* Tasso vuole "dimostrare la giustezza (e sotto molti aspetti la coerenza) delle proprie convinzioni teoriche",[18] rettificando così le opinioni normative e narratologiche giovanili e analizzando la distanza tra le prime e le ultime opere in un vero e proprio "bilancio della propria esperienza poetica".[19]

Nel secondo libro del *Giudicio*, dopo aver ribadito la sua autorevolezza e il diritto di parlare dei propri scritti e di giudicare le proprie opere, Tasso introduce il discorso sulla favola, che definisce come prima tra le parti della qualità del poema, insieme al costume, alla sentenza e all'elocuzione:[20] è la forma, quasi anima dell'opera. In questa sede Tasso si interroga su che cosa sia l'imitazione, concetto che definisce, con termine aristotelico, analogo (non equivoco né univoco). L'imitazione infatti è caratteristica di ogni tipo di scrittura, ma compare in maniera diversa nei differenti modi della stessa: è presente per esempio nel *mythos*, che Tasso traduce come "argomento" e che è di pertinenza dei poeti, ma anche nel *logos* "come di cosa accomodata alla persuasione ed appertinente a gli ammaestramenti de' retori".[21] L'imitazione dei poeti si ritrova ordinatamente nei versi, nel suono e nei movimenti.[22] Tasso la definisce "artificiosa similitudine",[23] che non può essere imitazione del falso né invenzione ma

---

15 Cf. infra, p. 54–56.
16 Cf. Gigante, *Commento*, p. XIII.
17 Ibid.
18 Ibid., p. XVI.
19 Ibid., p. XVI; cf. anche Frajese, *Popolo*.
20 Cf. Arist., *Poet.*, 1450a 38–50 b 20; Tasso, *Discorsi*, I, p. 74s.
21 Tasso, *Giudicio*, p. 96.
22 Cf. ibid., p. 103.
23 Ibid.

può solamente riferirsi al vero. Alcune arti rischiano di falsificare, ma non lo si può affermare per tutte: "alcun'altre", sostiene, "non sono falsificatrici, ma, introducendovi una nuova forma, fanno perfetta la materia".[24] L'imitazione risulterà vera se l'immagine sarà somigliante a quella naturale, nonostante l'oggetto raffigurato sia finto. La falsità invece dipende, più che dall'intenzione di chi imita, dal difetto dell'imitazione. Per Tasso la favola è quindi "imitazione di vera azione";[25] nella riscrittura del poema avrebbe superato sé stesso, "così ne la qualità d'assomigliarla più al vero, come ne l'altre parti de la favola".[26]

La distinzione tra narrazione poetica e narrazione storica è, nel *Giudicio*, piuttosto netta: la lode del poeta dovrà essere più grande quanto l'imitazione sarà più vicina alla storia; la bravura del poeta e l'eccellenza dell'imitazione non saranno riconoscibili se non si conosce la verità. Tasso inizia così a considerare le altre "regole"[27] e "leggi"[28] prescritte da Aristotele. Si parte proprio dalle condizioni necessarie per il poema eroico, che secondo Aristotele deve essere composto da un'azione intera e perfetta, deve avere un inizio, un mezzo e una fine:

> quanto all'arte narrativa e poesia in versi, anzitutto è chiaro che deve comporre i racconti come sono nelle tragedie, drammatici e di un'unica azione, che sia intera e completa, ed abbia inizio e mezzo e fine, di modo che procuri il piacere che le è proprio come un essere vivente intero.[29]

Tasso cita Aristotele e commenta il passo affermando che è "legge comunemente data da Aristotele"[30] alla tragedia e all'epopea l'imitazione di un'azione tutta e intera. Chiunque voglia "obligarsi a le regole ed agli ammaestramenti aristotelici"[31] sarà obbligato a questa più che ad altre regole e a chi scrive un'*epopeia* sarà "maggiore obligo d'osservazione".[32] Nel passo citato l'osservanza di regole e leggi poetiche sembra dunque, almeno sul piano retorico del di-

---

24 Ibid., p. 104.
25 Ibid.
26 Ibid. Qui Tasso discute del miglioramento della materia storica, dell'adunata dei principi con la messa, del concilio di Chiaramonte e del racconto dell'origine dei Turchi. Per le prime riflessioni tassiane su vero, verisimile e falso, ma anche per la distinzione tra poeta e storico, cf. Tasso, *In difesa*.
27 Id., *Giudicio*, p. 107.
28 Ibid.
29 Arist., *Poet.*, 1459a 17–21 (trad. Lanza). Tasso cita dal greco e aggiunge la traduzione latina, ma si era confrontato, prima, durante e dopo la revisione, con Castelvetro, *Poetica d'Aristotele vulgarizzata e sposta di Ludovico Castelvetro*, pubblicata postuma per la prima volta a Vienna nel 1570, cf. Tasso, *Estratti dalla Poetica di Castelvetro*.
30 Id., *Giudicio*, p. 108.
31 Ibid.
32 Ibid.

scorso, una scelta più o meno libera. Ma per Tasso la questione travalica la semplice dimensione della scelta, complicandosi nella mescolanza di elementi di diversa provenienza, appartenenti alla sfera religiosa o alla tradizione letteraria. Sempre sulla scia di Aristotele, Tasso, esposte le regole relative al tutto e alle parti,[33] definisce le "leggi" e "l'obligo ch'egli impone a chi vuole scrivere secondo le regole".[34] Dopo una riflessione apologetica sulla descrizione parziale della guerra da parte di Omero, afferma:

> elessi una via di mezzo fra l'audacia ed il timore, e fra la divinità d'Omero e l'artificio degli altri più assomigliante a l'istoria: non proposi dunque di trattare tutta la guerra, come avevan fatto Lucano, Stazio, Silio ed il Trissino, ma una parte della guerra solamente.[35]

Sostiene così di essere simile a Omero e di aver scelto Gerusalemme come soggetto del poema e delle azioni: "eleggendo il tutto comandato da Aristotele e tenuto necessario da Dion Crisostomo[36] [...] m'avisai di schivare non solamente il fastidio, ma l'inculcata varietà".[37] Per questo motivo Tasso sceglie di cominciare la guerra dal sesto e ultimo anno e di concentrarsi sul sacro tempio della resurrezione, sul sepolcro di Cristo e sullo scioglimento del voto da parte del capitano, "niun fine più magnifico di questo, niuno più glorioso, niun più religioso e più somigliante a quello ch'è nel cielo".[38] Come nota Gigante, tuttavia, la differenza è più quantitativa che qualitativa, poiché anche la *Gerusalemme liberata* si concludeva con lo scioglimento del voto di Goffredo al Santo Sepolcro. È così che, seppur allontanandosi dall'*Iliade* in alcune parti, il nuovo poema non risulta "contrario ad alcuna legge aristotelica o ad alcun ammaestramento filosofico",[39] seguendo la materia storica e rispettando anche la dimensione religiosa.

L'unità della favola è "l'altra legge inviolabilmente, con l'essempio d'Omero, comandataci da Aristotele".[40] Fa qui riferimento all'unità della favola esposta da Aristotele nella *Poetica*:

> il racconto della vicenda non è unitario quando riguarda una sola persona, come credono alcuni: difatti possono concorrere insieme molti e interminabili accadimenti, senza che

---

33 Cf. ibid., p. 109s.
34 Ibid.
35 Ibid., p. 119.
36 Cf. Dione Crisostomo, *Orat.*, XI 29, secondo il quale la favola deve essere intera e non eccedere in lunghezza.
37 Tasso, *Giudicio*, p. 119.
38 Ibid., p. 121.
39 Ibid., p. 122.
40 Ibid., p. 126.

dai singoli si ricavi unità. Così anche le azioni di un singolo sono molte, ma non ne risulta per niente un'azione unitaria.[41]

Tasso riprende l'opinione aristotelica affermando che si sbagliarono quelli che "favoleggiarono d'Ercole e di Teseo e, perch'uno è Ercole, una ancora estimarono la favola che di lui fingevano".[42] Allo stesso modo ripresero l'errore Boccaccio e Giraldi Cinzio. La favola deve essere quindi "una ed imitazione d'una azione solamente".[43] In questo punto Tasso si allontana da Castelvetro, secondo il quale l'azione non solo deve essere una ma anche di una persona solamente. Castelvetro, secondo Tasso, si sbaglierebbe per due ragioni:

> l'una è che da questo luogo d'Aristotele si raccoglia che la favola debba esser imitazione d'un'azione d'una persona solamente [...]; l'altro errore del Castelvetro è che la poesia possa esser imitazione d'una azione o di molte, d'una persona o di molte persone, il quale da le false proposizioni deriva ne la conclusione: dal falso si raccoglie il falso.[44]

Per Tasso, che riprende Aristotele, la poesia non è simile alla storia, ma alla verità; non imita la storia perché è molto più antica di questa; l'universale non è ritratto dal particolare, e mentre la poesia coglie l'universale, la storia non può che limitarsi al particolare. Goffredo ha bisogno di Riccardo "essecutore de' suoi comma[n]damenti",[45] mentre Riccardo non può vincere "se non presta ubbedienza al capitano".[46]

In relazione a Riccardo, dunque, si parla di "ubbedienza". L'obbedienza, insieme con la vigilanza e il controllo, sono temi che Tasso vive intensamente in quanto autore, ma non solo: la *Gerusalemme Liberata,* e ancor più appunto la *Conquistata,* li richiamano, trasportandoli e rispecchiandoli anche sul piano testuale. La vigilanza, nella *Gerusalemme Conquistata,* compare innanzitutto riferita a Dio:

> E quegli ogni pensier che il dì conduce
> tuffato avean nel dolce oblio profondo;
> ma vigilando ne l'eterna luce,
> sedeva al suo governo il re del mondo:
> e da stellante seggio al Franco duce
> volgea lo sguardo più lieto e giocondo:

---

41 Arist., *Poet.*, 1451a 16–22 (trad. Lanza).
42 Tasso, *Giudicio*, p. 126s.
43 Ibid., p. 128.
44 Ibid., p. 129.
45 Ibid., p. 135.
46 Ibid.

quinci un segno mandò tra 'l giorno e l'ombra,
di raggio in guisa, ond'atro orror disgombra.⁴⁷

Ma il termine "vigilante" torna nel canto IX con un altro significato all'interno del nuovo poema, dove va inteso nel senso di pronto, attento, in riferimento all'atto del parlare:

> Silvestre cibo e duro letto porse
> restauro alfine e posa al languir nostro.
> Ma poi ch'accesi in oriente scorse
> i primi rai de l'alba orati e d'ostro;
> vigilante ad orar subito sorse
> l'un e l'altro eremita in verde chiostro:
> e ricercar, fin che tra loro i' fui,
> a me salute, e sepoltura altrui.⁴⁸

Se nel testo la vigilanza viene tematizzata in relazione a Dio, nella realtà in cui vive Tasso è l'autore stesso a essere vigilante nei confronti di sé e del proprio testo. La figura del poeta, negli scritti teorici più maturi, viene spesso paragonata a quella del teologo,⁴⁹ sia negli atteggiamenti che nei doveri e nelle imprese, ma anche in riferimento agli strumenti della comunicazione e del linguaggio. In questo senso si potrebbe pensare al poeta come a un'istanza vigilante, che controlla e guarda dall'alto il proprio testo e la propria scrittura, a imitazione di una vigilanza più alta, in nome di una verità superiore. Attraverso un atteggiamento vigilante e attento nei confronti delle problematicità e delle incongruenze tra diversi sistemi normativi, Tasso è in grado di trovare una soluzione soddisfacente all'attrito tra norme poetiche e religiose nel rispetto di entrambe.

L'obbedienza assume un valore fondamentale nella riscrittura, non solo sul piano dell'osservanza delle regole da parte dell'autore, ma anche a livello tematico, tanto che l'unità di azione, come si è visto, si lega all'obbedienza, che diventa motore della narrazione e intenzione del personaggio. Inoltre l'obbedienza permette che all'interno del poema sia garantita l'unità di genere. Secondo il Tasso maturo, infatti, l'azione del poema non deve essere di una sola persona, ma può essere di molti; l'importante non è che "l'azione sia una d'uno in numero",⁵⁰ basta che sia "d'uno in genere".⁵¹ L'azione di molti può essere rinfacciata al poema di Tasso, più ancora che all'*Iliade*, "peroché Goffredo vince in

---

47 Id., *Conquistata*, XX, 2.
48 Ibid., IX, 46.
49 Cf. id., *Discorsi*, p. 91s.
50 Id., *Giudicio*, p. 135.
51 Ibid.

compagnia di molti"⁵² e senza Riccardo la vittoria non sarebbe possibile, così come non lo sarebbe per Riccardo sotto altro comando che non sia di Goffredo. Se il soggetto, prosegue Tasso, è verisimile,⁵³

> conviene al poeta, non a l'istorico, a cui non si dà per materia il verisimile, ma il vero; e s'egli non è tanto maraviglioso quanto quel d'Omero, perch'in lui si descrive una azione di molti, per alcuna altra ragione può essere egualmente, o più, maraviglioso.⁵⁴

Nel caso specifico della *Liberata* il genere è quello dei cavalieri cristiani sotto la guida di un capitano. L'unità degli agenti nel poema epico deve essere così conforme a quella d'azione, "ma l'unità de l'azione è congiunta e quasi mescolata di molte azioni; dunque, similmente, l'unione de gli agenti deve essere una ragunanza di molti".⁵⁵ Nel poema eroico è lodevole l'unità composta da molte azioni e persone, motivo per il quale Tasso aggiunge altri cavalieri, come per esempio Giovanni e Ruperto d'Ansa, mentre Roberto II conte di Fiandra e Roberto duca di Normandia assumono nella *Conquistata* un ruolo più decisivo rispetto a quello che svolgevano nella *Liberata*.⁵⁶ Nella proporzione e nella concordia Tasso cerca il mirabile⁵⁷ e segue "gli ammaestramenti pitagorici, platonici ed aristotelici",⁵⁸ scegliendo di imitare l'esemplare e le persone ottime:

> l'unità d'azione de la favola non è determinata da l'unità de la persona, perché d'una persona sola si posson narrare molte azioni; molto meno da l'unità del luogo o del tempo, perché nel medesimo tempo possono avenire molte cose che non hanno tra sé convenienza alcuna [...]; ma l'unità della favola si prende da l'unità de la forma e del fine [...], nondimeno il luogo e 'l tempo concorrono a questa unità, perché le cose fatte in minor spazio di tempo e di luogo sono più unite; oltre acciò hanno più del maraviglioso.⁵⁹

Per quanto riguarda invece l'unità di tempo e luogo, Tasso si rifà all'Omero dell'*Iliade* e dell'*Odissea*:

> l'azione de l'uno restrinse nel paese intorno Troia, quella de l'altro allargò ne gli amplissimi spazi del mare e de le navigazioni d'Ulisse [...]; a l'una ed a l'altra azione, nondi-

---

52 Ibid.
53 Sul concetto di verisimile nei commenti cinquecenteschi alla *Poetica* cf. Alfano, *Concetto*; sulla ricezione aristotelica cinquecentesca cf. Morpurgo-Tagliabue, *Anatomia* e Kappl, *Poetik*.
54 Tasso, *Giudicio*, p. 135.
55 Ibid., p. 136.
56 Cf. ibid., p. 137.
57 Cf. ibid., p. 141.
58 Ibid., p. 151.
59 Ibid., p. 152.

meno, determinò brevissimo spazio di tempo: e quella de l'Iliade, com'alcuni osservano, non passa il numero di XII giorni.⁶⁰

L'azione della *Conquistata*⁶¹ riguarda una stagione intera, tanto che comincia il giorno della Pentecoste e finisce a metà agosto. Grazie a tagli e rimozioni, nella riscrittura viene rispettata in modo più stringente anche l'unità di luogo, che nella *Liberata*, la cui azione si svolgeva intorno a Gerusalemme, era invece interpretata in modo più ampio:

> perché le cose principali seguono ne l'assedio o in Ioppe, ch'è il porto di Gerusalemme, o ne lidi d'Ascalona, città vicinissima; e per questa cagione ancora rimossi le navigazioni e le maraviglie de l'Oceano, lasciandomi intiero il soggetto per un altro poema, senza partirmi dal monte Libano, dove fu imprigionato Riccardo, e da le parti più propinque de la Palestina.⁶²

Nella *Liberata* infatti Carlo e Ubaldo attraversano il Mediterraneo e l'Oceano sulla nave volante della Fortuna.⁶³ Non si tratta solamente di un'espansione rispetto all'unità di luogo dal punto di vista geografico, ma di una navigazione fantastica in un luogo smisurato. Il viaggio infatti porta i due cavalieri all'Isola di Armida, dove si trova Rinaldo. Dopo aver passato e osservato le città africane,⁶⁴ Carlo e Ubaldo si ritrovano nell'Oceano sconfinato, "pelago infinito":⁶⁵

> Quattro volte era apparso il sol ne l'orto
> da che la nave si spiccò dal lito,
> né mai (ch'uopo non fu) s'accolse in porto,
> e tanto del camino ha già fornito.
> Or entra ne lo stretto e passa il corto
> varco, e s'ingolfa in pelago infinito.
> Se 'l mar qui è tanto ove il terreno il serra,
> che fia colà dov'egli ha in sen la terra?
>
> Più non si mostra omai tra gli alti flutti
> la fertil Gade e l'altre due vicine.
> Fuggite son le terre e i lidi tutti:
> de l'onda il ciel, del ciel l'onda è confine.⁶⁶

---

60 Ibid., p. 152s.
61 Cf. id., *Conquistata*, XXIV, I, 1–4.
62 Id., *Giudicio*, p. 154. Questi, insieme con il fatto che l'esercito nemico arriva molto prima, sono i motivi per cui Tasso pensa di aver superato sé stesso nella riscrittura, cf. ibid., p. 160.
63 Per la complessa vicenda compositiva dell'episodio cf. Gigante, *Commento*, p. 154n.
64 Cf. Tasso, *Liberata*, XV, 15–23.
65 Ibid., 23, 6.
66 Ibid., XV, 23–24, 1–4.

Conclusa la riflessione sulle unità aristoteliche nella riscrittura del poema, Tasso, nel primo libro del *Giudicio*, passa alle tre parti della favola doppia o implicata – da distinguere da quella semplice che non presenta una mutazione di fortuna o nella quale, nel caso ci fosse, la mutazione non sarebbe congiunta con l'agnizione:

> favola 'doppia e implicata' chiamo quella ne la quale la mutazione de la fortuna è congiunta co 'l riconoscimento; 'simplice' quella che non ha questa mutazione di fortuna o almeno in lei ella non è congiunta con l'agnizione.[67]

È un argomento già trattato nei *Discorsi*,[68] in cui definiva le quattro parti della qualità del poema eroico – principio e anima del poema, costume delle persone introdotte nella favola, sentenza ed elocuzione – e le parti della quantità, ovvero l'introduzione, la perturbazione, il rivolgimento e la fine. Le parti della favola sono tre, peripezia, agnizione e passione:

> il rivolgimento, che peripezia prima dissero i Greci, la quale è mutazione dalla buona nella rea fortuna, o dalla rea nella buona; ma nel poema eroico è doppia, perché alcuni passano dalla prospera all'aversa fortuna, e altri da questa a quella; e deve essere sempre in meglio, perché il fine più felice è quello ch'è più conforme a questo poema. [...] L'altra parte de la favola è [l']agnizione, cioè un passar dall'ignoranza alla notizia di persone prima conosciute e poi dimenticate, o sia semplice, come quello d'Ulisse, o scambievole come tra Ifigenia e Oreste; ma questo passaggio dee esser cagione di felicità o di miseria. E la passione è la terza, cioè la perturbazione dolorosa e piena d'affanni, come sono le morti e le ferite e i lamenti e i ramarichi che possono muover a pietà.[69]

Questa suddivisione aristotelica dei *Discorsi* viene apertamente ripresa nel *Giudicio*.[70] Partendo dal passo aristotelico relativo all'epica, secondo il quale questa deve avere le stesse forme della tragedia,[71] Tasso delinea le quattro parti della poesia – favola, costume, sentenza ed elocuzione –, a cui corrispondono i quattro generi di semplice, doppio, patetico e morato. Questi ultimi sono combinabili in diversi modi: "il poema può esser simplice e patetico, simplice e morato, doppio e patetico, doppio e morato".[72] Come nell'*Iliade* la semplicità della favola non viene intaccata dall'agnizione di un personaggio secondario come Glauco, così nella *Gerusalemme* l'agnizione di Clorinda,[73] che non è personaggio principale, non toglie la semplicità della favola:

---

67 Id., *Giudicio*, p. 155.
68 Cf. Gigante, *Commento*, p. 155n.
69 Tasso, *Discorsi*, I, p. 74s.
70 Cf. id., *Giudicio*, p. 155.
71 Cf. Arist., *Poet.*, 1459b, 8–16.
72 Tasso, *Giudicio*, p. 157.
73 Cf. id., *Liberata*, XII, 64–68. Per la scena nella *Conquistata* cf. id., *Conquistata*, XV, 78–83.

laonde ne la mia *Gierusalemme* volsi introdurre l'agnizione ne la persona di Clorinda; la quale, essendo agnizione episodica e di persona che ne l'azione non è principale, non toglie la sua simplicità a la favola; perché, per opinione d'Aristotele, lodatissima è la favola epica, la quale sia simplice ed affettuosa; a l'incontro, ne la tragedia, come osserva il Castelvetro è lodata la favola doppia e patetica, o affettuosa: e tale, se non m'inganno, è l'*Edippo Tiranno* di Sofocle, favola oltre tutte le tragiche perfettissima.[74]

Come l'*Iliade* anche la *Gerusalemme* è un poema "simplice ed affettuoso"[75] e, poiché nella *Liberata* la "mutazione de la fortuna è grandissima",[76] Tasso non si accontenta della prima versione, pensando che

non fosse grande l'inclinazione o la depressione dei cristiani, né riguardevole la mutazione: perciò i mutamenti, i quali non si fanno con grandissima varietà di fortuna, non paiono maravigliosi. Era dunque necessario che le forze de' cristiani, abbattute, risorgessero: però a le piaghe ricevute da Goffredo ne l'assalto e da gli altri capitani,[77] a l'incendio de le macchine,[78] a gli impedimenti de la selva,[79] aggiunsi due o tre sconfitte date a' cristiani da gli infideli: l'una con la presa del porto di Ioppe e con la perdita de le navi, l'altre due con le ferite di Balduino, d'Unichero, di Lutoldo, di Guglielmo e di tanti altri valorosi cavalieri; e con la morte di Ruperto d'Ansa, le battaglie appresso il torrente Cedron.[80]

---

74 Id., *Giudicio*, p. 158s.
75 Ibid., p. 159.
76 Ibid.
77 Cf. id., *Liberata*, XI, 54s. La scena si ritrova, con lievi differenze, anche nel poema riformato, cf. id., *Conquistata*, XIV, 75s.
78 Con "incendio de le machine" Tasso si riferisce all'incendio della gran torre mobile da parte di Clorinda e Argante nella *Gerusalemme liberata*, cf. id., *Liberata*, XII, 45s., scena che si ritrova anche nella *Gerusalemme conquistata* con l'aggiunta delle ottave 57 e 59, cf. id., *Conquistata*, XV, 56–58.
79 Gli impedimenti della selva sono quelli del mago Ismeno, cf. id., *Liberata*, XIII, 1–52. Il mago, nella *Liberata*, evoca demoni e forze malvagie nella selva di Saron, così da cacciare i cavalieri cristiani e impedir loro di costruire la nuova torre di assalto. L'incanto funziona, tanto che la selva si riempie di "infiniti spiriti" e Ismeno aggiunge, agli incanti della selva, la siccità, che caratterizza la seconda parte del canto. Per la scena nel poema riformato cf. id., *Conquistata*, XVI, 1–56. In id., *Liberata*, XIII, 11, 27, 6 Alcasto tenta per primo l'impresa di penetrare nella selva, ma un improvviso fuoco, che prende le sembianze di "castelli superbi e torreggianti", gliela impedisce e lo mette in fuga. Dopo tre giorni di tentativi da parte dei più famosi cristiani, è il turno di Tancredi, "sorto / a seppellir la sua diletta amica" Clorinda, cf. ibid., 32, 1s. Nonostante riesca a passare nella selva, superando l'incendio, fallisce nel momento in cui gli alberi prendono vita e presentano la falsa immagine di Clorinda, dopo che Tancredi percuote la pianta con la spada e vede uscirne il sangue, cf. ibid., 41, 6–43. Per la scena riscritta cf. id., *Conquistata*, XVI, 46s.
80 Id., *Giudicio*, p. 160.

Come si evince dal passo del *Giudicio*, alle scene sostanzialmente comuni ai due testi, Tasso nel passaggio alla *Conquistata* ne aggiunge altre, per rendere più decisa la mutazione e marcare in maniera più netta la grande varietà della fortuna.

La prima scena aggiunta alla *Conquistata* a cui fa riferimento Tasso è quella relativa alla presa del porto di Ioppe con la perdita delle navi. Il mare inizia a diventare rumoroso e le onde, "rapide e spumanti",[81] preannunciano l'arrivo degli infedeli.[82] Iniziano così la presa del porto e la battaglia; Argante attacca Roberto, ma non riesce a colpirlo.[83] Roberto esorta i cristiani alla pietà, mentre Argante spinge i suoi alla battaglia e alla distruzione.[84] Argante combatte instancabile fino a quando riesce a ottenere il risultato sperato. Le altre due sconfitte dei cristiani cui fa riferimento Tasso sono quella di Balduino[85] e quella di Guglielmo, Lutoldo e Unichiero.[86] Con l'aggiunta di queste scene Tasso mira a rafforzare la mutazione della fortuna, rendendo più efficace la ripresa dei cristiani, non da ultimo perché le speranze nel miglioramento da parte di chi legge vengono così smorzate o addirittura perse per poi rinascere:

> in questa guisa, adunque, le forze de' cristiani erano in manifesta declinazione e quasi vicine a la caduta ed a la ruina [...]: quando risorgono subitamente con l'aiuto di Riccardo che, vestito d'armi di luce, ritorna a guerreggiare e, superando gli impedimenti umani e diabolici, acquista meravigliosa vittoria de' nemici.[87]

Anche per quanto riguarda la perturbazione Tasso afferma di seguire Aristotele,[88] Omero e Virgilio, modelli che prende a esempio per la rappresentazione della morte "intrepida e senza paura":[89] la morte di Argante è ispirata a quella di Ettore, mentre quella di Solimano si rifà alla morte di Mezenzio e di Lauso. Analogamente i lamenti di Lugeria, di Funebrina e di Erminia riprendono quelli di Andromaca, Ecuba ed Elena e sono funzionali all'espurgazione, a imitazione dei greci e dei latini:[90]

> con gli uni e con gli altri lamenti, nondimeno, ho voluto purgare gli affetti seguendo più tosto il giudicio d'Aristotele e de gli altri Peripa[te]tici, che quel di Platone e de gli Acade-

---

81 Id., *Conquistata*, XVIII, 92, 6.
82 Cf. ibid., 93.
83 Cf. ibid., 103.
84 Cf. ibid., 113s.
85 Cf. ibid., XIX, 15.
86 Cf. ibid., 32s.
87 Id., *Giudicio*, p. 161.
88 Cf. Arist., *Poet.*, 1460a 11–18.
89 Tasso, *Giudicio*, p. 163.
90 Cf. ibid., p. 169.

mici, e de gli Stoici, e de gli Epicurei, i quali, come che ne l'altre cose siano molto discordi, paiono concordarsi in quel ch'appertiene a la vacuità de gli affetti ed a la tranquillità degli animi.[91]

Nell'epopeia l'anima viene purgata con l'eccesso di qualità simili e non solamente contrarie; secondo l'insegnamento di Plutarco[92] il più nobile dei modi sarebbe quello che avviene attraverso le lodi divine. L'espurgazione è presente anche nel poema riformato in cui viene tematizzata a livello testuale nel canto XX.[93]

Ma perturbazione non significa solamente espurgazione. Anche la compassione ne fa parte: così, per esempio, muoverebbe a compassione la morte di Solimano, non considerato in quanto imperatore dei Turchi ma in quanto principe valoroso e padre, privo delle virtù teologali ma ricco di virtù naturali e morali. Tasso sostiene di non meritare biasimo perché vuole suscitare compassione e misericordia in "tutti i modi e da tutte le persone".[94] Infatti afferma: "e se perciò fare, ho formate le persone de' barbari migliori ch'in effetto non sono, ciò deve a me esser conceduto più agevolmente ch'a gli istorici".[95] Nel canto XX Solimano piange la morte di un giovane familiare[96] e, al posto delle lacrime, versa il sangue: la compassione negli infedeli scaturisce così dalla perturbazione. In questo modo Tasso, seguendo la sua visione, rischia di peccare proprio nella mancanza di verisimiglianza e di ricerca del vero, giustificata tuttavia da un vero più alto e cristiano.

---

91 Ibid., p. 166.
92 Il riferimento, individuato da Gigante, *Commento*, p. 172n., è probabilmente a Plutarco, *De aud. Poet.*, 4 20 E-F.
93 Cf. Tasso, *Conquistata*, XX, 59s.
94 Id., *Giudicio*, p. 178.
95 Ibid.
96 Cf. id., *Conquistata*, X, 89, 5–8.

2 Marino e la trasgressione delle regole

Nell'analizzare l'atteggiamento mariniano nei confronti delle regole bisogna considerare che Marino, a differenza di Tasso, non ha lasciato un'opera teorica di poetica, ma solamente qualche considerazione in lettere e paratesti;[1] che tra le riflessioni teoriche e la pratica letteraria si nota una discrepanza;[2] e che Marino ha vissuto da vicino due "esperienze di riflessione poetica tra le più significative del secolo":[3] la pubblicazione dell'edizione napoletana dei *Discorsi del poema eroico* di Tasso e la partecipazione ai dibattiti sorti nell'ambiente di Giulio Cortese e Camillo Pellegrino. Come nota Russo[4] queste esperienze sottendono una formazione elaborata all'interno delle discussioni teoriche e normative cinquecentesche, con la ripresa di Aristotele da parte dei commentatori più recenti quali Mazzoni e Patrizi: un fatto non di poca importanza, come si vedrà, in relazione all'allegoria.

In una lettera a Girolamo Preti, datata 1624,[5] Marino afferma che l'unica regola è quella di saper rompere le regole a tempo e luogo, assecondando il gusto del secolo e il costume corrente.[6] Siamo nel pieno della polemica scatenata da Agazio Di Somma, che aveva paragonato l'*Adone* alla *Gerusalemme liberata*,

---

[1] Cf. Russo, *Marino*, p. 317s.: "a partire dalle *Rime* del 1602, però, il Marino optò per un sostanziale silenzio sulle questioni teoriche, non elaborando mai, come era stato avvertito necessario dal Tasso, un sistema nel quale inserire le proprie opere, non assumendo dunque una rete di precetti e convenienze che valessero da supporto nella pratica dei versi". Il discorso sullo scrivere lascivo, pensato in posizione di apertura nell'edizione veneziana dell'*Adone*, viene annunciato ma mai pubblicato, cf. Marino, *Lettere*, n. 185, in: Russo, *Marino*, p. 338.
[2] Si tratta di una discrepanza che si esprime nell'effetto potente del testo, a discapito delle teorizzazioni dell'autore, come si vedrà nei capitoli sull'allegoria e sul travestimento.
[3] Russo, *Marino*, p. 317.
[4] Cf. ibid., p. 317s., anche per l'atteggiamento mariniano volto all'esito concreto, alla polemica e alla capacità di ridicolizzare gli errori dei poeti "stiticuzzi", su cui cf. Marino, *Lettere*, n. 216, p. 396.
[5] Cf. ibid.
[6] Per una contestualizzazione e un discorso sulla poetica mariniana cf. ibid., p. 319s. e Lazzarini, *Testimonianza*, p. 76, che considera l'atteggiamento di Marino "parzialmente conservatore" perché "nella lettera al Preti, pur riconoscendo la possibilità di modelli alternativi a quello aristotelico, Marino dichiara la volontà di non allontanarsi del tutto dalle canoniche prescrizioni dello Stagirita: egli, insomma, non dice di voler ignorare le regole, bensì, contro ogni rigorismo, dichiara di volerle rompere 'a tempo e luogo'. Marino si dice dunque intenzionato alla creazione di una struttura formalmente rispondente ai princìpi basilari della poetica cinquecentesca, riservandosi però la massima libertà nei confronti dei limiti che questa imponeva (le 'regole', cioè, alla cui osservanza Stigliani lo voleva 'tirare')".

Open Access. © 2022 the author(s), published by De Gruyter. This work is licensed under the Creative Commons Attribution 4.0 International License.
https://doi.org/10.1515/9783110794113-003

preferendo il poema del Marino a quello di Tasso;[7] Di Somma aveva chiamato in causa anche Girolamo Preti e Antonio Bruni, amici di Marino, che però si erano dissociati, creando così inevitabilmente un attrito con l'amico. L'affermazione di Marino sulle regole si può comprendere solo soffermandosi sul suo interesse per il successo e per il pubblico. Il gusto del secolo predilige amori e magie, e Marino, assecondandolo, cade nel paradosso di un nuovo sistema di regolarità basato sulla trasgressione – a sua volta in sintonia con il piacere per i temi lascivi, anch'essi in voga e strettamente legati alla rottura delle regole. In un contesto di normatività poetica, Marino può giocare con la rottura delle norme solo se – o perché – queste norme sono patrimonio condiviso: è la conoscenza della norma che permette a chi legge di divertirsi cogliendo la trasgressione. La rottura della regola diventa a sua volta una regola all'interno del gioco poetico: Marino inventa un sistema di irregolarità che si basa proprio sulla regolarità preesistente,[8] perché la dimensione sistematica delle irregolarità le rende a loro volta imitabili – al punto che i poeti marinisti hanno fatto dell'imitazione di Marino la propria cifra stilistica.[9] Nella citata lettera a Preti è evidente l'autocompiacimento per il successo, anche economico, delle sue opere:

> ma perché non voglio esser lapidato dai fiutastronzi e dai caccastecchi, mi basterà dire che troppo bene avrò detto che le poesie d'Ovidio[10] sono fantastiche,[11] poiché veramente non vi fu mai poeta, né vi sarà mai, che avesse o che sia per avere maggior fantasia di lui.

---

[7] Per il racconto e l'analisi della polemica cf. Carminati, *Inquisizione*, p. 188s.; Rizzo, *Commento*, p. 18s.; Croce, *Tre momenti*, p. 44s.; Riga, *Esempio*, p. 75s.; Bellini/Scarpati, *Il vero*, p. 112s.; Russo, *Marino*, p. 332–339.

[8] In questo senso può essere utile considerare brevemente l'approccio di Caillois, *Occhio*, p. 11 che sul gioco scrive: "queste regole hanno qualche cosa di arbitrario e il primo venuto, se le trova assurde o soffocanti, è libero di rifiutarle e dipingere senza prospettiva, scrivere senza rima né cadenza, comporre suoni al di fuori della regolamentare armonia. Così facendo, egli non sta più al gioco, queste regole esistono solo per il rispetto che si porta loro. Negarle, tuttavia, è al tempo stesso abbozzare i criteri futuri di una nuova percezione, di un altro gioco il cui codice, ancora vago, diventerà a sua volta tirannico, imbriglierà ogni audacia e metterà nuovamente al bando la fantasia sacrilega. Ogni rottura che infrange un divieto codificato prefigura già un altro sistema, non meno rigido né meno gratuito". Nel caso di Marino si pensi a Emanuele Tesauro che sviluppa una metodologia per certi aspetti mariniana, come ad esempio il richiamo alla meraviglia della metafora, cf. Frare, *Marino*, p. 97s.

[9] Per l'Italia cf. Ferrero, *Marino* e per l'Inghilterra cf. Praz, *Marinismo*.

[10] Il paradigma di Ovidio è "sottotraccia nell'intera carriera mariniana", come afferma Russo, *Marino*, p. 336n. In merito cf. anche Lazzarini, *Testimonianza*, p. 74: Ovidio è elogiato nell'*Adone* come primo tra i poeti latini che cantarono in "amoroso stil", Marino, *Adone*, IX, 174, 2. Il testo dell'*Adone*, qui e in seguito, è quello di Russo, *Commento*.

[11] Particolarmente rilevante il rapporto dicotomico tra fantastico e mimetico, soprattutto in relazione alle regole aristoteliche e al rapporto con Tasso.

> E utinam le mie fossero tali! Intanto i miei libri che sono fatti contro le regole si vendono dieci scudi il pezzo a chi ne può avere, e quelli che son regolati se ne stanno a scopar la polvere delle librarie. Io pretendo di saper le regole più che non sanno tutti i pedanti insieme;[12] ma la vera regola, cor mio bello, è saper rompere le regole a tempo e luogo, accomodandosi al costume corrente ed al gusto del secolo. Iddio ci dia pur vita, ché faremo presto veder al mondo se sappiamo ancor noi osservar queste benedette regole e cacciar il naso dentro al Castelvetro. So che voi non sète della razza degli stiticuzzi, anzi non per altro ho stimato sempre mirabile il vostro ingegno, se non perché non vi è mai piaciuta la trivialità, ma senza uscir della buona strada negli universali avete seguita la traccia delle cose scelte e peregrine. Pure sono stato costretto a far questa bravata in credenza, sentendomi stuzzicare il naso; e l'ho fatta perché con gli amici veri parlo con ogni confidenza alla libera. Ora quanto all'impressione d'esso *Adone* io non me ne curo un pelo che lo censurino, poiché non fo in esso il fondamento della mia immortalità.[13]

La rottura delle regole è dunque consapevole e calcolata, tanto che Marino sottolinea di conoscere bene le regole; non è casuale, ma avviene secondo i citati criteri di tempo e luogo. Gli "stiticuzzi" dell'epistola a Preti ricordano i "pedantuzzi moderni" e i "poetuzzi dozinali" di cui Marino parla in una lettera a Bruni, sempre relativa al tema dell'osservanza delle regole:

> io non ebbi mai pensiero d'emular il Tasso in questo mio poema, ma nemmeno ho per il proposito, che un litterato amico voglia far parallelo tra scrittura, e scrittura in quelle parti, che fra loro, o per il soggetto o per lo stile hanno somiglianza [...]. Gracchino pure i pedantuzzi moderni, ch'io non ho in questo Poema osservate le regole d'Aristotele; cicalino i poetuzzi dozinali, ma critici ch'io habbia in un corpo pigmeo effigiate membra gigantesche,[14] perché contro i loro cicalamenti e morsificature mi sono armato del tallone, a guisa d'Ercole, della sofferenza, e del non curar sì fatta gente.[15]

Entrambe le lettere nascono dalla polemica che aveva visto l'*Adone* paragonato alla *Gerusalemme*, cosa che in parte spiega il tono aspro e autoapologetico di Marino. E proprio in questo periodo si creerà una distanza tra il suo pensiero e quello di Bruni sul rapporto con il passato, con i poeti antichi e con la tradizione più recente, alla luce del quale si possono capire, come si vedrà, alcune apparenti stranezze delle *Epistole eroiche*.[16]

---

[12] Cf. Russo, *Marino*, p. 319: "se è vero che il Marino elogiava Tassoni per aver ridimensionato l'intangibilità del *liber* petrarchesco, e se magari condivideva in silenzio la fiducia in una poesia moderna, restava però distante da ogni individuazione di scuola, e alla fine raccoglieva la sua stizza in poche frasi, riservandosi il privilegio di un *iudicium* miracoloso cui non occorrevano norme di appoggio".
[13] Marino, *Lettere*, n. 216, p. 396.
[14] L'analogia con la grottesca è qui suggerita da Marino stesso.
[15] Marino, *Lettere*, ad Antonio Bruni, n. 218, p. 400s.
[16] Cf. infra, p. 92–100.

Nella lettera a Preti Marino ricorre a termini afferenti al campo semantico del peccato in relazione al proprio poema ("ma sì come son il primo a confessarmi de' suoi peccati, così sarò sempre il primo a scusarlo di ciò che non peccò").[17] Il riferimento ai presunti peccati del poema, che l'autore dovrebbe confessare, risulta particolarmente rilevante nel contesto della cultura vigilante in cui si muove Marino: arrivano a confondersi in questo modo i piani etico, morale e poetico, e il tono che ne deriva appare, in pieno stile mariniano, ancor più provocatorio e canzonatorio. In un ambiente fortemente caratterizzato dal controllo reciproco, gli avversari e gli amici di Marino si muovono tra denunce, sospetti e complicità; tra amici per esempio si spediscono sonetti osceni con la richiesta di distruggerli o farli sparire dopo la lettura.[18] I protagonisti dell'epistolario sono Tommaso Stigliani, Gasparo Murtola (autore dell'attentato a Marino), ma anche Pietro Aldobrandini (a dimostrazione della capacità di Marino di crearsi rapporti e protezioni importanti), Lorenzo Scoto (a cui sono attribuite le allegorie dell'*Adone*), Claudio Achillini, Andrea Barbazza e Ridolfo Campeggi, Antonio Preti e Antonio Bruni. A volte le rivalità personali si tramutano repentinamente in opposizioni poetiche[19] e le amicizie diventano velocemente inimicizie, come nel caso di Stigliani e Marino: nel 1602 Marino invia a Stigliani, ancora amico, una lettera con qualche sua composizione, "non ostante che vi sieno alcuni scherzi, i quali non vorrei che fussero veduti da altri"[20] e nel 1607, con una spudoratezza nell'espressione che gli è tipica, manda a Campeggi tre "sonettacci" osceni, "saltati" "in carta in stile scherzonico".[21] Nella lettera che li accompagna Marino chiede che "sieno abbrugiati, come sodomiti":[22] nonostante il forte controllo, la trasgressione e la provocazione hanno spesso la meglio.

Nella lettera a Preti, che considerava l'*Adone* "poema fantastico e fuor di regola"[23] e reputava che il paragone con la *Gerusalemme liberata*, avanzato da

---

17 Marino, *Lettere*, n. 216, p. 395.
18 Nel memoriale a Carlo Emanuele I Marino cerca di far passare le accuse come una "inaudita calunnia", ma questo faticoso tentativo, in cui Marino prova a sostenere che i sonetti non fussero suoi, è destinato "a perdere forza solo una pagina più oltre, ove con meticolosità sospetta Marino si impegnava a smontare quella medesima accusa", Carminati, *Inquisizione*, p. 3s.
19 Cf. ibid., p. 34.
20 Marino, *Lettere*, n. 18, p. 31.
21 Marino, cit. in Carminati, *Inquisizione*, p. 44s.
22 Ibid., p. 45. Per la reazione dell'Inquisizione, la mediazione di Aldobrandini e gli spostamenti tattici di Marino cf. ibid., p. 60s.
23 Marino, *Lettere*, n. 216, p. 395.

2 Marino e la trasgressione delle regole

Di Somma, fosse fuori luogo, Marino aggiunge che lo è nello stesso modo in cui sarebbe sbagliato confrontare l'*Eneide* con le *Metamorfosi*:

> Voi l'intitolate "poema fantastico e fuor di regola", e dite che non può cadere la comparazione, perché sarebbe come voler rassomigliare l'*Eneide* alle *Metamorfesi*. Adunque, secondo voi, di necessità ne segue che quello delle *Metamorfesi* sia poema irregolato e fantastico; né vi soviene di quello che lasciarono scritto molti di coloro che di quest'arte hanno trattato, cioè che si può fabricar poema non solo d'un'azione d'una persona e d'un'azione di molte persone, ma anche di molte azioni di molte persone, se bene non sarà così perfetto secondo la mente d'Aristotile. Parlo delle *Metamorfesi* (intendetemi bene) e non dell'*Adone*, perciocché l'*Adone* non è azione di molte persone, ma d'una sola; e parlo in quanto alla parte della disposizione, perché circa l'arte, come sono l'invenzione, il costume, la sentenza, l'elocuzione, io non credo che Virgilio passi molto d'avantaggio ad Ovidio, né che il poema delle *Transformazioni* a quello dell'*Eneide* abbia da ceder punto.[24]

La regola a cui fa riferimento Marino è quella aristotelica secondo la quale l'azione del poema epico deve essere di una persona sola. L'unità aristotelica è un problema analizzato anche nell'*Occhiale* di Tommaso Stigliani, opera fondamentale per la ricezione dell'*Adone* di cui, due anni dopo la morte di Marino, offre un'aspra critica. Stigliani, dichiarato rivale di Marino, si schiera contro di lui affermando che, per giudicare il poema eroico, bisogna "prima esaminarlo secondo il tutto, poi secondo le parti".[25] Secondo il tutto si esamina nel vaglio di quattro qualità che sono "la Favola", "la Locuzione", "la Sentenza" e "il Costume"; secondo le parti si analizza invece in base ai "tre membri della sua qualità", ossia "l'Introduzione, il Viluppo, e lo Scioglimento".[26] La favola eroica per essere in regola deve avere nove condizioni: "che sia una, che sia compiuta, che sia grande, che sia bene episiodiata, che sia ravvilluppata, che sia mirabile, che sia credibile, che sia gioiosa e sia varia".[27] Nella prima condizione dell'unità della favola si può sbagliare in quattro modi:

> quando lo scrittore veggendo la persona ess'una, crede, ch'una siano le sue molte azzioni: quando perché il tempo è uno, egli pensa, ch'uno siano tutti gli avvenimenti succeduti in quello: quando all'unità del luogo egli riferisce l'unità de casi: e quando il principal personaggio non è uno, ma sono più. Il presente poema falla in tutte e quattro le fogge.[28]

L'*Adone* pecca inoltre anche perché non presenta una connessione causale tra un evento e l'altro; Stigliani afferma infine che non è "un solo poema ma un groppo di poemi ammassati insieme", la cui "mostruosa congiunzione" assomi-

---

24 Ibid., p. 395s.
25 Stigliani, *Occhiale*, p. 15.
26 Ibid.
27 Ibid., p. 16s.
28 Ibid., p. 18s.

glia a quella di due gemelli "attaccati per pancia".²⁹ In realtà, aggiunge, la condizione dell'*Adone* è ancora più brutta perché i poemi attaccati insieme sono più di due.

Un altro aspetto criticato da Stigliani, e rilevante anche nell'ottica di un confronto tra Marino e Tasso, è la mancanza di credibilità dell'*Adone*: "la sua favola non può esser creduta né tutta, né parte dal lettor cristiano, essendo cosa totalmente pagana, e gentile, così ne' personaggi, come nell'azione"³⁰ e

> molte sue parti sono incredibili, benché fossero avvenevoli, come è per es. quando nel canto quattordicesimo una quantità d'api ammazza colla puntura uomini armati. Il che può bene essere, trovandosene di quelle che sono velenose: ma il dirlo in un poema eroico si è contro l'obbligo del buon favolatore, il quale dee più tosto servirsi dell'impossibile, che si crede, che del possibile che non si crede.³¹

La prospettiva di Marino era però un'altra, come si è visto tanto nella lettera a Bruni quanto in quella a Preti. Contro i "pedantuzzi" moderni aveva argomentato con il proprio successo economico,³² con le vendite e con la modernità del suo poema,³³ affrontando la questione su un piano radicalmente diverso. Sono

---

29 Ibid., p. 12.
30 Ibid., p. 53.
31 Ibid. Stigliani si riferisce qui al tema della verisimiglianza e, in particolare, alla questione del meraviglioso e del meraviglioso cristiano. Il passo dell'*Adone* a cui fa riferimento è Marino, *Adone*, XIV, 148s. Tuttavia non sono propriamente le punture a uccidere tutti gli uomini armati, bensì il miele velenoso prodotto dalle api, ricavato da fiori velenosi e piante pestifere, cf. ibid., 149.
32 Molto lontano dal parere dell'ultimo Tasso che distingue tra il successo dell'oratore e quello del poeta, cf. Tasso, *Giudicio*, p. 122: "i poeti debbono contentarsi de' pochi dottissimi ed intendentissimi". È una posizione a sua volta distante da quella del Tasso delle *Lettere*, che non voleva solamente "sodisfare a i maestri dell'arte", essendo anzi "ambiziosissimo dell'applauso de gli uomini mediocri", id., *Lettere*, p. 166s., cit. in Gigante, *Commento*, p. 123n.
33 Cf. Bartezzaghi, *Banalità*, p. 107; Russo, *Marino*, p. 319: "l'assenza di un piglio normativo si incontrava con un sostanziale disinteresse e con la percezione chiara di una stagione ormai esausta di dibattiti di poetica: il concetto del successo presso il pubblico che Marino impiegò spesso venne eletto quale migliore o quasi unica difesa dei propri versi, a tacitare le proteste attardate di Stigliani"; Regn, *Tragödie*, p. 87: "Chancen erfassen, ins Risiko gehen, und zwar durchaus mit einer ordentlichen Dosis Skrupellosigkeit, und den Gewinn maximieren: Das kulturelle Kapital, das der Autor aus seiner Selbstvermarktung schlägt, ist immer auch Mittel zur Mehrung der realen Vermögenswerte. Dichtung ist für Marino demnach alles andere als eine brotlose Kunst". L'affermazione mariniana ha un carattere paradossale: si rompe una regola, allontanandosi da un certo tipo di vigilanza, avvicinandosi così però a un altro tipo di vigilanza, quella del pubblico, del gusto e del costume corrente. Lo ha osservato Carminati durante il seminario "Zensur und Inquisition um 1600", tenutosi presso la Ludwig-Maximilians-Universität di Monaco di Baviera il 26 febbraio 2021.

questi gli elementi che contano per Marino, non di certo l'osservanza delle regole dell'unità e della verisimiglianza, molto care invece a Stigliani, che nell'*Occhiale* rinfaccia all'*Adone*, poema "rincrescevole" e "noioso",[34] proprio queste mancanze. Dell'opera di Stigliani interessa qui un altro passo, nel quale le regole svolgono un ruolo fondamentale. Stigliani riporta un'argomentazione mariniana, che come ha dimostrato Lazzarini risale effettivamente a Marino:[35]

> primamente egli dice che, sì come il secolare non è sottoposto agli oblighi del religioso, così l'*Adone* essendo romanzo e non poema eroico, e seguendo le vestigia della *Metamorfosi*, e non della *Eneida*, non soggiace a questa severità di regole alla cui osservanza io lo vorrei tirare. Appresso soggiunge ch'egli nel comporlo non ha avuto intenzione di dilettar col tutto, ma colle parti, pretendendo che quello si leggesse non filatamente dal principio al fine, ma a squarci in qua e in là. Della qual seconda ragione, egli arreca per confermazione due esempi. Il primo è che sì come a' riguardanti diletta molto un libro di disegni stampati, nel qual non sia figura veruna, ma separati membri (cioè occhi, orecchie, braccia, gambe, e simili), fatti da' pittori per insegnare a' giovani di disegnare, così esse parti del detto poema, leggendosi divisamente, e senza badare a dipendenza, potranno dilettare non meno che farebbe il tutto se fusse bene unito, e serviranno a' principianti per tipo di comporre. Il secondo esempio è, che sì come il palazzo di Vaticano, con tutto che non sia uno intero edificio, ma uno aggregato d'abitazioni, e d'appartamenti, superi per la magnificenza delle stanze, e per la ricchezza, e per la copia, e per gli agi, quello de' Farnesi, che è uno edificio compiuto; così l'*Adone*, con tutto che non abbia buona proporzion di parti, supera per l'eccellenza di quelle, e per l'abbondanza, gli altri poemi che son meglio intrecciati.[36]

Controbattendo agli argomenti di Marino, Stigliani sembra avvicinare la scrittura mariniana alla grottesca, perché le parti del poema risultano "malamente unite" a formare un'unica figura in cui "il capo fusse travolto, e le braccia fussero nel luogo delle gambe, e queste nel luogo di quelle".[37] Ancora più interessante, in questo passo, è però la riflessione a cui si rifà Stigliani. Se l'*Adone* non è, come sosterrebbe Marino,[38] un poema eroico,[39] ma un ro-

---

34 Stigliani, *Occhiale*, p. 53.
35 Cf. Lazzarini, *Testimonianza*, che per dimostrare la veridicità dell'attribuzione mariniana dell'argomentazione cita anche la forzatura delle argomentazioni di Stigliani sulla comodità del Vaticano.
36 Stigliani, *Occhiale*, p. 116–118.
37 Ibid., p. 125s.
38 Secondo Stigliani non ci sono invece, a livello di regole, differenze tra poema eroico e romanzo, cf. ibid., p. 118: "alla prima ragione rispondo, che non è vero (come egli stima, e tutto il tinto vulgo de' poetastri) che il romanzo sia spezie differente dall'eroico, anzi esso è la medesima, e questi due nomi sono sinonimi".
39 È quanto afferma anche Chapelain nel suo discorso pubblicato in apertura dell'*Adone*. Secondo le regole generali dell'epopeia il poema avrebbe pregi relativi soprattutto alla modernità. La novità consisterebbe infatti nell'aver introdotto un nuovo genere all'interno di un

manzo,⁴⁰ il modello di riferimento non potrà essere l'*Eneide* di Virgilio, ma saranno le *Metamorfosi* di Ovidio. Il paragone proposto da Marino assume un'importanza particolare all'interno del ragionamento normativo: il romanzo *Adone*, che si rifà alle *Metamorfosi*, non ha quindi nessun obbligo nei confronti delle regole del genere eroico, proprio come un laico non ha l'obbligo di osservare le regole religiose. Considerare la differenza che intercorre in fatto di regole tra secolare e religioso non è di per sé, in senso letterale, problematico, ma lo diventa a livello suggestivo, nascosto, mediante un gioco di travestimento e velamento tipico dell'*Adone*⁴¹ che sorprendentemente si ritrova anche nelle riflessioni teoriche. A un secondo livello, infatti, si tratta di un punto di vista provocatorio, soprattutto nel Seicento, perché mostra la tendenza mariniana a mescolare i due piani del discorso e ad assumere un atteggiamento analogo in campo letterario e nei confronti della religione. Inoltre il diletto della lettura non deriverebbe, secondo Marino, dal tutto e dall'insieme, bensì dalle parti,⁴² che possono essere lette come un manuale di "disegni stampati" in cui ci si sofferma sulla bellezza del particolare e in cui la macrostruttura non ha rilevanza.⁴³ Nel passo citato il Vaticano è contrapposto a Palazzo Farnese: il primo non ha una struttura unitaria, è un aggregato di abitazioni, tuttavia è migliore di Palazzo Farnese, che ha una struttura conclusa, unitaria e definita, grazie allo splendore delle stanze, per la ricchezza e per gli agi. Sono quindi i particolari a rendere il Vaticano magnifico e superiore a Palazzo Farnese, così come l'*Adone* risulta superiore

---

genere già esistente e accettato: si tratterebbe del poema di pace. Anche l'unità della favola è ripresa nel discorso di Chapelain pubblicato in: Marino, *Adone*, p. 14, quando, parlando dell'unità di azione e di persone, afferma che non ci sarebbe nessun mescolamento di storie sacre e profane – argomento poco credibile, essendo proprio questo uno dei motivi della censura del poema, cf. a tal riguardo Carminati, *Inquisizione*. Nel memoriale a Carlo Emanuele I, Marino stesso si autodefinisce "della pace studioso", Marino, *Lettere*, n. 48, p. 77s.
40 Per la problematicità della definizione del poema cf. anche la lettera n. 216 a Girolamo Preti, in: ibid., n. 216, p. 395: "rompansi pure il capo i signori critici disputando fra loro se con quel nome si debba battezzarlo; so che chi volesse far l'apologista, avrebbe mille capi da poterlo far passar per epico. E se bene favoleggia sopra cosa favolosa, ci sa nondimeno che la favola antica ha forza d'istorica; ma se altri non vorrà chiamarlo 'eroico' perché non tratta d'eroe, io lo chiamerò 'divino' perché parla de' dei", cit. in Lazzarini, *Testimonianza*, p. 75n. Cf. anche Russo, *Commento*, p. 335.
41 Cf. infra, p. 109–119.
42 L'idea delle parti viene ripresa anche da Stigliani, *Occhiale*, p. 122, quando afferma che l'imperfezione del "romanzo" d'Ovidio è "scusabile" in quanto questo, a differenza dell'*Adone*, ha molte "parti buone".
43 Il procedimento è, come si vedrà, analogo al funzionamento delle grottesche nell'edizione parigina del poema, cf. infra, p. 60–73.

agli altri poemi unitari perché magnifico nelle "particelle", a livello quindi microstrutturale.[44] Anche in questo caso la dimensione religiosa e quella poetica sono accostate e mescolate: ne risulta un paragone particolarmente provocatorio tra *Adone* e Vaticano. Per comprendere meglio la posizione mariniana sui temi del genere letterario e del rapporto tra tutto e parti ci viene in aiuto ancora una volta la lettera 216 a Preti. Marino afferma che lo stile di Tasso è "più magnifico" rispetto al suo che è invece medio, ragione per la quale il paragone tra l'uno e l'altro non avrebbe senso, a eccezione magari di qualche passo:

> che il genere della *Gerusalemme* sia diverso, non si nega; che lo stile sia più magnifico, più laconico, più poetico e più ricco, questo ancora si concede; ma che in questo mio poemazzo non sia pur qualche particella, che gli si possa contraponer ad esser contrapesato alla medesima bilancia, di questo me ne riporto al vostro giudicio.[45]

Altrove però Marino sembra distinguere in maniera netta le regole poetiche da quelle religiose, come nel memoriale al duca Carlo Emanuele I: "ho potuto errare nello scrivere, ma non già nello scrivere cose indegne di scrittor cattolico".[46] Nella redazione del manoscritto Patetta[47] Marino precisa i termini della questione, parlando di vere e proprie regole religiose: "ho potuto trasgredire i precetti dell'arte poetica, ma non le regole della cristiana dottrina".[48] Nel caso di Marino non si supera il "confine di una mescidanza indebita, frutto al più di una indifferenza religiosa, mai però esito di un fervore eretico, di un impegno dottrinale nella diffusione di convinzioni alternative a quelle dell'ortodossia cattolica";[49] nella pratica Marino non fa alcuna distinzione tra regole religiose e regole poetiche e ludiche, perché si comporta indifferentemente, nei riguardi

---

44 Cf. anche quanto scritto da Marino, *Lettere*, n. 121, p. 206: "l'*Adone* è in procinto di stamparsi, e finalmente è ridotto a tale stato che è quasi maggior del *Furioso*, diviso in ventiquattro canti. Gli amici se ne compiacciono e mi sforzano di publicarlo. Non so come riuscirà, ma insomma è fabrica risarcita, o (per meglio dire) gonnella rappezzata. La favola è angusta ed incapace di varietà d'accidenti, ma io mi sono ingegnato d'arricchirla d'azioni episodiche, come meglio mi è stato possibile".
45 Marino, *Lettere*, n. 216, p. 396.
46 Ibid., n. 48, p. 84.
47 Città del Vaticano, Biblioteca Apostolica Vaticana, *Autografi Patetta*, cartella Marino, Giambattista, 1 contiene acefala una diversa redazione del manifesto, cf. Carminati, *Inquisizione*, p. 4.
48 C. 4r, in: Carminati, *Inquisizione*, p. 4n.
49 Carminati, *Inquisizione*, p. 89, che parla anche di "scorrimento insensibile tra i due piani".

di regole poetiche⁵⁰ e religiose, come ci si comporterebbe con le regole di un gioco provocatorio e mirato, sottile e a più strati di lettura.⁵¹

Il gioco, almeno negli intenti, è ben spiegato da Marino stesso nella *Lettera Claretti* preposta alla *Lira* e nella lettera a Claudio Achillini preposta alla *Sampogna*. Consiste nel furto ben fatto, che

> non deve convertirsi in rapacità, acciocché non avvenga all'involatore come avvenne a quell'uccello che, comparso a festa con penne postice, sene ritrovò pelato; o come all'Asino, ch'andando in maschera⁵² con la pelle del Lione intorno, rimase ignudo non solo di quella, ma anche della sua. Vuolsi l'accorto rassomigliare al gittatore, il quale volendo (per essempio) d'una statua di Venere fare una Diana la fonde, ma quantunque il metallo sia l'istesso, la forma però ne riesce differente; e quella parte di materia che là era nel capo, qui peravventura viene ad essere collocata nel piede.⁵³

In questo tipo di gioco esistono nuove regole: non solo è giustificato il furto – con una ripresa del *topos* delle api⁵⁴ che, prendendo da diversi fiori, producono il miele, sostanza in cui non si riesce più a stabilire da che fiori sia derivato – ma

---

50 Cf. Corradini, *Questioni*, p. 65s.: "per quanto concerne il rispetto delle norme aristoteliche o, più in generale, delle regole dell'arte, il Marino non può che giocare in difesa, servendosi di argomentazioni fondate su paralogismi (l'equiparazione della 'favola antica' alla storia come materia del poema), ambigue e capziose per le arbitrarie implicazioni che sottintendono (il sostenere che 'l'*Adone* non è azione di molte persone, ma d'una sola', come se ciò fosse sufficiente a conferirgli coesione narrativa) o ridotte al livello di pure e semplici arguzie ('Se altri non vorrà chiamarlo 'eroico' perché non tratta d'eroe, io lo chiamerà 'divino', perché parla de' dei')". Nella stessa missiva al Preti del resto è presente un'affermazione che sembra condensare bene l'idea mariniana di critica letteraria: "né opinione si trova così stravagante e falsa, che non si possa, se non sostenere con ragioni concludenti, almeno difendere con argomenti sofistici, tanto più le cose poetiche, le quali sono più di tutte le altre dubbiose e disputabili".
51 Nella stessa ottica va considerata la distinzione mariniana, purtroppo solo accennata, tra lo scrivere lascivo, che è quello di cui fanno uso Marino stesso e la tradizione letteraria, e lo scrivere osceno, cf. Marino, *Lettere*, n. 185, p. 348; Carminati, *Inquisizione*, p. 18s. Si tratta inoltre della stessa "disinvoltura" mariniana "nell'affiancare il Cielo e il chiasso, la prigionia sua e la passione di Cristo, il tempio di Venere e i riti cattolici", ibid., p. 91.
52 Per i travestimenti e le maschere in Marino cf. infra, p. 109–119.
53 Marino, *Lira*, p. 33s.
54 Il *topos* delle api e dell'occultamento della fusione nell'imitazione di altri autori è classico: si ritrova in Seneca, Orazio e Petrarca; cf. Carminati, *Inquisizione*, p. 12s. e Nelting, *Formar*, che analizza il diverso funzionamento del paragone in Marino, in cui le parti che vengono riprese spariscono e si sciolgono nel nuovo prodotto perché l'autore, nella concezione del capriccio, può farne quel che vuole. Come nota Carminati, *Tradizione*, p. 14s., in riferimento a Tasso e ancor più a Marino, la "stratificazione di un testo, il suo rapporto imitativo con la tradizione crea una profondità maggiore, un prodotto artistico più 'spesso' e dunque superiore all'assolutamente nuovo".

anche il fine di tradurre, imitare e rubare.[55] Infatti Marino parla "della differenza ch'è tra il furto e l'imitazione et della regola da tenersi nell'uno e nell'altro".[56] L'imitazione mariniana, basata sull'occultamento dei riferimenti e sul capriccio, crea il nuovo.[57] Nella lettera Claretti, dopo aver esposto la questione del tradurre, Marino passa all'imitazione, prendendo le distanze da Aristotele che considera propria del poeta "quella, che si confà con la Natura, e da cui nasce il verisimile, e per conseguenza il dilettevole".[58] Marino ridefinisce l'imitazione aristotelica come "quella, che c'insegna a seguir le vestigia de' maestri più celebri, che prima di noi hanno scritto".[59] L'imitazione può dunque essere negli universali o nei particolari:

> l'universale consiste nella invenzione, e nelle cose; la particolare nella sentenza, e nelle parole; l'una è propria dell'Heroico, l'altra s'appartiene più al Lirico; quella hà più del poetico, e si può meglio dell'altra nascondere; questa è più sfacciata, e manco lodevole.[60]

Ariosto, prosegue Marino, avrebbe quindi imitato i poeti greci e latini meglio rispetto a Tasso e soprattutto avrebbe "dissimulata l'imitazione".[61] Parte essenziale del processo di scrittura è la lettura fatta "col rampino",[62] una lettura che ordina e cataloga passi per argomento per poi in parte reinventarli, riposizionarli, riscriverli, secondo regole che Marino detta nella lettera preposta alla *Sampogna*. Queste prevedono che la bravura dello scrittore sia quella di non rendere riconoscibili i riferimenti, a differenza di quanto accade invece per Tasso che propone la trasparenza del gioco intertestuale.[63] Il furto e l'imitazione dovrebbero quindi essere, almeno nelle intenzioni dell'autore, irriconoscibili: "nel mare dove io pesco et dove io trafico essi [cotesti latroncelli] non

---

55 Cf. Marino, *Sampogna*, lettera IV, p. 42 e Carminati, *Tradizione*, p. 16.
56 Marino, *Sampogna*, lettera a Claudio Achillini, p. 23.
57 Cf. Marino, *Lettera Claretti*, in: id., *Lira*, p. 33, secondo il quale l'imitazione nasce dal capriccio, termine che utilizza Marino stesso nella lettera Claretti, quando dichiara di "non murare (come si dice) sopra il vecchio, ma formar modelli nuovi a suo capriccio".
58 Id., *Sampogna*, p. 19. Cf. Carminati, *Tradizione*, p. 16, che sottolinea come la precisazione della "digressionetta" di Marino ribadisca la "concezione tutta interna alla letteratura che Marino ha dell'imitazione, accantonato ormai il problema della *mimesis* della realtà".
59 Marino, *Sampogna*, p. 19.
60 Ibid.
61 Ibid.
62 Ibid., *lettera IV*, p. 50.
63 Cf. Regn, *Zyklische Lyrik*, p. 89s. La trasparenza è la condizione per la piena riuscita del piacere letterario: "diese Transparenz [des intertextuellen Spiels] garantiert nicht nur ganz allgemein die Wahrnehmbarkeit der vorherrschenden Traditionsbindung; sie ist auch Bedingung für die volle Entfaltung des ästhetischen Vergnügens".

vengono a navigare, né mi sapranno ritrovar addosso la preda s'io stesso non la rivelo".[64] Se non è chi scrive a rivelare i riferimenti intertestuali, questi risulterebbero irriconoscibili; se ne avverte un attrito solamente se il furto non è perfettamente celato. E se non prendesse nota di ciò che ha inserito? Sarebbe in grado di ricordarsi ogni singola fonte? Siamo ormai nell'ambito della speculazione, ma il furto letterario ben celato può ingannare persino l'autore.

Ma come si manifesta a livello testuale il rapporto di Marino con le regole religiose? L'*Adone*, come ha dimostrato la critica,[65] è un testo sostanzialmente incorreggibile dal punto di vista controriformistico; non è un caso che tutti i tentativi di renderlo accettabile ai censori siano andati a vuoto. L'impossibilità di conformarlo alle norme religiose non è dovuta solo alla centralità delle numerose scene erotiche, ma anche all'"estrema equivocità"[66] di Marino nel mescolare la materia sacra con quella profana. Una delle regole religiose più importanti in relazione al rapporto di Marino con l'Inquisizione e l'Indice[67] è senza dubbio la *Regula septima* dell'Indice dei libri proibiti. Emanata da Clemente VIII nel 1596, essa stabiliva:

> libri qui res lascivas, seu obscenas, ex professo trattant, narrant, aut docent, cum non solum fidei, sed & morum, qui huiusmodi librorum lectione facile corrumpi solent, ratio habenda sit, omnino prohibentur: & qui eos habuerint, severe ab Episcopis puniantur. Antiqui vero, et ethnicis conscripti, propter sermonis elegantiam et proprietatem permittuntur, nulla tamen ratione, pueris praelegendi erunt.[68]

La regola dell'Indice clementino riprende quella precedente dell'Indice tridentino, reintroducendo una specificazione "apparentemente minima, invece fondamentale":[69] bisognava proibire i libri che parlavano di lascivie *ex professo*,

---

64 Marino, *Sampogna, lettera IV*, p. 52.
65 Cf. Carminati, *Inquisizione*, p. 316.
66 Pozzi, *Commento*, p. 62.
67 Cf. Carminati, *Inquisizione*; ead., *Tradizione*, p. 129s., che indaga le tracce censorie sul testo dell'*Adone* raccogliendole in quattro nuclei principali: le correzioni di natura censoria dell'edizione veneziana, Sarzina, del 1623; gli esemplari censurati non riportabili a censure 'ufficiali' riscontrate nei verbali della Congregazione dell'Indice e non databili; il sunto della relazione di padre Riccardi con allusioni a passi del poema non identificabili con precisione e infine l'esemplare della prima edizione parigina censurata da Vincenzo Armanni e le relazioni di tre consultori della Congregazione riguardanti la proposta di espurgazione. L'analisi si muove su nuclei tematici quali le lascivie, la mescolanza di sacro e profano, le *res doctrinales* e *in re venerea*.
68 De Bujanda, *Index*, p. 922. Per quanto riguarda la censura e gli indici cf. Rebellato, *Fabbrica* e Cavazzere, *Prassi*. Per la versione più severa pensata per l'Indice del 1590 cf. Carminati, *Inquisizione*, p. 37.
69 Ibid., p. 38.

che ne facevano cioè il tema principale. Alla luce di questa regola, che rimane attiva fino al pieno Settecento e che si basa proprio sull'intenzione della scrittura lasciva esplicita,[70] è particolarmente sorprendente, come nota Carminati, che nelle correzioni d'autore di natura censoria datate 1623 non ci sia nessuna correzione nel canto VIII.[71]

Due documenti conservati nell'Archivio della Dottrina della Fede testimoniano come la vigilanza in relazione al possesso e alla lettura di esemplari dell'*Adone* prosegua fino a Illuminismo inoltrato. Si tratta, nello specifico, di due autodenunce: la prima,[72] datata 1729, è di Francesco Bozzegoli da Siena; la seconda, del 1750, è di Alessandro Spagna.[73] In entrambi i casi si ammettono il possesso e la lettura di una copia del poema. Il documento di Bozzegoli, del 10 luglio 1729, inizia così:

> nel mese d'Aprile prossimo passato, non ricordandomi il giorno preciso sapendo che nella Contrada d'Ovile, vi era una citta chiamata Cecilia, di cui non sò il casato la quale si dilettava leggere libbri curiosi, io glie ne domandai uno indifferentemente et essa mi diede un libbro alquanto lacero, mancante nel principio et nel fine, il quale libbro era intitolato l'*Adone* del Marini, fatto tutto in rime.[74]

Bozzegoli sostiene dunque di aver letto il poema in modo disordinato e parziale, senza essere consapevole della pericolosità e dei significati del testo.[75] È infatti un'altra persona, tale Filippo Bruschieri, ad avvisarlo della proibizione, esortandolo a bruciare il libro e a denunciarne il possesso e la lettura. È per curiosità – e non per malizia[76] – che però ne legge ancora qualche verso e anche nel momento in cui avvisa la ragazza, Cecilia, della pericolosità del libro non perde l'occasione di leggerlo a voce alta.[77] L'argomentazione difensiva di

---

70 L'aggiunta di *ex professo* è infatti di rilievo anche per il velamento allegorico nel poema perché sottende una consapevolezza che viene poi mascherata nel paratesto.
71 Cf. Carminati, *Tradizione*, p. 131: "la scelta di Marino è ardita e sorprendente, poiché era intuibile che il canto, dedicato all'unione sessuale tra Venere e Adone, sarebbe stato tra i più allarmanti per la censura ecclesiastica".
72 Città del Vaticano, Archivio della Congregazione per la Dottrina della Fede (ACDF), Siena, Cause 1725, 9, c. 358s.
73 ACDF, Siena, Cause 1749–1750, 10, c. 274–277.
74 ACDF, Siena, Cause 1725, 9, c. 358.
75 Cf. ACDF, Siena, Cause 1725, 9, c. 358: "ne lessi così nel mezzo alquante facciate, senza sapere però, che fosse proibito, e così mi suppongo che ne meno la ragazza sapesse, che fosse libbro da non leggersi, né ritenersi".
76 Cf. ACDF, Siena, Cause 1725, 9, c. 358v.
77 Cf. ACDF, Siena, Cause 1725, 9, c. 358v: "nell'istesso tempo in presenza delle medesime io lessi forte alcuni versi presi in quà et in là in diverse facciate di detto libbro, quale poi lasciai in mano alla medesima Cecilia, la quale mi ha riferito d'averlo abbruciato".

Bozzegoli si basa sulla sua presunta ignoranza, che non gli avrebbe permesso di capire ciò che era scritto in versi: "non compresi che cosa si contenesse in detto libro e ne praticai ostinazione nel leggerlo [...] come che il libbro era in rime, et essendo io ignorante non compresi dal medesimo cosa, che potesse macchiare la mia coscienza".[78] Diverso invece il documento datato 15 giugno 1750. Alessandro Spagna sostiene di essersi presentato al Santo Tribunale

> perché nelli mesi dell'estate passata, non ricordandomi del tempo preciso, essendomi stato dato l'Adone del Marino io lo lessi, né mi sono mai avveduto di denunziare questo errore, che semplicemente conoscendo essere libro proibito, sono a questo effetto venuto ad accusarmene.[79]

La lettura del manoscritto dell'*Adone* avviene in compagnia di tale Eusebio Arrighi. Alla domanda "an velat vel crediderit esse punibile tales inobedientia, et peccatus",[80] risponde: "l'ho creduto e credo cosa punibile e peccato, e poiché io mi feci lecito di disobbedire alla legge sono venuto spontaneamente ad accusarmi al Santo Tribunale Giudice privativo sopra questa materia".[81] Particolarmente rilevante è, in questo quadro informativo, il ruolo delle persone esterne: se nel primo documento Cecilia, le altre ragazze con le quali Arrighi legge il manoscritto e Filippo Bruschieri hanno un ruolo fondamentale, così nel secondo documento avviene qualcosa di analogo per Eusebio Arrighi. Cecilia, di cui non viene detto il cognome, è all'oscuro della proibizione quanto le altre ragazze e Bozzegoli; è Bruschieri a informarli e a svolgere così il ruolo di guardia. A colpire, dei due documenti, è però la data, perché significa che l'*Adone* è considerato ancora pericoloso, tanto da giustificare, in pieno Settecento, dopo più di cento anni dalla messa all'Indice del poema, due autodenunce per averlo letto e tenuto.

Che Marino decida, in aperto contrasto con la regola dell'Indice, di non correggere il canto in cui si narra l'unione degli amanti è "segno che il contenuto del canto interessava abbastanza al poeta da sfidare i censori nel momento in cui il poema metteva piede in Italia".[82] La "brutta mestura" di sacro e profano, di cui Carminati parla a proposito del citato passo dell'*Occhiale*, riguarda allo stesso modo la contravvenzione alle regole religiose e a quelle poetiche e letterarie; non

---

[78] ACDF, Siena, Cause 1725, 9, c. 358v.
[79] ACDF, Siena, Cause 1749–1750, 10, c. 274.
[80] ACDF, Siena, Cause 1749–1750, 10, c. 274v.
[81] ACDF, Siena, Cause 1749–1750, 10, c. 274v.
[82] Carminati, *Tradizione*, p. 131. In questo contesto è importante il desiderio di Marino di preporre all'*Adone* un discorso sullo scrivere lascivo.

si tratterebbe infatti solamente di "dispregio della santa Religion Cristiana",[83] ma anche di una "contravvenzione alle norme e agli usi della poetica. L'errore morale era anche errore letterario, e viceversa".[84] L'*Adone* è infatti dedicato interamente, *ex professo*, appunto, all'eros,[85] attorno al quale si muove tutta la vicenda.

---

83 Ibid.
84 Ibid., p. 139.
85 Cf. ibid., p. 165s.

3 Vigilanza e disobbedienza nell'*Adone*

Vigilanza e disobbedienza si riflettono anche a livello testuale, e in particolare sul piano tematico. Può dunque essere utile, per comprenderne la complessità e le implicazioni dentro e fuori dal testo, soffermarsi sulle principali occorrenze dei termini afferenti a questi campi semantici.

Il primo riferimento alla vigilanza si ha dopo che Venere ha punito Amore, che aveva fatto innamorare Giove. Amore, a sua volta, si era vendicato della madre, facendola innamorare di Adone; la tempesta richiesta da Amore a Nettuno porta Adone a Cipro. L'ipallage "cure vigilanti" si riferisce alle preoccupazioni che costringono alla veglia:

> Borea con soffi orribili ben pote
> crollar la selva e batter la foresta:
> pacifici pensier non turba o scote
> di *cure vigilanti* aspra tempesta.
> E se Giove talor fiacca e percote
> de l'alte querce la superba testa,
> in noi non avien mai che scocchi o mandi
> fulmini di furor l'ira de' grandi.[1]

Nel canto IV la vigilanza ritorna, ancora nel senso della vigilanza fisica tipica dello stato di veglia e contrapposta al sonno, all'interno del racconto di Amore che permette alle sorelle di andare a trovare Psiche. Queste, di giorno, stando sveglie, pensano a lei, mentre di notte, dormendo, la sognano:

> *Vigilando*, il pensier lor la descrive,
> dormendo, il sogno lor la rappresenta;
> ond'alfin, per saver ciò che ne sia,
> là dove la lasciar prendon la via.[2]

Nel canto XI, in lode di Maria de' Medici, la vigilanza significa invece attenzione e guardia; si riferisce agli occhi di Fama, sorella dei giganti, veloce e all'erta, che dispone di tante ali, di tanti occhi, bocche e orecchie, ed è in grado di vedere e tenere tutto sotto controllo:

> Generolla la terra, e co' giganti
> nacque in un parto orribili e feroci;
> dea, che quant'occhi intorno ha *vigilanti*,

---

1 Marino, *Adone*, I, 156. I corsivi di questi e dei successivi versi sono miei.
2 Ibid., IV, 102, 5–8.

> tanti ha vanni al volar presti e veloci,
> e quante penne ha volatrici e quanti
> lumi anco ha lingue e tant'ha voci,
> e tante bocche e tante orecchie, ond'ella
> tutto spia, tutto sa, tutto favella.³

Anche nel canto VI, all'interno della storia di Pavone e Colomba, la vigilanza compare come azione di controllo. Venere e Adone sono già entrati nel Giardino del Piacere⁴ e si sono inoltrati nel Giardino della Vista. Dopo l'encomio dei pittori famosi,⁵ in un passo relativo alla bellezza dei colori del pavone, viene raccontata la storia di Pavone e Colomba,⁶ ripresa dal mito ovidiano⁷ e consapevolmente modificata da Marino.⁸ Il pavone, nella narrazione, è la metamorfosi di un pastore.⁹ Come racconta Venere, alcuni pensano che Giunone lo avesse messo a sorvegliare con cento occhi la giovenca amata da Giove e che, nonostante fosse attento a vigilare, sia stato addormentato e ucciso da Mercurio.¹⁰ Per la prima volta, nell'*Adone*, la vigilanza compare dunque come atto di sorveglianza e guardia:¹¹

> Di quest'augel pomposo e vaneggiante
> (disse Venere allor) parla ciascuno.
> Dicon ch'ei fu pastor, che 'n tal sembiante
> cangiò la forma e così crede alcuno
> che la giovenca de l'infido amante
> a guardar con cent'occhi il pose Giuno
> e che, quantunque a *vigilar* accorto,
> fu da Mercurio addormentato e morto.¹²

È analogo il significato del termine *vigilante* nel canto VII, dove è riferito a Priapo, guardiano e custode degli orti:¹³

---

3 Ibid., XI, 103.
4 Per la raffigurazione delle aree del palazzo cf. Pozzi, *Commento*, p. 325.
5 Cf. Marino, *Adone*, VI, 50–78.
6 Cf. ibid., 79–98. Sulle colombe nella lirica erotica cf. Borgstedt, *Kuß*.
7 Cf. Ov. *met*. 1, 720–723.
8 Cf. Pozzi, *Commento*, p. 340 e Russo, *Commento*, p. 586.
9 In Marino, *Adone*, VI, allegoria si legge che nella favola "si dinota la maravigliosa fabrica del fermamento" in riferimento all'antico rapporto metaforico tra le stelle e gli occhi del pavone, cf. Pozzi, *Commento*, p. 340.
10 Cf. Marino, *Adone*, VI, 81.
11 Cf. Fingerle/Mehltretter, *Vigilanz*.
12 Marino, *Adone*, VI, 81.
13 Cf. id., *Sampogna*, p. 719, in: Delcorno, *Rassegna*, p. 504.

> Havvi le Grazie amorosette in schiera
> e loro ufficio è rassettar la mensa;
> e *vigilante* infra i ministri accorti
> il robusto custode havvi degli orti.[14]

Nel lungo canto XIV, in cui si racconta dell'amore di Sidonio e Dorisbe, a vigilare, nel senso di controllare e fare la guardia, sono i cani custodi:[15]

> O degli orti d'Amor cani custodi,
> *vigilanti* nel mal, garrule vecchie,
> tra' più leggiadri fior tenaci nodi,
> nel più soave mel pungenti pecchie![16]

Nel canto X, in cui si descrive l'ascesa di Adone al cielo, sull'Isola dei Sogni un tempio di ambra è consacrato al gallo,[17] detto "augel vigilante":

> Presero un porto, ove d'elettro puro
> a l'augel *vigilante* un tempio è sacro;
> quindi scolpito sta l'Erebo oscuro,
> quinci d'Ecate bella il simulacro.[18]

L'immagine del gallo, capace di svegliare dal sonno, ricompare anche nel canto XII nella rassegna dei capitani antichi e moderni, in cui il gallo, detto "vigilante augello", sembra essere capace di spaventare persino i draghi:

> A piè gli stava il *vigilante* augello
> ch'ha purpureo cimier, dorati sproni,
> e parea publicando un sol novello
> i draghi spaventar nonché i leoni.[19]

I draghi su cui vigila il gallo potrebbero essere, secondo Pozzi,[20] non solo i serpenti in senso proprio, ma anche, in senso metaforico, gli eretici protestanti.[21] La vigilanza che il gallo esercita sui serpenti si trasporta quindi dal piano mi-

---

14 Marino, *Adone*, VII, 152, 5–8.
15 Cf. Pozzi, *Commento*, p. 564.
16 Marino, *Adone*, XIV, 286, 1–4.
17 Cf. anche Luc., *Vera Hist.*, II, 33.
18 Marino, *Adone*, X, 94, 1–4.
19 Ibid., XII, 53, 1–4.
20 Cf. Pozzi, *Commento*, p. 491s.: "i *draghi* qui nominati posson rappresentare tanto i serpenti in senso proprio, di cui il gallo è nemico, quanto piuttosto un nemico da essi simboleggiato: probabilmente gli eretici protestati, designati spesso con la metafora dell'idra".
21 L'accostamento della figura del drago a quella del demone, del male, dell'eresia è topica. I "draghi pestiferi" ritornano con riferimento al demoniaco in Marino, *Sferza*, p. 47.

crotestuale a quello simbolico: se i serpenti sono gli eretici, allora il testo – a sua volta irrispettoso delle regole religiose – parla ironicamente di sé stesso.

All'interno della personificazione del Sospetto nel canto XII, nella dimora di Gelosia, la vigilanza si presenta sotto forma di predicato. Vigilare significa qui tenere sotto controllo e osservare, non senza un carattere ossessivo:

> Va il cieco Error per l'aria cieca a volo,
> spiando il tutto *vigila* il Sospetto,
> sta in disparte il Pensier tacito e solo
> con gli occhi bassi e con la barba al petto,
> l'unghie si rode e 'l proprio cor per duolo
> l'Invidia in divorar sfoga il dispetto,
> e di nascosto con occulte frodi
> lo Scandalo fellon semina chiodi.[22]

Il verbo 'vigilare' compare anche nel canto XV, durante la partita a scacchi tra Venere e Adone, con il significato di prestare attenzione e controllare: "*Vigila* a le calunnie e molto importa / a la madre d'Amor l'esser accorta".[23] Il significato di vigilare in questo passo è molto simile al significato latino: come ha dimostrato Pozzi, infatti, questi versi ricalcano un distico latino del Vida, nel quale vigilare significava essere accorti nei confronti della frode nel gioco degli scacchi: "vigilat iam cautus Apollo Fraudesque insidiasque timens, occulta furta".[24]

Nel significato di vegliare e stare all'erta il verbo 'vigilare' si riferisce, nel canto XVI, all'ingegno arguto e al cuore vivace di Gelardo, uno dei senatori durante il famoso concorso di bellezza atto all'elezione del nuovo re di Cipro:

> Par questi in vista uom sonnacchioso e tardo
> e tra cupi pensier immerso tace,
> ma, sotto pigra fronte e lento sguardo,
> *vigila* ingegno arguto e cor vivace.[25]

La vigilanza viene però anche personificata, nel canto VI, all'interno del racconto da parte di Venere della vita di Amore:

> Poco tardò che di trovar gli avenne
> la *Vigilanza*, ch'attendea tra via;
> con l'Importunità l'Audacia venne,
> poi la Consuetudine seguia.

---

22 Id., *Adone*, XII, 23.
23 Ibid., XV, 151, 7–8.
24 Vida, *Scacchia*, p. 315s.
25 Marino, *Adone*, XVI, 115, 3–6.

> Costoro in guisa tal ch'ebro divenne,
> l'abbeverar del vin de la Follia;
> ebro il tennero a bada, infinché tutti
> del suo panier si divoraro i frutti.[26]

La vigilanza personificata indica, in questo passaggio, il prendersi cura di una persona, il tenere a bada, il fare attenzione. È sorprendente che la personificazione della Vigilanza si trovi al seguito di Amore, prima di una serie di personificazioni – l'Importunità, l'Audacia e la Consuetudine – dalla connotazione complessivamente negativa. Amore, nel racconto di Venere, è stato derubato delle mele e si ritrova in compagnia di queste figure, che gli fanno bere il vino della Follia. La Vigilanza che accompagna Amore può essere intesa come lo stato vigile della persona che cerca amore, la guardia delle persone innamorate rappresentate come guerriere e la veglia delle persone innamorate che non trovano sonno. Nel passo citato il significato più plausibile sembra il primo, l'essere vigile di chi è alla ricerca di amore: in amore infatti l'Importunità porta al contatto, l'Audacia fa sì che l'amore si realizzi e la Consuetudine lo fa durare. La conseguenza ultima è tuttavia, come si è visto, la follia. In queste ottave Amore è attivo e sveglio – in contrasto con il sonnolento Adone.[27]

Per espansione, nel significato di illuminare, il verbo 'vigilare', riferito ai lumi, compare nel canto XII, in cui Falsirena si innamora di Adone senza però essere ricambiata:

> *Vigilavano* accesi entro la soglia
> quattro in aurei doppieri ardenti lumi,
> ma sparsi de' begli occhi i raggi intorno
> vinser le faci e mutar l'ombra in giorno.[28]

Nel canto XIX, dal carattere fortemente episodico, Apollo, Teti, Bacco e Cerere vogliono distrarre Venere disperata per l'infelice morte di Adone e le raccontano storie tragiche di amori finiti male. Nella storia di Ero e Leandro, raccontata da Teti, l'aggettivo 'vigilante' è riferito agli ardori, alla fiamma e alla luce e ha il significato di vivo, attento, presente:

> Mentre che co' marittimi furori
> giostra e cerca al morir refugio e scampo,
> l'alto fanal che tra gli ombrosi orrori
> mostra il camin di quel volubil campo

---

26 Ibid., VI, 178.
27 Cf. Fingerle/Mehltretter, *Vigilanz*.
28 Marino, *Adone*, XII, 240, 5–8.

> ratto sparisce, e i *vigilanti* ardori
> soffiato estingue del notturno lampo,
> ond'ei smarrito e desperato e cieco
> del suo fiero destin si lagna seco.[29]

Il lessico della vigilanza presenta dunque diversi significati all'interno del poema mariniano. Può indicare attenzione e veglia, in contrapposizione al sonno, o sorveglianza, controllo e guardia; si riferisce a custodi e altri personaggi ed è spesso collegato al gallo, simbolo della vigilanza per eccellenza;[30] può presentarsi in forma personificata; può infine ampliare il suo significato al fuoco, ai lumi e alla luce. Particolarmente significativo è il riferimento ai serpenti-eretici sorvegliati dal gallo – interessante caso di metariflessione della vigilanza all'interno del testo.

Anche la disobbedienza, oltre alla vigilanza, trova posto all'interno del testo in relazione al protagonista Adone. È ancora una volta Pozzi[31] a sottolineare la dimensione testuale del concetto, rilevando la "funzione narrativa dell'infrazione del divieto" nella favola di Adone. In quest'ottica andranno analizzati i numerosi e ripetuti moniti che Venere fa all'amato quando prova a persuaderlo a non cacciare.[32] La prima volta avviene nel canto V: dopo che Adone ha ascoltato le storie degli amori infelici di Narciso, Ganimede, Ciparisso, Ila e Attide, Venere lo prega di non andare a caccia facendo ricorso a termini legati alla vigilanza. Lo prega di non addentrarsi nei boschi, di rasserenare la mente e di lasciare "ogni altra cura";[33] perché mai dovrebbe andare a caccia, "spezzati i sonni e le vigilie rotte"?[34] In seguito Venere porta Adone in un teatro e i due amanti assistono allo spettacolo di Atteone, ma Adone si perde l'ennesimo avvertimento. La tragica morte di Atteone dovrebbe essergli di lezione, ma l'antieroe si addormenta addosso a Venere, incurante della funzione catartica della tragedia: "né certo aver potea questa né quello / peso più dolce, né guancial più bello".[35]

I moniti della dea proseguono anche nel canto VIII, dedicato ai trastulli; dopo che i due amanti hanno consumato l'atto, Venere segue Adone proprio durante la caccia, rendendo così vano il divieto e peccando di incoerenza:

---

29 Ibid., XIX, 285.
30 Il gallo, presente su molti campanili delle chiese, è il simbolo della vigilanza in quanto fa da custode e sveglia all'alba, cf. Urech, *Dizionario*, s.v. gallo.
31 Cf. Pozzi, *Commento*, p. 17.
32 In questa sede non si analizzano tutti i moniti, ma solamente quelli centrali e funzionali al discorso sull'obbedienza.
33 Marino, *Adone*, V, 99, 2.
34 Ibid., 100, 6.
35 Ibid., 148, 7–8.

> Vassene poi per questa riva e quella
> l'orme seguendo del'amate piante,
> predatrice di fere ardita e bella,
> del caro predator compagna errante,
> e l'arco in mano, al fianco le quadrella
> porta talor del fortunato amante,
> tal ch'ogni fauno ed ogni dea silvana
> gli crede Apollo l'un, l'altra Diana.[36]

Il monito più particolare, fatto sì da Venere, ma travestita da zingara, è quello della lettura della mano che rappresenta l'iniziazione ai sensi.[37] Dopo aver trovato segni che indicano un pericolo e avergli consigliato di fuggire rischi e pericoli "col buon consiglio",[38] arriva al dunque:

> Linea v'ha poi ch'obliqua e mal disposta
> dala percussione in alto ascende
> e sì di Giove appo i confin s'accosta
> che 'l cavo dela man per mezzo fende.
> Aggiungi ancor, ch'ove la mensa è posta,
> sovra il quadro un triangolo si stende,
> onde da bestia rea ti si minaccia
> rischio mortal, se seguirai la caccia.[39]

Adone ha sentito più volte che non deve andare a caccia: lo ha udito nel sonno e da sveglio. Eppure gli avvertimenti e le preghiere non gli impediscono, nel canto XVIII, di indossare le armi di Meleagro e di entrare così nella parte proibita del parco. L'aspetto più singolare, tuttavia perfettamente in linea con l'intero poema e con gli eventi a seguire, è che non sono né la sua forza né il suo coraggio a salvarlo, bensì proprio la sua bellezza:

> Già del difeso e riservato parco
> poiché Vener partissi, Adone ardito
> non sol più volte il periglioso varco
> tentato avea, ma n'era salvo uscito.
> Né mica per timor di spiedo o d'arco
> il lasciaro que' mostri irne impunito,
> ma perch'a la beltà del giovinetto
> ed a la dea del loco ebber rispetto.[40]

---

36 Ibid., VIII, 100.
37 Infatti termina con l'unione carnale, cf. Pozzi, *Commento*, p. 44.
38 Marino, *Adone*, XV, 51, 6.
39 Ibid., 52.
40 Ibid., XVIII, 43.

"Malcauto e temerario"[41] Adone si sente sicuro di sé e sempre più coraggioso, tanto da entrare quotidianamente nella zona proibita del parco. Il destino crudele ha così occasione di trascinarlo in mezzo alle insidie di Marte e di Diana, proprio durante l'assenza di Venere – un aspetto significativo, se si considera che nel canto VIII Adone è andato a caccia senza alcun tipo di conseguenza. Ricompare anche Clizio, che aveva portato Adone a Cipro, a cui Venere raccomanda il suo amato in modo che il pastore lo sostenga: "ti raccomando il bell'Adon".[42] La descrizione della vestizione di Adone per la caccia è caratterizzata da termini connotati negativamente: si anticipa così, sul piano lessicale, quello che avverrà a causa del troppo ardire sul piano narrativo. Il presagio della morte del protagonista aleggia, mentre Adone si prepara a cacciare, ignorando le parole di Venere.[43] La caccia ha inizio e Adone, avvicinatosi alla "volontaria doglia",[44] tenta invano di colpire "l'orgoglioso cinghial"[45] che si fionda sul cane fedele di Adone, alla cui morte il padrone si duole e si sdegna. Disperato si prepara a vendicarsi, ma si accorge presto della propria debolezza.[46] Rendendosi conto di non essere abbastanza forte, Adone si pente di essere andato a caccia, ma ormai è troppo tardi e non gli rimane che darsela a gambe. La bestia lo insegue, "per abbracciarlo impetuoso viene",[47] quando una folata di vento, mandata da Marte o da Diana,[48] gli solleva la veste mostrando la coscia, facendo così impazzire il cinghiale innamorato:

> Tutta calda d'amor la bestia folle
> senza punto saper ciò che facesse,
> col mostaccio crudel baciar gli volle
> il fianco che vincea le nevi istesse
> e, credendo lambir l'avorio molle,
> del fier dente la stampa entro v'impresse.
> Vezzi fur gli urti: atti amorosi e gesti
> non le insegnò Natura altri che questi.[49]

---

41 Ibid., 44, 1.
42 Ibid., 46, 8.
43 Cf. ibid., 48.
44 Ibid., 63, 1.
45 Ibid., 74, 1.
46 Cf. ibid., 92.
47 Ibid., 94, 4.
48 Cf. Pozzi, *Commento*, p. 20, che parla di "ironia finissima sui propri mezzi espressivi" quando Marino "chiama se stesso a disquisire sulla natura di quest'ultimo impulso", che Marino sposta sul piano erotico, rendendo Adone una preda sessuale del cinghiale.
49 Marino, *Adone*, XVIII, 95.

Il cinghiale atterra Adone e lo sovrasta, gli squarcia la veste con le zanne, gli morde l'anca, facendolo sanguinare, fino a ucciderlo:

> O come dolce spira e dolce langue,
> o qual dolce pallor gl'imbianca il volto.
> Orribil no, ché nel'orror, nel sangue
> il riso col piacer stassi raccolto.
> Regna nel ciglio ancor voto ed essangue
> e trionfa negli occhi Amor sepolto,
> e chiusa e spenta l'una e l'altra stella
> lampeggia, e morte in sì bel viso è bella.[50]

A uccidere Adone è proprio la stessa forza bruta ed erotica che muove il poema intero, e porta alla disobbedienza, e, esito estremo, alla morte.[51] Come l'Adone personaggio viene ucciso da Marte-cinghiale, allo stesso modo l'*Adone* poema è stato minacciato, secondo Marino, da Marte dio della guerra: la vicenda editoriale del poema è infatti molto tormentata.[52] In una lettera a Ottavio Magnanini nel 1619 Marino scrive:

> Adone fu già ucciso da Marte in forma di porco, ed ora veggo che Marte istesso di bel nuovo si è armato contro di lui; dicolo per rispetto di cotesta guerra, la quale è stata potentissima occasione di disturbarmi la sua stampa.[53]

Il sonno di Adone, inoltre, è in contrasto con l'obbedienza e con lo stato di vigilante attenzione di Riccardo nella *Gerusalemme conquistata*. Il protagonista mariniano muore proprio a causa della sua disobbedienza, risultando così anti-vigilante, o meglio: incurante della vigilanza. L'eroe tassiano, invece, vince grazie al suo atteggiamento vigilante basato sulla diligenza e sull'obbedienza. Nonostante Adone venga più volte avvertito, non prende sul serio il pericolo. Incurante e assonnato, finisce nell'unico modo in cui un anti-eroe lascivo come lui può finire: diventando preda di una bestia innamorata.

---

50 Ibid., 98.
51 Per ulteriori rinvii al divieto cf. Pozzi, *Commento*, p. 19s.
52 Cf. infra, p. 60s.
53 Marino, *Lettere*, n. 128, p. 219.

4 Tasso e l'allegoria come strumento di riscrittura

Per poter definire il termine allegoria all'interno del pensiero tassiano è necessario distinguere due fasi: se infatti nelle *Lettere poetiche* l'allegoria è ancora vista come qualcosa di faticoso e utile solamente per sfuggire alla censura, non si può sostenere lo stesso della riflessione teorica presente nel *Giudicio*. Qual è stato quindi il percorso di Tasso? Com'è cambiato il suo pensiero dalle *Lettere* al *Giudicio*, passando per i *Discorsi del poema eroico* e l'*Allegoria della Gerusalemme*?

Nel settembre del 1575 l'interesse di Tasso nei confronti dell'allegoria è piuttosto scarso, tanto che, come sottolinea Girardi,[1] la sollecitazione a riflettere sul tema proviene dall'esterno, ovvero da Scipione Gonzaga. La risposta di Tasso, datata 17 settembre 1575,[2] è frettolosa e mira a sottolineare come il senso allegorico, a differenza di quello letterale, non possa essere censurato: "né fu mai biasmata in poeta l'allegoria, né può esser biasmata cosa che può esser intesa in molti modi".[3] Che l'impulso alla riflessione venga dall'esterno risulta particolarmente significativo, perché testimonia da un lato il disinteresse di Tasso per la questione, dall'altro l'importanza del contesto vigilante di revisione e censura. Nella seconda lettera a Scipione Gonzaga, del 4 ottobre, Tasso è ancora molto cauto e sospettoso nei confronti dell'utilizzo del paratesto, che non giudica necessario nel poema e di cui, fatto essenziale, Aristotele non parla.[4] In questo momento l'allegoria è, secondo lui, "perfettione accidentale"[5] presente "sotto le cose dannate",[6] che permette, nella svalutazione del signifi-

---

[1] Cf. Girardi, *Studio*, p. 204.
[2] Si tratta della lettera G46 dell'edizione di Guasti, *Lettere*. In Molinari, *Lettere* l'epistola è datata 16 settembre 1575.
[3] Tasso, *Lettere*, p. 204.
[4] Cf. ibid., p. 234–236: "e cominciando da l'allegoria, dico che dubitando io che quelle parti mirabili non paressero poco convenevoli a l'azion intrapresa, ne la quale forse alcun buon padre del collegio germanico avria potuto desiderare più istoria e men poesia; giudicai c'allora il maraviglioso sarebbe tenuto più comportabile, che fosse giudicato c'ascondesse sotto alcuna buona e santa allegoria. E per questo, ancora ch'io non giudichi l'allegoria necessaria nel poema, come quella di cui mai Aristotele in questo senso non fa motto; e ben ch'io stimi che 'l far professione che vi sia, non si convenga al poeta; nondimeno volsi durar fatica per introdurvela, ed a bello studio, se ben non dissi, come fe' Dante: Aguzza ben, lettor, qui gli occhi al vero; / Però che 'l velo è qui tanto sottile, / Che dentro trapassarvi fia leggiero".
[5] Ibid., p. 237.
[6] Ibid. Tasso sottolinea che con questa argomentazione Aristotele e Plutarco difendevano le allegorie di Omero; se anche ci fossero figure o eventi dannati, questi sarebbero da giustificarsi con un significato altro, e quindi allegorico.

cato letterale di elementi diegetici giudicati problematici, di rendere moralmente accettabile il meraviglioso:

> se dunque i miracoli miei del bosco e di Rinaldo convengono a la poesia per sé, com'io credo, ma forse sono soverchi per la qualità de' tempi in questa istoria; può in alcun modo questa soprabondanza di miracoli esser da' severi comportata più facilmente, se sarà creduto che vi sia allegoria. V'è ella veramente: quanto buona io non so.[7]

Essendo perfezione accidentale, l'allegoria non può compensare i difetti dell'imitazione, a meno che anche questi siano relativi ad aspetti accidentali.[8]

È nel 1576[9] che Tasso sembra cambiare idea sull'argomento, dichiarando di aver "migliorate molte cose che riguardavano l'allegoria, de la quale son fatto, non so come, maggior prezzatore ch'io non era; sì che non lascio passar cosa che non possa stare a martello".[10] Il ripensamento viene presentato dall'autore come qualcosa di inspiegabile anche a sé stesso, ma che non gli impedisce di eccedere nell'entusiasmo. Proprio perché non lascia "passar cosa che non possa stare a martello",[11] Tasso desidera rimuovere dal quindicesimo canto la battaglia del mostro, "perch'in somma quel mostro era affatto ozioso ne l'allegoria".[12] Decide così di seguire il suggerimento di Barga che consigliava la diminuzione del numero dei "mirabili";[13] al posto del mostro Tasso ha intenzione di introdurre la descrizione della fonte del riso,

> celebrata da molti ed in particolar dal Petrarca, ed attribuita da la fama e da i geografi a l'isole Fortunate; ne la quale se i due guerrieri avesser bevuto, sarebber morti: e da questa uscirà un fiumicello, che formerà il laghetto. E vedete se 'l lago m'aiuta; che non solo in cima d'una de le montagne di queste isole è veramente posto da i geografi il lago ch'io descrivo, ma questa fonte e questo lago mi servono mirabilmente a l'allegoria. Questa mutazione io intendo di fare oltre l'altra, che si può più tosto dir giunta che mutazione.[14]

---

7 Ibid., p. 238s.
8 Tasso sostiene di "non aver sbagliato" nel caso in cui nel poema ci siano "particelle" prive di allegoria, cf. ibid., p. 241s. L'errore che non commette è letterario, tuttavia nella concezione di Tasso i confini tra letteratura e morale sono difficili da stabilire.
9 La terza lettera riguardante l'allegoria, indirizzata sempre a Scipione Gonzaga e inviata da Roma, è datata 5 marzo 1576.
10 Ibid., p. 324s.
11 Ibid.
12 Ibid.
13 Su Barga cf. Asor Rosa, *Angeli*.
14 Tasso, *Lettere*, p. 325–327.

4 Tasso e l'allegoria come strumento di riscrittura

Una lettera che ha fatto molto discutere, riguardo all'allegoria e all'atteggiamento di Tasso nei suoi confronti, è quella non datata, probabilmente risalente al 5 giugno 1576, scritta da Roma a Luca Scalabrino, nella quale si legge:

> stanco di poetare, mi son volto a filosofare, ed ho disteso minutissimamente l'Allegoria non d'una parte ma di tutto il poema; di maniera che in tutto il poema non v'è né azione né persona principale che, secondo questo nuovo trovato, non contenga maravigliosi misteri. Riderete leggendo questo nuovo capriccio. Non so quel che sia per parerne al Signore e al signor Flaminio ed a cotesti altri dotti romani; ché non per altro, a dirvi il vero, l'ho fatto, se non per dare pasto al mondo. Farò il collo torto, e mostrerò ch'io non ho avuto altro fine che di servire al politico; e con questo scudo cercherò d'assicurare ben bene gli amori e gl'incanti. Ma certo, o l'affezione m'inganna, tutte le parti de l'allegoria son in guisa legate fra loro, ed in maniera corrispondono al senso litterale del poema, ed anco a' miei principii poetici, che nulla più; ond'io dubito talora che non sia vero, che quando cominciai il mio poema avessi questo pensiero.[15]

L'allegoria, intesa qui per la prima volta come paratesto, viene presentata da Tasso come scudo per assicurare amori e incanti e per sfuggire alla censura, per "servire al politico"; si tratta di un'operazione ancora faticosa, ma considerata necessaria. In questo momento per l'autore il paratesto è una tattica di evasione, un modo per coprire, velare e salvare ciò che non può essere detto senza scudo e protezione: nel caso specifico gli amori e gli incanti, la preoccupazione per i quali lo accompagnerà fino alla stesura della *Conquistata*. Infatti quello che potrebbe sembrare un ripensamento positivo dell'allegoria è qui ancora una posizione superficiale e retorica, molto distante dall'elaborazione più matura.

Tasso è tuttavia ancora incerto sulla sua capacità di accompagnare gli argomenti filosofici con quelli teologici. Certamente retorica, ma non per questo meno significativa, è la stupita confessione di non aver pensato all'allegoria prima di scrivere il poema.[16] Nella quarta lettera sul tema, indirizzata a Scipione Gonzaga e data 15 giugno 1576, Tasso riassume lo sviluppo del suo pensiero sull'allegoria e ribadisce di non aver avuto inizialmente "pensiero alcuno d'allegoria",[17] parendogli

> soverchia e vana fatica; e perché ciascuno de gli interpreti suole dar l'allegoria a suo capriccio, né mancò mai a i buoni poeti chi desse a i lor poemi varie allegorie; e perché Aristotele non fa più menzione dell'allegoria nella Poetica e nell'altre sue opere, che s'ella non fosse *in rerum natura*.[18]

---

15 Ibid., p. 168.
16 Cf. ibid., p. 456s.
17 Ibid.
18 Ibid.

Subito dopo afferma che nella *Poetica* Aristotele allude all'allegoria quando parla della metafora, ma la intende piuttosto come metafora continuata.[19] Per lui, invece, l'allegoria va intesa anche come un paratesto esegetico, che illustri il senso occulto di alcuni elementi testuali: è solo "oltre al mezzo"[20] del poema che inizia, per la strettezza dei tempi, a "pensare a l'allegoria, come a cosa ch'io giudicava dovermi assai agevolar ogni difficultà".[21] Diventa quindi uno strumento utile, favorevole, a dispetto dell'idea iniziale secondo cui era faticosa; qui l'immagine si rovescia e l'allegoria si trasforma, da fatica, in salvezza dalla fatica.[22]

---

19 Cf. ibid., p. 457. Il riferimento ad Aristotele è a *Poet.*, 1457b, 16, 25.
20 Tasso, *Lettere*, p. 458. Il "mezzo" significa dal XIV canto.
21 Ibid. Tasso ammette, quando discute in generale dell'allegoria, di riportare ciò che ha scritto "nel libro della mente" e in nessun "libro stampato" e qualora contraddica quel che è stato scritto (e che dice di non conoscere) non se ne cura. Ribadisce, come aveva già fatto nella lettera a Luca Scalabrino, che la dottrina morale di cui si serve nell'allegoria è tutta platonica, ma conciliabile con quella di Aristotele. Riprende inoltre anche il concetto del "servire al politico", cf. ibid., p. 463s.: "questo posso promettere arditamente, che per nuova opinione ch'io abbia de l'allegoria, o del modo con che il poeta ha da servire al politico, non pur non muterò alcuna de le mie prime opinioni, ma tutte le confermerò grandemente, e preparerò nuova difesa al mio poema; e de le nuove e de le vecchie opinioni farò una ordinata catena. E se Proclo, e se alcuni altri platonici, e se Plutarco fra i peripatetici, non con altra difesa salvano Omero da le opposizioni fatteli, che con l'allegoria; perché non sarà lecito a me, non lassando le prime difese, in vero più sode e più reali, servirmi anco di queste non meno ingegnose, e forse più atte a mover molti, per la magnificenza che si vede in loro?". Riprendendo Agostino conclude dicendo che non crede nella necessità della corrispondenza tra senso allegorico e senso letterale, condizione che non si presenta neanche nelle allegorie platoniche, considerate "le più esatte".
22 Dagli anni Ottanta del Novecento il percorso di Tasso in relazione al tema dell'allegoria è stato riconosciuto dalla critica, cf. in particolare Murrin, *Allegorical*, ma anche Olini, *Direzioni*; Rhu, *Allegory*; Ardissino, *Allegorie*; Güntert, *Gerusalemme*; Larivaille, *Prassi*; Kennedy, *Modes*; Scianatico, *Armi* e Bolzoni, *Allegoria*. Olini, *Direzioni* ripercorre le tappe del pensiero tassiano attraverso le lettere e propone un'analisi del testo parallela agli scritti teorici ed epistolari per riconsiderare il discredito della critica nei confronti dell'allegoria, vista solamente come un espediente difensivo contro la censura e le critiche. Riprendendo l'opinione di Kennedy, *Modes*, che considera l'allegoria tassiana un'allegoria morale, lontana da quella figurale del Medioevo, pone l'*Allegoria del Poema* in rapporto con una tradizione approssimativamente platonica e neoplatonica a scopo morale. Anche Güntert, *Gerusalemme*, p. 381 riconosce il percorso tassiano rispetto all'allegoria: Tasso comincia a sviluppare una solida difesa dell'allegoria, considerata problematica nei primi tempi; più tardi, durante la concretizzazione del lavoro poetico, comincia a interrogarsi seriamente sulla natura del poema e sul ruolo dell'allegoria al suo interno. Scianatico, *Armi*, p. 28 parla dell'allegoria, nella consapevolezza della posteriorità di questa rispetto alla *Liberata*, "elaborata in vista di contingenti motivazioni", per i "chiarimenti che appare in grado di fornire sulla specificazione del poema, a partire dalla natura po-

Il tema dell'allegoria è affrontato anche nei *Discorsi*, nei quali Tasso tenta, da un lato, di darne una definizione più sistematica, non riuscendo però, dall'altro, a mantenere una posizione omogenea a riguardo. All'interno di un approfondimento sulle figure del parlare e sull'elocuzione la definisce come metafora continuata.[23] Nel libro quarto Tasso distingue tra due tipi di allegoria: l'allegoria chiusa (l'enigma) e l'allegoria aperta (l'*intermixta*), in cui le parole del poeta sono interposte a quelle allegoriche. Tasso ammonisce il poeta che deve "schivare le metafore troppo oscure, le quali paiono quasi enigma"[24] e non deve "continuar le metafore, ma interporre tra le parole traslate le proprie, se vogliamo che 'l parlar sia chiaro e sublime; altrimenti se ne farebbe allegoria: perché allegoria è la metafora continuata".[25] Le metafore in atto devono essere facilmente comprensibili, magnifiche e sublimi, "vaghe, piacevoli, agevolmente intese e illustri".[26] Si tratta di un giudizio qualitativo, e come esempio di metafora continuata propone le quartine di un sonetto di Petrarca, allegoria della travagliata vita umana.[27]

Nel libro quinto dei *Discorsi* Tasso affronta un problema che si era già posto nelle lettere, quello dell'assenza di riferimenti all'allegoria in Aristotele: la ra-

---

litica della sua ispirazione". Anche Corradini, *Tradizione*, p. 48 dimostra la consapevolezza che "l'idea utilitaristica iniziale cede il posto a una più mediata consapevolezza del valore del procedimento allegorico" durante la revisione del XIV canto. Residori, *L'idea*, p. 10 contribuisce alla rivalutazione dell'allegoria, con un approccio originale e con particolare attenzione all'*ekphrasis* e alle scelte linguistiche metaforiche tassiane, considerando le aggiunte della *Conquistata* come un autocommento dal ruolo autoesegetico all'interno del testo: "la revisione comporta il trasferimento al testo di funzioni – di controllo, di illustrazione, di apologia – che erano in origine delegate al paratesto, a quell'insieme di scritti (lettere poetiche, polemiche, allegorie) che accompagnavano e circondavano il poema fin dalla sua apparizione. Questo fenomeno è quanto mai evidente nel caso dell'allegoria". Gli episodi allegorici "sono come quadri che vengono rimossi dalla loro sede originaria per essere collocati nella grande galleria del poema", ibid., p. 323; i visitatori possono infatti ammirarli e studiarli con calma. L'"adozione massiccia" dell'allegoria da parte dell'ultimo Tasso sembra avere, secondo Residori, priorità diverse dal gusto per il linguaggio misterioso. Pur ammettendo il gusto per codici oscuri, le cui tracce si trovano nelle tarde opere tassiane, nell'allegoria "Tasso cerca, per così dire, più la chiarezza di fondo che l'oscurità di superficie", ibid., p. 325.
23 Cf. Tasso, *Discorsi*, p. 210.
24 Ibid.
25 Ibid.
26 Ibid., p. 182, dove viene portata come esempio la personificazione di Petrarca, *Canzoniere*, 310, 5 "ridono i prati, il ciel si rasserena".
27 Cf. Petrarca, *Canzoniere*, 189, 1–8, in: Tasso, *Discorsi*, p. 183: "Passa la nave mia colma d'oblio / per aspro mare, a mezza notte, il verno, / enfra Scilla e Cariddi; ed al governo / siede 'l signore, anzi 'l nimico mio; // A ciascun remo un penser pronto e rio / che la tempesta e 'l fin par ch' abbi a scherno; / la vela rompe un vento umido, eterno / di sospir', di speranze e di desio".

gione andrebbe ricercata nel fatto che il termine non fosse in uso, e non nella mancata conoscenza da parte di Aristotele del procedimento retorico.[28] Aristotele "suole chiamar metafora ogni nome che non è proprio":[29] "i nomi d'ipallage, di metonimia e d'allegoria furono dopo Aristotele di nuovo ritrovati".[30] A suffragare l'ipotesi di Tasso è il fatto che anche il Socrate platonico, nel *Fedro*, parli dell'allegoria senza nominarla.[31] Anche per Tasso, come per Platone, "l'investigazione di sì fatte cose conviene ad uomo poco occupato"[32] – nonostante nel *Giudicio* e nell'*Allegoria della Gerusalemme liberata* si sia dedicato a tale investigazione.

La mancanza di riferimenti all'allegoria in Aristotele resta però problematica per Tasso, che nel quinto libro cerca di risolvere la questione introducendo la distinzione dantesca tra l'*allegoria poetarum*, portatrice di una nascosta verità morale, che si rifà alla "bella menzogna" ma non ha nessuna sostanza in sé, e l'*allegoria theologorum*,[33] che sottintende un terzo senso e parte dal presupposto che la storia raccontata sia vera. Tasso sottolinea il carattere morale e didattico, serio, dell'allegoria e ricorda anche che "con l'allegoria è difeso, anzi lodato Omero";[34] poi passa a Dante, a cui aveva rivolto l'attenzione già nelle postille alla Commedia.[35] Dante avrebbe accresciuto la reputazione dell'allegoria, dato che nella *Divina Commedia* ogni parte è allegorica, nonostante il poeta non lo dichiari espressamente, mentre nelle canzoni espliciterebbe il suo intento:

> e nel comento c'insegna che quattro sono i sensi: il literale, il morale, l'allegorico e l'anagogico: de' quali il primo è assai semplice ed inteso senza difficoltà; il secondo è per ammaestramento de' costumi; gli altri due servono più alla parte intellettiva: ma 'l terzo conduce a la speculazione de le cose inferiori; il quarto a quella de le superiori; e con l'uno e con l'altro si possono scusare gli errori che sono fatti dal poeta ne l'imitazione; ma se la difesa è con qualche difetto del primo senso, e congiunta con difetto nel decoro, e con qualche bruttezza o sconvenevolezza ne le cose imitate, non è buona né lodevole di-

---

28 Cf. Tasso, *Discorsi*, p. 211. Per Tasso enigma e allegoria sarebbero sostanzialmente equivalenti. Cf. id., *Giudicio*, p. 456–468 e ibid., p. 235: "non fa più menzione dell'allegoria nella sua Poetica e nell'altre sue opere, che s'ella non fosse *in rerum natura*".
29 Id., *Discorsi*, p. 188.
30 Ibid.
31 Cf. ibid., p. 211.
32 Ibid., p. 210s.
33 Di cui Tasso parla anche in *Giudicio*, p. 92.
34 Tasso, *Discorsi*, p. 212.
35 In corrispondenza di *Purg.* VIII, 19 Tasso annota: "fa menzione dell'allegoria"; su *Inf.* IX, 61–63 scrive: "nissun poeta che io ho mai visto, fuorché Dante, fa professione dell'allegoria, anzi l'ha sempre dissimulata", Tasso, *Postille*, ad loc.

fesa. Però Aristotele non la numerò fra l'altre; e se l'allegoria fosse perfezione accidentale nel poema, non sarebbe ragionevole che potesse scusare i vizi de l'arte, che sono vizi per sé.[36]

Con queste parole, in maniera un po' brusca, si conclude la riflessione tassiana sull'allegoria nei *Discorsi del poema eroico*, una sorta di parentesi.

La ripresa di Dante è fondamentale perché accompagna Tasso durante tutto il percorso riflessivo sull'allegoria: è proprio in polemica con il dichiarato intento allegorico del poema dantesco che emerge, nel citato scambio epistolare tra Tasso e Gonzaga,[37] l'idea di una possibile lettura allegorica di alcuni episodi della *Liberata*, in particolare quelli magico-meravigliosi, per anticipare la reazione da parte dei censori. Nelle lettere Tasso affermava di essere contrario alla scrittura allegorica esplicita, ma non a quella dissimulata a cui avrebbe fatto ricorso Dante. Tasso crede "che 'l far profesione che vi sia" allegoria "non si convenga al poeta, nondimeno volsi durar fatica per introdurvela, et a bello studio, se ben non dissi, come fe' Dante".[38] Il tema del vero assume però un ruolo significativo soltanto nella riflessione più matura di Tasso, per il quale l'allegoria di Dante, non più rimando esclusivamente utilitaristico, diventa un vero e proprio modello. Nell'ultima fase della riscrittura l'allegoria diventa infatti, in senso dantesco, una bella menzogna letteraria dietro alla quale si cela il vero, un vero religioso e spirituale. Così nell'ultimo pensiero di Tasso il falso diventa accettabile, a patto di esserlo esplicitamente[39] e di celare una verità più profonda e occulta che ha bisogno di essere indagata o svelata. Nel *Giudicio*, trattato maturo rimasto incompleto, storia e allegoria sono presentate come gli strumenti teorici che Tasso considera capaci di colmare i presunti difetti del suo poema: l'allegoria gli permette di superare l'ostica questione del meraviglioso (che non è falso) perché sotto il manto allegorico si nasconde una verità sublime.[40] L'"eccesso della verità" – ossia il superamento del vero[41] – ha il fine di suscitare meraviglia;[42] non è falso né vano "quel che significa":[43]

> laonde l'allegoria, co' sensi occulti de le cose significate, può difendere il poeta da la vanità e da la falsità similmente. Per questa ragione io, ne la riforma de la mia favola, cercai

---

36 Id., *Discorsi*, p. 212.
37 Cf. id., *Lettere*, p. 237, p. 234–236.
38 Ibid., p. 235s. Per il passo di Dante cf. Dante, *Purg.*, VIII, 19.
39 Cf. Gigante, *Commento*, p. 2.
40 Cf. ibid. Sul tema di verisimile e meraviglioso e sulla teoria della finzione nelle precedenti opere teoriche di Tasso cf. Kerl, *Fiktionalität*.
41 Tasso rielabora la visione mimetica aristotelica, dal momento che l'allegoria si rivela essere un *involucrum* contenente il vero che coincide con il senso allegorico.
42 Cf. Tasso, *Giudicio*, p. 18 e, tra gli altri, Girardi, *Scrittori*, p. 758s., Bellini/Scarpati, *Il vero*.
43 Tasso, *Giudicio*, p. 18 riprende Sant'Agostino, cf. Girardi, *Gerusalemme*, p. 27.

di farla più simile al vero che non era prima, conformandomi in molte cose con l'istorie; ed aggiunsi a l'istoria l'allegoria in modo che, sì come nel mondo e ne la natura de le cose non si lascia alcun luogo al vacuo, così nel poema non [si] lascia parte alcuna a la vanità, riempiendo ciascuna d'esse, e le piccolissime ancora meno apparenti, de' sensi occulti e misteriosi. E benché ne gli episodi ed in alcune parti de la favola cercassi di indur la maraviglia con l'eccesso de la verità, in ciò mi parve d'adempire quel ch'è proprio officio [del poeta] e de l'arte poetica.[44]

Proprio su questo principio si basa la maggior fedeltà storica della *Gerusalemme conquistata*.[45] L'allontanamento dal verisimile per arrivare al vero è tuttavia, sì un modo per risolvere la questione del falso, ma al tempo stesso anche un parziale allontanamento dalla dottrina aristotelica: oggetto primario della ricerca letteraria non è più il verisimile, ma il vero. Se l'allegoria non è più, in questo contesto, un modo per salvare gli amori e gli incanti, mantiene però una funzione protettiva nei confronti del poema per quanto riguarda le regole poetiche. Ancora più rilevante diventa il suo ruolo in relazione al divino e all'ineffabile: la preoccupazione della censura e del "politico" si allontana, l'attenzione di Tasso si sposta sulla lotta alla "vanità" dell'opera. Nel *Giudicio* il passaggio dalla *Liberata* alla *Conquistata* viene descritto come passaggio dal buio alla luce: "la narrazione di quel primo canto era quasi imperfetta ed oscura, e simile a' luoghi opachi e tenebrosi, ne' quali i passi sono malagevoli ed incerto il cammino, sinché da nuova luce sono illuminati".[46] Usata tipicamente in riferimento all'allegoria e al mistero, l'immagine delle tenebre viene dunque capovolta e rovesciata; il primo poema risulta oscuro e imperfetto, mentre il secondo viene presentato come chiaro e illuminato dal vero.

Nel processo di revisione del poema l'allegoria si intreccia inoltre con il tema della storia. Discutendo con i suoi revisori Tasso vuole incrementare la materia storica, ma allo stesso tempo, nel trattato *Allegoria della Gerusalemme liberata*, si dedica a illustrare e disvelare le diverse allegorie a cui ha fatto ricorso nel testo:[47] vi trovano posto allegorie nel senso stretto del termine, in cui

---

44 Tasso, *Giudicio*, p. 18s.
45 A titolo di esempio: Tasso nel primo poema non fa menzione del concilio di Chiaramonte e di papa Urbano, mentre nel secondo poema è presente il discorso di Goffredo, cf. id., *Conquistata*, I, 27. Infine, attraverso la tenda istoriata, contro la quale si era espresso Barga, Tasso riesce a recuperare anche la spiegazione di molti antefatti storici.
46 Id., *Giudicio*, p. 24.
47 Un accenno a quest'intenzione si legge già in Tasso, *Lettere*, p. 456–468.

un elemento viene a significare qualcosa di altro rispetto a sé stesso,[48] ma anche personificazioni.[49]

A quest'altezza l'allegoria non è più destinata a specifiche parti del poema, come Tasso aveva sostenuto in precedenza, ma si estende a tutta la *Conquistata*, diventando onnipresente e colmando ogni possibile vuoto di eventuale vanità, per cui "tutte le parti sono con l'allegoria".[50] L'allegoria diventa dunque un vero e proprio metodo per risolvere i problemi del meraviglioso e rivelare il senso profondo che può essere interpretato; viene utilizzata in quelle parti in cui la storia viene meno o si fa più debole:

> io mi servo più de l'allegoria in quelle parti del mio poema ove più sono allontanato da l'istoria, estimando che dove cessa il senso literale debba supplire l'allegorico e gli altri sensi: nondimeno ho avuto riguardo di non usare allegoria che paia sconvenevole ne la figura e ne l'apparenza.[51]

Non c'è niente tra senso letterale e senso allegorico; dove finisce il primo inizia necessariamente il secondo. L'allegoria del poeta scelta da Tasso è molto vicina all'allegoria del teologo: l'allegoria va a riempire di significato il fittizio e il falso, mostrando una verità sottile e profonda. Proprio in questo trova la sua legittimazione.

Nel *Giudicio* i punti di riferimento per la concezione dell'allegoria sono letterari e teologici. Rifacendosi a Gregorio Magno,[52] Tasso delinea un'allegoria

---

48 L'esercito cristiano, per esempio, significa l'uomo virile, composto di anima e di corpo, "e d'anima non semplice, ma distinta in molte e varie potenze", Tasso, *Allegoria della Gerusalemme*. Il funzionamento di questa allegoria è simile a quella secondo la quale Gerusalemme indica la felicità civile che conviene al cristiano. Anche in questo caso, infatti, una caratteristica morale dell'uomo cristiano viene esemplificata attraverso la lettura allegorica.

49 Goffredo è allegoria dell'intelletto e, in particolare, di quell'intelletto che considera le cose mutabili. Rinaldo, Tancredi e gli altri principi stanno per le potenze dell'animo, la morte di Sveno dimostra invece la perdita da parte dell'uomo civile degli amici e dei seguaci. Gli eserciti nemici sono le sciagure e gli accidenti della fortuna contraria, i magi Ismeno e Armida sono due diaboliche tentazioni che "insidiano a due potenze dell'anima nostra, da le quali tutti i peccati procedono", ibid., p. 2. Per quanto riguarda ulteriori impedimenti che "l'uomo trova dentro di sé, ciascuno può trovare e investigare allegoria nel poema", ibid. Questo è un punto chiave per capire la distinzione tra Tasso e Marino nel processo allegorico. Basti, per ora, considerare che Tasso lascia a chi legge la libertà di cercare e scoprire l'allegoria dei propri sentimenti e impedimenti all'interno del testo.

50 Ibid., p. 29. I riferimenti teorici sono a San Girolamo e Sant'Agostino, qui messi sullo stesso livello. La difesa dell'uso dell'allegoria da parte del poeta si basa sulla legittimità data dalla lettura allegorica delle Sacre Lettere. Cf. Gigante, *Commento*, p. 29n.

51 Tasso, *Giudicio*, p. 51.

52 Cf. ibid., p. 92.

come lo strumento che gli permette di dire il vero, attraverso una "fabrica intellettuale" in grado di salvare il poeta dalla vanità della scrittura:

> laonde, per suo giudicio, le parole che si distruggono ne la superficie deono esser intese profondamente; ed in questa guisa, sovra i fondamenti de l'istoria, convene fabricar con l'allegoria una fabrica intellettuale, o de la mente che vogliam dirla: la qual, quasi sentenzia del gravissimo Padre, può servir non solamente per esposizione a' teologi, ma per ammaestramento a' poeti ed a quelli particolarmente che non vanamente vogliono poetare.[53]

Ancora una volta il poeta, considerato quasi divino, viene paragonato al teologo e, se l'allegoria può essere utilizzata dal teologo, a maggior ragione potrà farne uso il poeta.[54] L'allegoria del *Giudicio* non è più semplice scudo contro la censura, né una tattica evasiva che gli permette di parlare di amori e incanti, ma assume un significato profondo nella riscrittura del poema.

Il cambiamento nella visione dell'allegoria nelle riflessioni del *Giudicio* si spiega con il processo di interiorizzazione dei valori cristiani in un contesto letterario: Tasso pensa infatti di poter giustificare la presenza del meraviglioso mediante il ricorso all'*allegoria poetarum*, avvicinandosi però in questo modo alla *allegoria theologorum*, che ha la funzione di rivelare un senso nascosto, ineffabile e carico di significati morali. La guerra contro i musulmani diventa l'affermazione della Gerusalemme celeste sulla Gerusalemme terrestre; analogamente i miracoli che coinvolgono angeli e diavoli diventano allegorie del bene e del male. L'allargamento nella *Conquistata* del peso che ha la storia, ma anche la precisazione di luoghi e nomi, rimangono all'interno del dettato aristotelico: il meraviglioso, attraverso l'allegoria, "è convertito in un'estensione del vero".[55] Il percorso che porta Tasso a questa concezione dell'allegoria, superando ambiguità e incertezze, trova un corrispettivo nella sua ambiguità rispetto alle istituzioni (nella prima fase della sua produzione, all'Inquisizione e alla censura):[56] se da una parte si autoaccusa al Tribunale dell'Inquisizione e sottopone il suo testo a continue revisioni per renderlo accettabile per i censori, dall'altra però, contemporaneamente, ricerca tattiche di evasione per eludere la censura. Ma a che cosa si deve il passaggio da un'idea di allegoria come scudo dalla censura a una concezione che interpreta l'allegoria in senso allo stesso tempo teologico e poetico? A determinare lo scarto tra il primo e l'ultimo Tasso – Moracc individua una

---

53 Tasso, *Giudicio*, p. 92.
54 Cf. ibid., p. 92s.: "se è lecito a' sacri teologi ne le Sacre Lettere seguire altro senso ch'il litterale, ciò più agevolmente a' poeti devrebbe esser conceduto. [...] Laonde al poeta ancora, il quale è quasi divino, ne l'imitazione si dee concedere ch'egli scherzi con le favole e con le similitudini, lasciando parte a l'istoria e parte a l'allegoria".
55 Gigante, in: Tasso, *Giudicio*, p. XXIX; cf. anche Girardi, *Tasso*, p. 17.
56 Cf. supra, p. 10–23.

cesura tra il 1575 e il 1586[57] – è anche lo studio dei testi sacri: solamente dopo Sant'Anna la ricerca tassiana si concretizza in un poema eroico sacro di matrice cristiana. L'allegoria è, in quest'ottica, il "principio cardine per mettere a fuoco il processo di revisione e ricomposizione che porterà alla *Gerusalemme conquistata*",[58] svela il significato universale immanente della storia, il principio divino nella varietà e la veridicità del meraviglioso; è anche il postulato teorico che gli permette di accordare il pensiero antico pagano e il moderno cristiano, "riabilitando l'autorità classica come fonte di verità: occultata, velata dall'assenza di Rivelazione, ancora e sempre nel Limbo dantesco, ma pur sempre guida per un'ascesa escatologica".[59]

Oltre che alle letture patristiche[60] e alla riflessione consapevole e costante sul tema, l'evoluzione è dovuta all'interiorizzazione dei valori religiosi della controriforma e dei valori estetici della tradizione.[61] Nel contesto vigilante della prima fase della riflessione tassiana i valori erano ancora esterni e si sovrapponevano all'istituzione, per venire progressivamente interiorizzati da Tasso, che non li avverte più come esterni, e dunque problematici. Dall'obiettivo di scrivere un poema perfetto dal punto di vista morale ed estetico nasce l'atteggiamento vigilante di Tasso, spesso anticipatorio e inizialmente ricco di contraddizioni, che si sciolgono però nella fase tarda del suo percorso. L'allegoria è in questo senso, insieme alla storia, un elemento fondamentale per comprendere come la vigilanza parta da Tasso stesso – al controllo esterno si aggiunge l'autocontrollo, dettato dalla responsabilità che il poeta sente di avere – e si muova in direzione del testo. Nel momento in cui i valori dell'autore corrispondono a quelli dell'istituzione, gli attriti presenti nella prima fase della riflessione vengono meno. Solo nell'ultima fase della revisione Tasso smette di sentire in conflitto la morale religiosa e la poetica, avendo interiorizzato la prima e avendo trovato una soluzione per far coesistere entrambe in un solo nucleo. L'unico vero poema considerato degno di essere tale, per Tasso, sarà infatti la *Conquistata* e non la *Liberata*. L'obiettivo è raggiunto; il confine tra individuo e istituzione svanisce nella congiunzione tra fede e poesia, i cui valori e le cui regole diventano compatibili e coerenti. Tutto troverebbe un suo ordine, e solo grazie alla fusione di ragioni poetiche e teologiche il poema diventerebbe perfetto.

---

[57] Particolarmente degna di nota è l'analisi delle allegorie di carattere religioso non presenti nell'esegesi allegorica del *Giudicio*, come la Preghiera di Gerusalemme in Tasso, *Conquistata*, I, 116–123.
[58] Morace, *Allegoria*, p. 50.
[59] Ibid.
[60] Cf. anche Comelli, *Poetica*, p. 339.
[61] Cf. Residori, *L'idea*.

Ma l'allegoria può essere, in Tasso, anche qualcosa di molto differente da ciò che leggiamo nelle lettere della revisione, nei *Discorsi* e nel *Giudicio*. Nella lettera del 1562 indirizzata da Tasso a Maurizio Cataneo, per esempio, racconta di aver ricevuto dalla signora duchessa un "bellissimo quadro di razzo in seta, che può dirsi l'allegoria d'un poema campestre".[62] Il soggetto è una "lepre investita da tre cani, e vuole che sia la mia impresa, perché in essa vi è simboleggiata la mia partita da Ferrara coll'illustrissimo signor Cardinale suo fratello, la quale fu seguita dall'invidiose e maligne dicerie del Pigna, del Montecatino e del Giraldini, che vestono la figura dei tre cani, i quali sembrano voler quasi divorare la lepre timida ed innocente".[63] Ma non finisce qui: da un albero pende un "vermicello da seta, e quasi d'appresso la farfalla in che si trasforma"[64] che indicherebbe, secondo la duchessa, il simbolo del suo genio poetico, "che sotto gli auspici dell'illustrissimo signor duca e de le principesse spiegherà il suo volo verso una gloriosa imortalità". Un altro vermicello, "ch'ella vole trasformato nel corvo che poco lungi sembra aver vita",[65] simboleggerebbe invece il Pigna, "noto pel suo gracidar molesto e per l'indole di rapina che appare da le sue storiche e poetiche composizioni".[66] Tasso racconta che il quadro rappresenta una caccia e il verme pendente dall'albero è il premio per il cacciatore migliore, per evitare che aumenti l'invidia nei suoi confronti e "perché del favore che gode questo maligno cortigiano del Pigna saprebbe approfittarne con accortezza per vendicare in me innocente l'ingiuria dell'allegoria".[67] In chiusura si raccomanda con il Cataneo di avere prudenza e di tacere le allegorie, che diventano una sorta di linguaggio segreto per messaggi di devozione e amicizia, ma anche contro i nemici. Un linguaggio che funziona su due piani: quello della lettera o dell'immagine e uno più complesso e arbitrario, che il singolo può inventare per la comunicazione privata in modo da aggiungere significati diversi da quelli apparenti.

---

62 Tasso, *Le Lettere*, p. 221.
63 Ibid.
64 Ibid.
65 Ibid.
66 Ibid.
67 Ibid.

5 Le grottesche nell'edizione parigina dell'*Adone*

Prima di procedere con l'analisi del tema dell'allegoria in Marino, è utile considerare un altro aspetto che solo apparentemente non vi è collegato: le grottesche, elemento ornamentale della prima edizione del poema.

Per l'*Adone* Marino pensa inizialmente all'accompagnamento di vere e proprie illustrazioni,[1] ma il progetto non va in porto. L'edizione parigina tuttavia non è completamente sprovvista di immagini, sebbene si tratti di ornamentazioni fatte con incisioni a bulino di carattere decorativo e non di immagini pensate appositamente per il poema per illustrarne le scene. La vicenda editoriale del poema è lenta, faticosa e piena di intoppi e imprevisti; in seguito alla morte dello stampatore parigino Abraham Pacard, al quale era stato commissionato il lavoro, il poema viene infine stampato da Olivier de Varennes,[2] sempre a Parigi, nel 1623.[3] Quello che a Marino sta particolarmente a cuore è che la stampa risulti pregiata e regale, bella e costosa, come emerge anche da un'epistola del 1621 indirizzata all'amico Lorenzo Scoto:[4]

> la stampa dell'*Adone* si avanza tuttavia, e vi assicuro che sarà il meglio stampato libro che già mai uscisse in Italia né di Francia. È in foglio intiero grande, e certo ha del magni-

---

1 Cf. Marino, *Lettere*, n. 111, p. 189: "l'*Adone*, il quale è diviso in tre libri. Il primo contiene l'origine dell'innamoramento fra la dea e 'l giovane; e qui potrebbe entrare una figura di Adone addormentato in un prato, con la faretra appesa ad un arbore e i cani a' piedi, e la dea che gli sta sopra in atto di vagheggiarlo. Nel secondo si raccontano gli amori e i godimenti dell'uno e dell'altro; e vi farebbe a proposito la figura di Venere e Adone che stanno trastullandosi in un boschetto abbracciati insieme, overo in atto di stare ascoltando gli uccelli che vengono a mover lite innanzi a loro. Nell'ultimo si narra la caccia dell'infelice giovane e la sua morte, col pianto che fa la dea sopra il corpo dell'amato. [...] Ella potrà aver tempo di pensar qualche bel capriccio, acciocché nella seconda impressione restino onorate delle sue meraviglie" e ibid., n. 34, p. 53 in una lettera del 1605 indirizzata a Bernardo Castello: "l'*Adone* penso senz'altro di stamparlo là, sì per la correzione, avendovi da intervenir io stesso, sì perché forse in Italia non vi passerebbono alcune lasciviette amorose. Le so dire che l'opera è molto dilettevole, divisa in dodici canti ed ho a ciascuno fatte fare le figure, ed il volume sarà poco meno della *Gierusalemme* del Tasso".
2 Olivier de Varennes (nel frontespizio dell'*Adone* Oliviero di Varano alla Strada di San Giacomo, Alla Vittoria), a Parigi dal 1625 al 1666, è uno stampatore francese nato nel 1598 e morto probabilmente nel 1666, sebbene ci sia poca chiarezza su quest'ultima data perché confusa con quella del figlio Olivier III.
3 Cf. Balsamo, *Imprimeurs* e id., *Stampa*.
4 Per quanto riguarda Scoto, la sua favola pastorale *Il Gelone* e le allegorie cf. Santacroce, *Pastorale*; ead., *Melodramma*; ead., *Catena*.

fico, né io ho guardato interesse alcuno, purché il poema abbia del reggio. Le vostre allegorie ed il vostro nome sarà nel frontespicio della prima facciata insieme con quello del re.[5]

L'*Adone* presenta infatti, prima di ogni singolo canto – oltre ai cosiddetti "argomenti", attribuiti a Fortuniano Sanvitale – anche un paratesto scritto in prosa denominato "allegoria"[6] che dovrebbe spiegare i significati morali di alcuni elementi presenti nel testo in versi. Questi paratesti in prosa di contenuto apparentemente moralizzante sono attribuiti al destinatario della lettera sopra citata, Lorenzo Scoto;[7] tuttavia si ritiene che siano di Marino stesso.[8]

Anche le allegorie, come i canti, sono accompagnate da elementi decorativi. Il testo in prosa occupa un'intera pagina; alcune allegorie riprendono la composizione tipografica, non a linea piena, dei *technopaegnia* di Teocrito utilizzata nell'*Hypnerotomachia Poliphili* del Colonna.[9] Alcuni *technopaegnia* sono riprodotti in maniera assolutamente identica: l'allegoria del canto I termina con una disposizione tipografica delle righe rientranti che corrisponde a quella del *Polifilo* delle pagine 154 e 155; quella del canto II corrisponde a pagina 158 e

---

5 Marino, *Lettere*, n. 159, p. 297. In merito cf. anche ibid., p. 158: "l'*Adone* si stampa e già n'è tirata una gran parte. La stampa riesce magnifica e veramente degna di poema regio, perché si fa in foglio grande con dieci ottave per facciata in due file; onde la spesa è grossa, per essere volume forse di trecento fogli, e si fa il conto che sia per sette volte maggiore della *Gierusalemme* del Tasso. In dodici non si potrebbe ristampare, se non si facesse in più tomi".
6 Per la tradizione dell'allegoria cf. Kablitz, *Rhetorik*.
7 Marino stesso nel 1613 dovrebbe cimentarsi nella scrittura di paratesti: Bernardo Castello gli chiede infatti degli argomenti per una nuova stampa della *Gerusalemme* e Marino accetta, ma solo a patto che questi vengano pubblicati sotto altro nome, svalutando in questo modo il paratesto. Cf. Marino, *Lettere*, n. 77, p. 141: "io, se ben non son tale, che possa impromettere di me nulla di buono, ho però data qualche aspettazione delle cose mie, e vorrei pur corrispondere al concetto che ne ha fatto il mondo; il quale se dopo tanti anni e tanta opinione, sperando qualche scoppio segnalato, vedesse alla fine i monti partorire un topo, dico quattro argomenti sopra la Gerusalemme avrebbe ragionevolmente materia non solo di scandalo, ma di riso. Siami lecito in confidenza di rompere il freno della modestia e di smoderare alquanto in arroganza. Iddio mi dotò (la sua mercé) d'intelletto tale, che si sente abile a comporre un poema non meno eccellente di quel che si abbia fatto il Tasso". Per questo passaggio e per l'importanza della *Distrutta* cf. Corradini, *Questioni*, p. 50s.
8 Cf. per esempio già Stigliani, *Occhiale*, p. 227, ma anche la lettera a Scaglia di Busenello, *Epistolario*, II, p. 109, e Regn, *Tragödie*, p. 98n: "die Allegorien, die laut Frontispiz der *editio princeps* von Lorenzo Scoto stammen, hat mit Sicherheit Marino selbst 'orchestriert'; Marinos Gegner Stigliani behauptet sogar, er habe sie selbst geschrieben".
9 Cf. Colombo, *Cultura*, p. 33s. Anche l'opera del Colonna presenta ornamentazioni grottesche; a tal riguardo cf. Scholl, *Grotesken*, p. 259s.

quella del canto III a pagina 159; quella del canto IV a pagina 158;[10] quella del canto V a pagina 188; quella del canto VII a pagina 264 e quella del canto XIV a pagina 249. Le corrispondenze sono nello stesso ordine progressivo, ma risultano in qualche modo svuotate di senso perché le forme riprodotte non corrispondono alle descrizioni del canto.

Ma in che modo interagiscono il testo e l'apparato decorativo-ornamentale nell'edizione parigina? Nell'edizione del 2007 dell'*Adone*, Marzio Pieri riporta, pur non spiegandolo, un consiglio di Eugenio Battisti, secondo il quale l'*Adone* andrebbe letto tutto con le grottesche:

> o Mariniani, io vi esorto alle grottesche, mi disse quel Maestro non riconosciuto secondo i suoi meriti. È un Weisiano, commentava con me, alla fine, Scrivano, intendendo un seguace del metodo di Georg Weise, che cercava, con applicazione un poco teutonica, la rispondenza (sempre difficile da certificare) tra modelli di scrittura e visioni pittoriche. [...] Nell'aureo saggiarello su *La grottesca* di André Chastel (Torino Einaudi 1989) si rimanda, è vero, a un luogo d'incontro che spiega, se non tutto, il più: il noto studio del Weise *Vitalismo, animismo, panpsichismo e la decorazione del Cinque- e Seicento* (in "Critica d'arte" 1959–1960). Sono termini essenziali per l'*Adone* e colgono alla radice l'incontro tra eros e manierismo che si celebra nel poema. In termini più attuali, potremmo dire: il dionisiaco e l'apollineo. Marino perseguì l'idea di un libro (che sarebbe stato la reincarnazione di un perduto originale latino) in cui versi e figure si raffrontassero e questo fa parte della storia della *Galeria*. [...] L'*Adone* non è pittorico, è architetturale o tassonomico. Non è un libro 'in diretta'. Ecco dunque il valore non tacitabile dell'averlo fregiato di grottesche (fondamentale nelle Allegorie e come frontoni di ogni prima pagina di canto, nonché in davvero stupende iniziali grottesche e calligrafiche, di diretta provenienza antirinascimentale nel loro naturalismo magico quasi inquietante). Chastel, in sede di conclusione: "Se ... ammettiamo che le 'follìe' della grottesca fanno parte di una tentazione permanente che rimbalza, di epoca in epoca, ci si deve chiedere che cosa sia diventata nell'arte questa propensione al comico [...] Nelle forme in sospensione, in lievitazione, in corso di metamorfosi di Paul Klee, nei giochi caricaturali pieni di ghirigori e di meandri dovuti alla penna di Steinberg, e addirittura nei 'mobiles' di Calder, che disegna con l'aiuto di falsi rami metallici sinuosità aeree affascinanti e impreviste ..., si possono palesare legami familiari, reminiscenze, un bisogno di esilarante leggerezza, tutti impulsi e virtù che nulla perdono se collegati nella prospettiva storica della grottesca".[11]

---

10 La fonte dell'allegoria del canto IV è un passaggio del commento di Filippo Beroaldo il vecchio alle Metamorfosi di Apuleio, fondamentale anche per il tessuto allegorico del ciclo di affreschi mantovani, ulteriore fonte di Marino; in merito cf. Colombo, *Cultura*, p. 33s.

11 Pieri, *Commento*, p. LXXXVs. Il rapporto, individuato da Pieri, tra la *Galeria* e l'*Adone* è sicuramente significativo per il diverso funzionamento del rapporto tra testo e immagine – nella *Galeria* il testo si riferisce a immagini senza che queste siano presenti, allude e rinvia secondo il principia ecfrastico dell'*ut pictura poësis*. Che la prima opera sia pittorica e la seconda architetturale si rivela anche nella natura degli elementi grafici e testuali. Per quanto riguarda invece il riferimento al saggio di Weise è necessario sottolineare la trasformazione antinaturalistica tipica della grottesca così come il suo carattere sempre più dinamico, connesso alla concezione neo-

Risulta necessario, a questo punto, approfondire il tema delle grottesche a partire dal problema definitorio:[12] nella riflessione di Pieri non ci sono infatti distinzioni concettuali né terminologiche tra ciò che davvero può essere considerato grottesca e ciò che invece non lo è. Risulta più precisa la terminologia proposta da Zappella nel 2011,[13] seppur non applicata al caso specifico di Marino: con testata a grottesca si intende il rettangolo che si trova all'inizio della pagina, con finalino l'elemento di chiusura, che può essere a mascherone, cioè una stilizzazione di un volto o di una maschera, e a sua volta può essere a grottesca oppure no. Con "grottesche" Zappella indica in particolare la testata a grottesca; a seguire verrà utilizzato invece il termine grottesca per indicare testate, finalini e mascheroni con decorazione a grottesca, differenziando con più precisione quando opportuno.

Nella prima edizione dell'*Adone* ogni allegoria è incorniciata dalla testata, che si trova in alto al centro, spesso a grottesca, e dal finalino, in genere a mascherone grottesco, in basso al centro, subito dopo il testo. Non tutte le testate, i finalini e i fregi sono, tuttavia, a grottesca o a mascherone e non si denota alcuna linearità narrativa nei contenuti grafici. Una grammatica si può però individuare nel ritmo meramente compositivo degli elementi ornamentali che seguono sempre la stessa logica strutturale[14] e architettonica: anche all'inizio di ogni canto infatti si trova sempre, in alto, la testata e, in basso, il finalino – composto a volte da una semplice decorazione, in base anche allo spazio che occupa il testo all'interno della pagina. I finalini, spesso a mascherone, si trovano sia sotto le allegorie in prosa che alla fine dei canti. Alcuni elementi ornamentali si susseguono e si ripetono uguali, specialmente verso la fine del poema. Anche le iniziali decorate dell'*editio princeps* dell'*Adone* sono a grottesca e a mascherone; presentano elementi naturali, quali fiori, frutti, fogliame e

---

platonica del cosmo inteso come vivo e animato: l'unità del tutto, come solo grande essere vivente, è alla base della presenza del divino nelle cose.
12 Con grottesca si intende una decorazione fantastica caratterizzata da forme vegetali, animali e umane mescolate tra loro, in cui compaiono maschere e varie deformazioni; spesso si tratta di decorazioni parietali. La comparsa delle grottesche nell'arte del Rinascimento è improvvisa e risale agli inizi del Cinquecento; la loro diffusione è velocissima. Il termine 'grottesca' deriva dalla scoperta delle 'grotte' della Domus aurea di Nerone da parte degli artisti rinascimentali; cf. Scholl, *Grotesken*.
13 Cf. Zappella, *Ornamentazione*.
14 Il metodo è, seppur nella confusione, insieme alla metamorfosi, una caratteristica della grottesca anche secondo Mario Praz, *Giardino*, p. 74: "c'era un metodo nel loro folleggiare. [...] un febbrile fermento di metamorfosi". Fondamentale il collegamento tra grottesca e una simbologia vicina a quella degli ammaestramenti morali delle metamorfosi ovidiane: un fatto interessante per la questione dell'allegoria in Marino e nella Controriforma.

arbusti, figure umane e mostruose, oggetti, come vasi, strumenti musicali e infine animali. Alcuni elementi visivi riportano inoltre una sigla a mo' di firma (DL, AT, IM, HT, DC),[15] a indicarne un valore o un pregio maggiori.

Sebbene alcuni degli elementi grafici – in particolare le testate a grottesca, ma anche i mascheroni – sembrino avere un relativo collegamento tematico con il canto (per esempio una maschera o due satiri),[16] complessivamente le ornamentazioni presenti nel poema non offrono una semantica precisa, ma un funzionamento e un effetto interessanti perché analoghi a quelli della poetica mariniana. Entrando nei particolari e osservando alcuni degli elementi ornamentali si nota che la testata del X canto, sopra all'argomento incorniciato, è una delle più significative, anche in virtù della posizione centrale all'interno del poema. Le virtù allegorizzate nella decorazione, Giustizia, Speranza, Carità, Pazienza, Fortezza e Fede, accompagnano la corona francese; l'allegoria riprende la dottrina platonica delle idee e il canto incomincia con l'invocazione alla musa. Un'altra testata interessante e dall'aspetto tardo-gotichegiante è quella del canto XIII, prima dell'argomento, con il simbolo dei gesuiti. Il finalino dell'allegoria del canto XI,[17] raffigurante il giglio, ha un collegamento con il canto che si apre con la dedicatoria a Maria de' Medici. Sebbene il carattere e gli ornamenti di questa edizione non siano stati ideati appositamente per la pubblicazione dell'*Adone*, perché tornano anche in altre opere parigine dello stesso stampatore, in formati simili,[18] è però importante tenere a mente che Marino corregge in prima persona le bozze: pur con la cautela dovuta in casi come questo, si può dunque ipotizzare che alcune ornamentazioni siano state scelte, all'interno di un repertorio preesistente, con una certa intenzione.

Il finalino a mascherone alla fine del canto II dell'*Adone* viene reimpiegato, come finalino, nelle *Les Fables de Phedre* del 1669,[19] sempre presso lo stampatore dell'*Adone*, Olivier de Varennes, con una sola aggiunta, simile a una piccola 'c', sotto l'orecchio del mascherone. Il finalino in fondo all'allegoria del canto IV viene reimpiegato invece in un altro libro, il *Cours de Chimie* del 1646,[20] in cui un finalino[21] è molto simile a quello in fondo al canto IX, che

---

[15] Le ricerche finora non hanno portato a individuare i nomi delle autrici o degli autori corrispondenti alle sigle. Per le iniziali nelle decorazioni relative alle allegorie si veda l'appendice: per AT cf. infra, p. 150, per IM cf. infra, p. 161.
[16] Cf. la testata al canto VIII, infra, p. 153.
[17] Cf. infra, p. 156.
[18] Cf. Balsamo, *Stampa*, p. 205, anche per la contestualizzazione del poema all'interno del panorama librario parigino del Seicento.
[19] Cf. Phaedrus, *Fables*, p. 68.
[20] Cf. de Clave, *Chimie*, p. 6, 19.
[21] Cf. ibid., p. 86.

però presenta una collana decorativa fatta di piccoli cerchi che in quello successivo diventano più compatti e lineari; inoltre nella decorazione di quest'ultimo libro mancano le iniziali "AT", presenti invece in quello dell'*Adone*. Il finalino puramente decorativo alla fine dell'allegoria del canto XIII viene anch'esso reimpiegato in un altro libro, ovvero le *Nouvelles Experiences sur la vipere* del 1669.[22]

Per indagare il rapporto analogico tra grottesca e allegoria pare opportuno riprendere alcune osservazioni emerse all'interno del dibattito sulla grottesca alla fine del Cinquecento: in particolare Francisco de Hollanda, ma anche Pirro Ligorio e Gabriele Paleotti. La grottesca nei *Dialogos da pintura antigua* (1548) di de Hollanda presenta un funzionamento simile a quello dell'allegoria. Le grottesche non nascerebbero infatti da un'aggiunta, da una restrizione o da uno spostamento, come la mostruosità di una mano con dieci dita, né da una sostituzione arbitraria, come un elefante con una zampa di cavallo o un bambino con un viso da vecchio. Per de Hollanda nella grottesca avverrebbe una trasformazione, a incastro o permutazione, di carattere più sistematico, che nasce da una relazione di analogia tra due specie che mantengono il loro carattere. In questo processo ci sarebbe un'irrazionalità "rispettosa della ragione", una "falsità apparente" "molto conforme alla verità".[23] È la metamorfosi invece – tema centrale per l'*Adone*[24] – l'elemento su cui si concentra la riflessione del *Libri delle Antichità* di Pirro Ligorio (1553). Le grottesche, secondo Ligorio, comporrebbero una sinfonia,[25] nonostante sembrino asinfoniche; il disordine è soltanto apparente, poiché esiste anche un ordine sotterraneo. Ligorio non si limita ad attribuire alla grottesca una semantica, ma propone anche un tentativo di ermeneutica, sostenendo che "le pitture grottesche de gentili non siano senza significazione"[26] e "se bene al vulgo pareno materie fantastiche, tutte erano simboli, et cose industriose, non fatte senza misterio".[27] Nel tentativo esegetico di Ligorio si fa spazio un universo mitologico allegorico che nasconde una verità morale più profonda, ed è questa la ragione per la quale sebbene possano apparire ad alcuni "cose false et vane [...] dalli dotti furono sempre stimate come cose morali"[28] – un elemento che accomuna dunque grottesca e allegoria. Il pittore Giovanni Paolo Lomazzo estende la relazione tra grottesca e

---

22 Cf. Charas, *Nouvelles*, p. 218.
23 De Hollanda, *Dialogos*, cit. in Morel, *Grottesca*, p. 157.
24 Cf. Cherchi, *Metamorfosi*.
25 In questo modo si spiega forse l'allusione alla musica nel discorso di Pieri, cf. supra, p. 62.
26 Ligorio, cit. in Morel, *Grottesca*, p. 157.
27 Ibid., p. 159.
28 Ibid.

geroglifico[29] a imprese ed emblemi: "in queste grottesche, il pittore esprime le cose ed i concetti, non con le proprie, ma con altre figure".[30] L'idea del travestimento di un concetto nascosto sotto una figura altra, che significa qualcosa di diverso da ciò che sembra, avvicina la grottesca ancora di più all'allegoria e all'enigma: "venivano fatte non altrimenti che enimmi, o figure egizie, dimandate ieroglifici, per significare alcun concetto o pensiero sotto altre figure, come noi usiamo negli emblemi e nelle imprese".[31] Anche l'aspetto dell'oscurità, fondamentale per l'allegoria, si presenta nelle grottesche: "sotto oscuri segni di movimento, di vegetale e sensitiva virtù occulta veggiamo la vera nostra e più nobile forma".[32] Decisiva è poi l'assimilazione della grottesca alla poesia, o meglio, al processo di strutturazione che converte "l'istoria in favola", cantandola "in verso e sotto altre figure con modo più leggiadro e vago".[33]

La grottesca, tuttavia, non è sempre oggetto di apprezzamento nel dibattito cinquecentesco. È proprio la questione del vero e della storia, centrale anche nella riflessione teorica di Tasso e tutt'altro che irrilevante in Marino, a portare Gilio da Fabriano a una svalutazione delle grottesche, collegate con la scrittura:

> il pittore istorico altro non è che un traslatore, che porti l'istoria da una lingua all'altra [...] da la scrittura a la pittura [...] deve essere fedele e intiero dimostratore del vero, non intromettendo ne l'opera cosa mascherata, adulterata et stupefatta.[34]

In quest'ottica le grottesche sono viste come qualcosa di falso, favoloso e non accettabile, sono "mostri che non sono né possono essere".[35] Al contrario di quanto accade con le grottesche, il compito dell'arte sarebbe quello della *mimesis*, non la creazione o la novità. Il capriccio – elemento fondante della poetica di Marino che si ritrova nella natura della grottesca – porta con sé, oltre all'imprevedibilità, anche riso e vergogna;[36] l'elemento del riso viene d'altra parte sottolineato anche da Stigliani, come si è visto, proprio in riferimento alle allegorie mariniane. I lette-

---

29 Sul rapporto tra grottesca, labirinto e geroglifico cf. Scholl, *Grotesken*, p. 78s.; Piel, *Ornament-Groteske*, p. 53.
30 Lomazzo, *Trattato*, p. 367, che pone la grottesca sullo stesso piano degli emblemi e delle imprese.
31 Ibid, p. 369.
32 Academici occulti, *Discorso*, in: id., *Rime*.
33 Lomazzo, *Trattato*, V, p. 370.
34 Gilio da Fabriano, cit. in Morel, *Grottesca*, p. 171.
35 Ibid. Una simile opinione si trova in Vitruvio e viene ripresa anche dall'Aldovrandi, cf. Acciarino, *Lettere*, p. 40s.
36 Cf. Gilio da Fabriano, cit. in Morel, *Grottesca*, p. 173.

rati della Controriforma, da Gabriele Paleotti fino a Carlo Borromeo,[37] si schierano contro le grottesche. Paleotti, forse il suo più grande oppositore, nel tentativo di classificare le diverse tipologie di figure mostruose, scrive:

> solo comprendiamo sotto questa voce quelle forme d'uomini o d'animali o d'altre cose, che mai non sono state, né possono essere in quella maniera che vengono rappresentate, e sono capricci puri de' pittori e fantasmi vani e loro irragionevoli imaginazioni.[38]

Le grottesche vengono definite, in relazione alla realtà, come "bugiarde, inette, vane, imperfette, inverisimili, sproporzionate, oscure e stravaganti",[39] "pitture da burla, ghiribizzi di sogni, mascheroni da pazzi e giuochi da fanciulli".[40] La definizione di Paleotti mostra ancora una volta la vicinanza tra le grottesche e le allegorie di Marino, considerate dalla critica proprio bugiarde e inverisimili.[41]

Gli elementi individuati dai critici cinquecenteschi come tipici della grottesca, e che l'avvicinano all'allegoria (il funzionamento per analogia, la falsità apparente, l'esistenza di un piano sotterraneo nel quale si nasconde una verità morale, il travestimento sotto figura altra), tornano anche in chiave sistematica nella critica attuale. L'affinità tra grottesca e allegoria risiede nel loro carattere oscuro, nella metamorfosi e nella polisemia. Un altro aspetto importante per indagare il senso e il valore delle grottesche in Marino è l'ironia "canzonatoria verso il mondo umano e una curiosità irrefrenabile, vivace e divertita dalle inesauribili fantasie del mondo naturale".[42] Chastel fa riferimento allo sproloquio e al gioco di parole, fondamentale per la poetica mariniana, anche in risposta al contesto controriformista in cui si muove: "la grottesca rifiuta la descrizione e bisogna ricorrere al fenomeno letterario parallelo, di cui la letteratura del Quattro e Cinquecento è piena: la *fatrasie*, il maccaronico, la festa burlesca del linguaggio".[43] La vicinanza tra il gioco di parole, il burlesco letterario e la grottesca si incontra così nel riso. Chastel ricorda come la grottesca sia decisamente sospetta e inverosimile e non possa più trovare spazio nell'arte della Controriforma. Ancora più interessante è che ritorni proprio in Marino e in correlazione con le prose apparentemente moralizzanti, ma in realtà ancora più pericolose, del poema.

Il rapporto tra grottesche e letteratura, di cui hanno parlato in vari modi critici di diverse epoche, rientra nella questione più generale del rapporto tra arti

---

37 Cf. Borromeo, *Instructionum*.
38 Paleotti, *Discorso*, p. 425.
39 Ibid., p. 443.
40 Ibid., p. 445.
41 Cf. supra, p. 6.
42 Chastel, *Grottesca*, p. 76.
43 Ibid., p. 75.

figurative e letteratura: un tema affrontato da Marino stesso nell'*Adone*. Come nota Guglielminetti, l'arte "non si limita a descrivere la Natura in termini matematici, come auspicava Galileo, né si esaurisce nella creazione di difformi o mostruose creature contro natura".[44] Secondo Guglielminetti l'arte che si trova nell'*Adone* è, per esplicita dichiarazione di Marino, in grado di mutare il volto della natura, secondo canoni di raffinatezza ed eleganza cari alla società in cui egli agisce e crea. La legge segreta del poema sarebbe quella del trionfo dell'Arte sulla Natura: "Natura de le cose è dispensiera, / l'Arte condisce quel ch'ella dispensa".[45] Si tratta dell'arte fine a sé stessa, proprio come quella delle grottesche, in cui l'aspetto metamorfico svolge un ruolo dominante.

Questo aspetto si rispecchia nelle pagine dell'*Adone*, non solo a livello ornamentale e visivo, ma anche e soprattutto a livello narrativo, nella scrittura e nella storia. L'arte che elogia Marino è quella di Caravaggio, "per cui del ver più bella è la menzogna".[46] Siamo nel canto VI, introdotto da un frontone a grottesca con arbusti, frutti e animali, che presenta al centro in alto un piccolo volto umano deformato. L'argomento è incastonato tra frontone e mascherone e l'iniziale del canto, la 'A', riprende gli arbusti grotteschi con un volto in fondo in basso. Il canto si chiude con un minuscolo (per motivi di spazio) finalino decorativo rettangolare con una decorazione di foglie che formano due serpentine rovesciate. Nelle descrizioni del Giardino del Piacere e del Palazzo di Venere si nota la fascinazione per l'artificio che supera in bellezza e forza la natura: lo si nota nelle descrizioni di viti, uve e cedri, che diventano elementi ornamentali e artificiali, ma anche nella descrizione del Palazzo e dei suoi affreschi e decorazioni, in cui l'illusione dell'Arte supera la Natura, si fonde con essa e la trasforma. L'idea è quella di una natura ibrida e travestita,[47] che ricorda il concetto mariniano di imitazione poetica. La maschera e il travestimento si ritrovano nel gioco citazionista di Marino, in particolare al primo livello superficiale del testo, in cui lo stile, nuovo e caratteristico, riconoscibile e innovativo, copre le frasi prese da altre autrici e da altri autori. Queste vengono nascoste a un livello inferiore e se la maschera è ben fatta, il riferimento non è riconoscibile. Se ci sono tuttavia crepe o trasparenze, si vedrà il vero volto del furto e il gioco non funzionerà del tutto; la fonte sarà riconoscibile e rintracciabile.

---

44 Guglielminetti, *Adone*, p. 78.
45 Marino, *Adone*, VII, 152, 1–2.
46 Ibid., VI, 55, 2.
47 Cf. ibid., 172s.: "lupo vorace in abito d'agnello, / fera volante e corridore augello", idea suggestiva anche per la dedizione di Marino nei confronti del tema del travestimento, su cui cf. infra, p. 109–119.

Nell'edizione parigina dell'*Adone* sono proprio gli elementi ornamentali di maschera e mascherone a svolgere un ruolo significativo: nascondono qualcosa ma espongono qualcos'altro – ancora una volta in modo analogo a quanto si propone la poetica mariniana e, più in generale, l'allegoria. Forse non è un caso che nell'allegoria preposta al canto III venga utilizzata proprio un'espressione legata al mascheramento per esplicitare i presunti significati del testo: "la Lascivia viene mascherata di modestia".[48] La maschera è qui inganno, anche all'interno del testo, ma nella parte decorativa viene esposta visivamente. Dopo aver letto l'allegoria si vede infatti il finalino a decorazione e, nella pagina accanto, un finalino a mascherone. Una maschera torna anche nell'iniziale decorata del XIII: all'interno della lettera 'C', tra foglie, animali, piante e frutti, si vedono due figure – quella a sinistra tiene nella mano, in direzione dell'altra figura, delle lenti; l'altra, sempre in direzione della figura che ha di fronte, porge appunto una maschera. Tuttavia non c'è, in questo caso, un legame diretto con i significati del canto.

Dal punto di vista controriformistico la grottesca si muove su due livelli contrastanti: da un lato, basandosi su fonti classiche come Vitruvio e Orazio e sulla scia del pensiero di Paleotti, viene condannata come eretica e falsa e diventa oggetto di censura nei decreti tridentini *de invocatione, veneratione et reliquiis sanctorum et sacris imaginibus* durante il Concilio di Trento;[49] dall'altro viene utilizzata non solo nell'arte profana, ma anche in quella sacra, proprio in virtù del suo valore simbolico e in quanto portatrice di significati nascosti e morali.

La grottesca non è cara a Marino soltanto come elemento decorativo, ma anche come tema all'interno dell'*Adone*. La prima volta che ci si imbatte nelle grottesche è nel canto X, dopo la descrizione delle macchie lunari. Ci troviamo nell'Isola dei Sogni[50] e per arrivare all'Isola si passa per la grotta della Natura. I sogni vengono descritti come grottesche, date dal caso e dal capriccio:

> Vedresti effigie angelica e sembiante,
> poi si termina il piede in piedestallo;
> visi di can con trombe d'elefante,
> colli di gru con teste di cavallo,
> busti di nano e braccia di gigante,
> ali di parpaglion, creste di gallo,

---

48 Marino, *Adone*, III, allegoria.
49 Cf. Scholl, in: Acciarino, *Lettere*, p. 11–15.
50 Cf. Aldovrandi, in: Acciarino, *Lettere*, p. 83, che in una lettera del 1580 definisce le grottesche dei pittori "simili a i sogni finti di Luciano". Sulla stretta relazione in generale tra sogno e grottesca e, in particolare, sul concetto comune di spostamento (*Verschiebung*) cf. Scholl, *Grotesken*, p. 171s.

> con code di pavon grifi e pegasi,
> fusi per gambe e pifferi per nasi.
>
> Alcun di lor, quasi spalmato legno,
> vola a vela per l'aure e scorre a nuoto,
> ma di due rote ha sotto un altro ingegno
> onde corre qual carro e varia moto;
> con un mantice alcun di vento pregno
> gonfia e sgonfia soffiando il corpo voto
> e tanti fiati accumula nell'epa
> che come rospo alfin ne scoppia e crepa.
>
> E questi et altri ancor più contrafatti
> ve n'ha, piccioli e grandi, interi e mozzi,
> quasi vive grottesche o spirti astratti,
> scherzi del caso e del pensiero abbozzi.
> Parte a le spoglie, a le fattezze, agli atti
> son lieti e vaghi e parte immondi e sozzi;
> molti al gesto, al vestir vili e plebei,
> molti di regi in abito e di dei.[51]

La seconda comparsa delle grottesche, nel canto XI nell'ascesa al cielo di Venere, è invece più descrittiva (il riferimento è ai cespugli tagliati a mo' di grottesca):

> vaghi perterra di grottesche erbose,
> di pastini ben culti ampi giardini,
> bei padiglioni di viole e rose,
> di garofani bianchi e purpurini,
> dolci concordie e musiche amorose
> di sirene, di cigni e d'augellini,
> boschi di folti allori e folti mirti,
> tranquilli alberghi di felici spirti:
>
> freschi ninfei di limpidi cristalli,
> puri canali di dorate arene,
> siepi di cedri, cespi di coralli,
> scogli muscosi e collinette amene,
> ombre secrete di solinghe valli
> e di verdi teatri opache scene,
> tortorelle e colombe innamorate
> fanno gioir le region beate.[52]

L'occorrenza più interessante si trova nel canto XIII: Adone è nella dimora di Falsirena e trova un libro in arabo ai piedi della statua della Fortuna. Si tratta di un

---

51 Marino, *Adone*, X, 101–103.
52 Ibid., XI, 21s.

libro particolarmente pregiato – aspetto, come si è visto, molto caro a Marino stesso – e presenta, proprio come l'edizione parigina dell'*Adone,* grottesche antiche nelle maiuscole e nelle rubriche, ossia nei capilettere. Il passo contiene una vera e propria metariflessione sull'elemento decorativo della grottesca:

> A piè di questa un letturin d'argento
> riccamente legato un libro regge
> e vergata ogni linea et ogni accento
> in idioma arabico si legge.
> De lo stranio volume a l'ornamento
> ornamento non è che si paregge.
> La covertura in ogni parte è tutta
> di fin topazio e lucido costrutta.
>
> Son le fibbie a la spoglia ancor simili,
> di zaffiri composte e di giacinti.
> Son d'or battuto in lamine sottili
> i fogli in bei caratteri distinti.
> Ha di fregi ogni foglio e di profili
> d'azzurro e minio i margini dipinti
> e figurata di grottesche antiche
> le maiuscole tutte e le rubriche.
>
> Quanti ha tesori il mondo a parte a parte,
> ciò che la terra ha in sen di prezioso,
> opra sia di natura o lavor d'arte,
> in miniere diffuso o in arche ascoso,
> tutto scritto e notato in quelle carte
> mostra l'indice pieno e copioso.
> I propri siti insegna e i lor custodi
> E per trovargli i contrasegni e i modi.[53]

La grottesca è, nel libro arabo, bellezza, stranezza, esoticità che si pongono prima della semantica e della comprensione testuale. Nella metariflessione sul libro, sulla decorazione e sulla preziosità dell'oggetto-libro si può forse leggere una relativizzazione del significato, un invito al ludico, alla leggerezza, all'ornamentazione e al particolare. Ciò che di serio può offrire il testo diventa così proposta giocosa, suggestione, esortazione allo smarrimento. Dalla descrizione della grottesca all'interno nel testo l'attenzione, disorientata, si sposta su un altro livello, sulla grottesca dell'edizione parigina; il passo diventa guida incerta per la lettura del testo e del paratesto visivo e testuale.

---

[53] Ibid., XIII, 243–245.

Nel canto XVI, quando Adone viene proclamato re, ritorna il riferimento, seppur ironico, alla grottesca. Interessante è soprattutto l'identificazione con il geroglifico, per natura complesso e criptato:

> Sotto quel suo cappel somiglia un fongo,
> al vestire, a la piuma un pappagallo.
> Sembra nel resto una grottesca a gitto
> overo un geroglifico d'Egitto.[54]

Infine, nel canto XX, la grottesca compare come elemento decorativo all'interno della decorazione di una veste che "avea di grottesche e di fogliami, / lavor di nobil ago, ampi riccami".[55]

Di grottesche Marino parla anche nelle *Dicerie Sacre* (1614),[56] attribuendo loro un valore teologico-letterario in quanto prodotto di un Dio-pittore. Le grottesche compaiono come elemento della creazione divina, in contrasto con la critica controriformista che, come si è visto, considera la grottesca come qualcosa di impossibile e dunque falso:

> dilettossi talora di far grottesche, formando tanta varietà d'animali, parte terreni, parte acquatili, parte volanti, compartendo il guizzo a' pesci, il volo agli uccelli, lo striscio a' serpenti, il corso alle fiere, e dando al cervo le corna, al cavallo le zampe, al cinghiale le zanne, all'orso le branche, al leone gli artigli, all'istrice le spine, al camelo lo scrigno, all'elefante la proboscide: illic praeclara opera et mirabilia, varia bestiarum genera et omnium pecorum et creatura beluarum. Compiacquesi alle volte di far festoni. Rivolgetevi (vi priego) a riguardare per la verdura tanta copia di fiori e di foglie e di fronde e di frutta e di spiche e d'erbe e di piante e di radici e di boscaglie, e ditemi poi se si possono più bei fregi e fogliami dipignere e più ricche spalliere e cortinaggi tessere, di quelli e quelle ond'egli adornò questa spaziosa casa dell'uomo![57]

Una vicinanza tra il funzionamento dell'*Adone*, che si legge come un libro di disegni, e quindi della scrittura mariniana, e la grottesca si nota anche – nella ricezione coeva dell'estetica grottesca del poema,[58] seppur in chiave negativa e con tono provocatorio – nelle parole di Stigliani, secondo il quale le parti risultano "malamente unite" a formare un'unica figura in cui "il capo fusse travolto, e le braccia fussero nel luogo delle gambe, e queste nel luogo di quelle".[59] Inoltre, il paragone tra i "buoni poemi" e l'*Adone* "non era da farsi tra un edificio e

---

54 Ibid., XVI, 221, 5–8.
55 Ibid., XX, 215, 7–8.
56 Cf. anche Scholl, *Grotesken*, 46s.
57 Marino, *Dicerie*, p. 79.
58 Cf. Hempfer, *Probleme*.
59 Stigliani, *Occhiale*, p. 125s.

un altro, ma tra un palazzo e le grotte sotterranee di San Bastiano, overo tra l'artificiose celle del favo e le casuali concavità della spugna".[60]

Ma gli elementi ornamentali presenti nell'edizione parigina non sono importanti in quanto portatori di una semantica specifica o per collegamenti particolari con la narrazione del poema, seppure ci sia una tendenza in questa direzione, ma lo sono piuttosto per l'effetto che la loro logica visiva ha sulle lettrici e sui lettori del poema e per il loro funzionamento in relazione al testo e all'allegoria. Così come l'allegoria nasconderebbe il senso del poema, anche la grottesca nasconde e fa disperdere l'attenzione distraendola in mille particolari – un funzionamento molto simile a quello che si osserva a livello testuale. Mentre le allegorie, elementi semantici, nascondono e svelano il significato del testo attribuendogli significati altri, le grottesche, elementi visivi, nascondono una possibilità di senso, fanno vedere o nascondono certi elementi. Le ornamentazioni possono avere un effetto di spaesamento sulle lettrici e sui lettori, nel momento in cui ci si sofferma sui particolari, ma anche di ordine, se ci si concentra sull'aspetto architettonico, ossia sulla ricorrenza dell'elemento di per sé. Si tratta dunque di due estetiche che, utilizzando linguaggi differenti – uno visivo, l'altro letterario –, accompagnano chi legge il testo nella prima edizione parigina e riflettono su sé stesse.

---

60 Ibid., p. 130.

6 Marino e l'uso offensivo dell'allegoria

Le allegorie dell'*Adone* potrebbero essere considerate non tanto come un impacciato tentativo per evadere da un contesto fortemente caratterizzato dal controllo e dalla censura, ma piuttosto come una tattica di evasione più sottile e meno evidente, come una tattica di mascheramento di carattere poetico o estetico, in cui Marino, paradossalmente, si prende più libertà rispetto a quanto possa fare nel testo vero e proprio. L'allegoria può essere vista anche come un tentativo per dimostrare in modo performativo l'inadeguatezza di questo strumento, ipotesi che può rafforzarsi sulla base della curiosa doppia cornice morale del poema: da un lato le allegorie in prosa che accompagnano i canti, di richiamo presumibilmente tassiano, dall'altro il proemio di impostazione ariostesca[1] e i riferimenti metaletterari all'interno delle allegorie.

A giustificare lo scarso interesse da parte della critica è forse il fatto che a una prima lettura le allegorie sembrino non contribuire a spiegare il poema o ad aggiungervi elementi significativi. Anche leggendole senza il testo, in successione, il risultato non cambia: chi legge si interroga sul senso dell'allegoresi morale, di carattere generale e spesso anche generalizzante, spesso in evidente contrasto con il testo (un esempio su tutti è quello della lascivia, centrale nel testo e condannata apertamente nel paratesto).[2] Si tratta di un effetto simile a quello che hanno le grottesche dell'*Adone*: si prova un senso di spaesamento, l'attenzione si disperde tra i molti particolari e si fatica a trovare una linea interpretativa.[3]

Come si è visto, Marino era perfettamente conscio delle "lasciviette" presenti nel poema che non considerava pubblicabili in Italia, tanto che scelse come luogo della pubblicazione la Francia.[4] Ammesso che potesse veramente non percepire le contraddizioni presenti nel poema, come sostiene Carlo Calca-

---

[1] Sull'allegoria in Ariosto cf. Hempfer, *Postulato*; Rajna, *Fonti*; Javitch, *Ariosto* e Corradini, *Tradizione*.
[2] Cf. Marino, *Adone*, III, allegoria.
[3] In questo senso cf. la terminologia utilizzata da Crary, *Attention*, che, nell'ambito della ricerca psicologica sull'attenzione, parla di *distraction*. Il termine è particolarmente calzante per descrivere la manovra mariniana, in cui gli impulsi e gli elementi che attirano l'attenzione si moltiplicano e sono disseminati in modo da far perdere all'osservatore ogni punto di riferimento stabile.
[4] Cf. Marino, *Lettere*, n. 111, p. 189: "l'*Adone* penso senz'altro di stamparlo là, sì per la correzione, avendovi da intervenir io stesso, sì perché forse in Italia non vi si passerebbono alcune lasciviette amorose".

terra,⁵ si sarebbe portati a ritenere che non ignorasse del tutto il cortocircuito tra allegoria e poema e la sua possibile ricezione.

Quando esce l'*Adone*, i paratesti allegorici che accompagnano il testo suscitano, negli autori coevi, opinioni negative e diffidenti simili a quelle della critica più recente; non mancano però voci discordanti, che ne difendono credibilità e bellezza. Particolarmente acuto è il giudizio di Tommaso Stigliani, inizialmente amico e in seguito avversario di Marino, che nell'*Occhiale* scrive:

> né qui mi si risponda, che le male azioni s'onestino coll'allegorie fatte in prosa, e poste a principij de' canti; perciocche oltre il non esser ciò vero (il che io disputo altrove) giuro sulla mia fè, che queste qui dell'autore servendosi sempre d'un generalissimo argano, che è il ridurre ogni scelerità ad allusion di fragilità umana: riescono tanto impertinenti, e tanto stiracchiate, che tutte gli si spezzano in mano in guisa di stringhe fracide, o di correggiuoli marci: onde è tempo perduto, che se ne faccia parola. Solo dirò, ch'io me ne son venuto servendo di mano in mano per ridere alquanto, e così temperar la noia ricevuta dalla lettura del canto; massimamente dove ho trovato, che la pezza sia peggior, che la rottura, cioè ch'esse allegorie sieno più lascive, che il canto medesimo, come per figura è quella del settimo la qual dichiarisce alcune bruttezze, che nel testo non apparivano.⁶

Nel suo consueto tono ostile, riconducibile al conflitto poetico e personale con Marino, Stigliani evidenzia aspetti fondamentali delle allegorie: il "generalissimo argano" che riduce la lettura morale ad allusione della fragilità umana e l'impertinenza dell'autore. È paradossalmente sulla base delle allegorie che svaluta poi il poema intero, riconoscendo il tratto a volte ironico della prosa e individuando una maggior lascivia nel testo in prosa che in quello in versi. Stigliani porta come esempio l'allegoria del canto VII,⁷ nella quale si legge che "il nascimento di Venere, prodotta dalle spume del mare, vuol dire che la materia della genitura, come dice il filosofo, è spumosa e l'umore del coito è salso".⁸

---

5 Cf. Calcaterra, *Parnaso*.
6 Stigliani, *Occhiale*, p. 110s.
7 Il brano ecfrastico all'interno del canto, seppur senza riferimento all'allegoria, è un esempio che Carminati considera indicativo dell'atteggiamento della censura ecclesiastica nei confronti della tradizione letteraria. La censura è quella di Riccardi; è la memoria letteraria dotta a creare una sovrapposizione intertestuale con il *De partu Virginis* di Iacopo Sannazaro, II, 17-29, in cui è descritto il parto della vergine. Il brano non viene però più considerato dai censori nei decenni successivi; cf. Carminati, *Tradizione*, p. 135s.
8 Marino, *Adone*, VII, allegoria. L'umore salso e il calore naturale, personificati da Tetide e da Apollo, ritornano anche nell'allegoria al canto XIX. Il filosofo a cui fa riferimento Marino è probabilmente Leone Ebreo, fonte dell'allegoria, che nei *Dialoghi*, p. 141, descrive la nascita della dea come il prodotto di una castrazione gettata in acqua, in cui il seme si mescola con la schiuma del mare.

Alle critiche mosse da Stigliani rispondono anche Girolamo Aleandro[9] e Vincenzo Foresi (Villani).[10] Aleandro risponde al riso di Stigliani con nuovo riso, o meglio con "trastullo",[11] in particolare quando Stigliani afferma di trovare più lascive le allegorie del canto stesso.[12] Interrogandosi retoricamente su quali siano le bruttezze alle quali si riferisce Stigliani, Aleandro ne stila un ipotetico elenco, poiché delle affermazioni di Stigliani non ci si potrebbe fidare. Tali bruttezze, sostiene Aleandro, furono già dette dai Padri della Santa Chiesa e da altri "valent'uomini",

> ma soave cosa è il vedere, che allo Stigliani non tanto dia noia la favola stessa, quanto l'allegoria, à quel modestissimo Stigliani, il quale scrisse, e publicò Enigmi con faccia di sì disoneste lordure, che mossero i censori Ecclesiastici a proibirgli ancor che niuno ne facesse instanza, sì com'è noto ch'egli con tanto ardore ha fatto nel poema.[13]

Per Aleandro "l'allegorie nel Poema sono bellissime, e degne d'esser da ciascuno vedute, e rivedute"; ciononostante non possono essere elogiate né tollerate "le lascivie, che nel poema travalicano talora i termini dell'onesto", "benché ve n'abbia forse l'Ariosto di peggiori", e questo perché "i giovani si fermano sulla scorza, ne sanno così ben penetrare al midollo dell'allegoria, sì come saggiamente fu da Socrate considerato nel 2. libr. della Repub. di Platone".[14] L'immagine di scorza e midollo torna più avanti, quando sempre a proposito dell'*Adone* afferma:

> nella scorza non è morale, ma dal midollo dell'allegoria ben vi si tragge la moralità. Fu notato da alcuni maligni, che il giovanetto Giacob avesse voluto ingannar il padre cieco per via della menzogna vestendo le mani delle pellicine di capretto, e affermando d'esser Esau. E veramente nell'esterno così appare. Ma l'interna significazione di questa sacra storia ci fa chiaro, non essere stato ingannatore quel gran patriarca, per la rivelazione, che Dio gli aveva fatto di quel dinotar volesse coll'aversi nominato Esau, e col portar le mani pelose. Così da tanti dottori della Chiesa sanamente difeso viene, insegnandoci, che fermar non ci abbiamo nella parte, ch'ha sembiante difettuoso, ma passarsene all'allego-

---

9 Cf. Alberigo, *Aleandro*.
10 Sulla figura di Villani cf. Leone, *Villani*. Sulle difese di Aleandro e Villani cf. Russo, *Marino*, p. 335s.
11 Aleandro, *Difesa*, p. 101.
12 Cf. anche l'affermazione di Marino, *Lettere*, n. 48, p. 84, in cui l'allegoria e la metafora sono riferimenti alla lascivia che si svela alle menti più brillanti: "non niego io che per accomodarmi all'umore del secolo, per lusingare l'appetito del mondo e prender lo stile morbido, vezzoso ed attrattivo non mi sia alquanto dilettato delle amorose tenerezze e che non si possa dalle mie cose raccogliere alcun cenno di metafora, la qual con misteriosa allegoria alluda a qualche lascivo sentimento, appena però penetrabile dagli intelletti svegliati ed arguti".
13 Aleandro, *Difesa*, p. 103.
14 Ibid., p. 96 (la numerazione delle pagine nel volume presenta irregolarità).

ria. Non però io intendo che lecito o lodevole sia il rappresentar o favola o istoria lasciva con iscusa che racchiuda allegoria morale, di che ben s'avvide (come dicemmo) il Marini, ed alcune cose, troncare, altre mutar volea precisamente in questo canto ottavo. Ne già gli contraddice, come pensa Stigl. quasi morale, e non morale far voglia il suo poema, ma accenna bene, che dalla favola intiera e dalle due parti trar si possa la moralità. Perciò dice nella seguente stanza,
Or s'averrà ch'alcun da' versi miei
concepisca veleno e tragga fele,
altri forse sarà men fiero ed empio
che raccolga da lor frutto d'essempio.[15]

I versi citati si trovano all'inizio del canto VIII dell'*Adone*[16] e sono particolarmente interessanti per il carattere apertamente provocatorio e per il riferimento all'"implacabil censor".[17] Il canto si apre con l'invocazione ai giovani amanti e alle donne innamorate, a cui è indirizzato. Viene ripresa l'immagine della rosa, in estremo contrasto con il tema osceno del congiungimento degli amanti narrato nel canto. Segue, ai versi citati dall'Aleandro, un passo in cui Marino giustifica la lascivia del canto contrapponendo penna e cuore:[18]

Sia modesto l'autor; che sien le carte
men pudiche talor, curar non deve.
L'uso de' vezzi e 'l vaneggiar del'arte
o non è colpa, o pur la colpa è lieve.
Chi, dale rime mie, d'amor consparte,
vergogna miete o scandalo riceve,
condanni o scusi il giovenile errore,
ché, s'oscena è la penna, è casto il core.[19]

Aleandro risponde infine all'accusa di Stigliani, secondo il quale le allegorie sarebbero state scritte da Marino, affermando che possono essere state ricopiate, modificate e adattate dall'autore al proprio stile.

---

15 Ibid., p. 323s.
16 Stigliani, *Occhiale*, p. 226 ne scrive: "concede qui che il suo poema non sia morale e per tutto vuol poi che sia moralissimo, così in universale come in particolare".
17 Marino, *Adone*, VIII, 3: "Ah! non venga a biasmar quant'ella scrive / d'implacabil censor rigida accusa, / la cui calunnia con maligne emende / le cose irriprensibili riprende". Sulla censura e le lascivie cf. Carminati, *Tradizione*, p. 132.
18 Dietro la ripresa della citazione di Mart. 1, 4, 8 si nasconde un riferimento osceno. La penna è infatti esplicitamente paragonata all'organo sessuale maschile in una lettera di Marino del 1607: "ma i capricci vogliono venire a dispetto di chi non vuole; et il furor poetico è come la foia: bisogna sborrarla con la penna", cit. in: Crivelli, *Feconde*, p. 318.
19 Marino, *Adone*, VIII.

Anche Vincenzo Foresi nell'*Uccellatura* (1630) prende le difese delle allegorie, argomentando che tutti "gli incredibili, che sono, o che vogliono, che siano nello Adone, si salvano per l'Allegoria".[20] Le allegorie non sarebbero, per Foresi, elementi di debolezza, ma anzi punti di forza:

> e per dire il vero, sono in questo poema bellissime allegorie, e forse tali, che l'autore ne dee esser tenuto miglior poeta Icastico, che phantastico. Ne creda però alcuno, che ciò sia difetto in poesia: perché oltre allo avercene tanti esempi ne i buoni poeti, e particolarmente, come dicemmo, in Omero; l'allegoria non fu trovata per altro, che per aggrandire il maraviglioso poetico.[21]

A partire dalla valutazione positiva dell'allegoria in poesia e in letteratura, Vincenzo Foresi giudica positivamente anche Marino stesso:

> si che per questo capo il Marino si dee stimare ottimo poeta; e la favola dello Adone non viene ad errare in verisimilitudine o necessaria, o contingente, come pareva allo Stigliani. Perché quello, che egli dice delle api, cioè, *non esser credibile, che elle ammazzino con la puntura uomini armati*; se egli avesse letto i buoni autori, e sapesse bricio di agricoltura, saprebbe, che ciò non meno è avvenevole, che credibile.[22]

Il tema delle allegorie in letteratura torna anche in seguito; Foresi sostiene di aver dimostrato

> quanto elle sieno state usate da i grandi poeti, e quanto le abbiano stimate i filosofi; e che elle non solamente possono difendere il falso, l'inverisimile, e l'impossibile, ma l'incredibile ancora. Con tutto questo non dirò giamai, che elle possino difendere le lascivie, e le oscenità; perché queste son pur troppo verisimili, e possibili, e credibili: e quando anco non fussero tali, non dee il peta farne idoli, e idoli particolari, per esser questi valorosissimi a destare il concupiscevole appetito: Ma si come le libidini dello Adone da niuna allegoria possono essere onestate, così altre azioni pare a me, che dal poeta siano state convenevolmente allegorizzate. E perché l'allegoria del settimo canto, che veniva biasimata dallo Stigliani, è stata dall'Aleandro bastevolmente difesa, noi la passeremo sotto silenzio.[23]

Aleandro e Foresi rappresentano però voci isolate nel panorama seicentesco, che analogamente alla critica attuale considera le allegorie di Marino ipocrite e dettate dalla mera convenienza. Persino nella prefazione apologetica all'*Adone* del 1623, scritta in francese da Jean Chapelain, l'allegoria viene presentata come una scelta obbligata per i poeti, che devono piegare la verità e mettere da

---

20 Villani, *Uccellatura*, p. 7.
21 Ibid., p. 74.
22 Ibid.
23 Ibid., p. 174.

parte la verosimiglianza. Un esempio di questo meccanismo è Esopo con le sue Favole, che non sono né vere né verosimili, tuttavia vengono molto apprezzate:

> pour d'avantage demonstrer la juste et necessaire fausseté des poëmes, j'eusse bien mis en avant l'allegorie dont ils doivent estre accompagnez. Mais pour ce qu'elle estoit inutile pour le discours de la vray-semblance (comme estant une operation de l'entendement reflechy sur soy mesme qui passe d'espece à espece et non des communes de l'imagination), je l'ay renvoyée en ce lieu. L'allegorie donc de la commune opinion des bons esprits fait partie de l'idée du poëme et est le second fruit que l'on en peut retirer. Or, comme il arrive qu'elle soit le plus souvent incompatible avec les veritable succes des choses, les poëtes obligés à l'y faire entrer se resoudront tousjours plustost à fausser la verité laquelle n'est en leurs ouvrages que par accident qu'à laisser l'allegorie, qui y doit estre par nature. Dequoy nous avons une notable preuve dans les fables qu'Esope a données à son pays. Ont elles aucune vray-semblance, non pas seulement verité, pour ce qui est des arraisonnemens, paroles, subtilités, prevoyances et autres choses qu'il attribuë à ses animaux? et neantmoìns elles ont passées jusqu'à nous avec un applaudissement general du monde, qui lisant la fable va soudain à son sense, c'est à dire à l'autre espece designée, appliquant utilement ce qu'il a dit d'une impossible à une possible, sans s'amuser à en examiner la possibilité, comme pour nous avertir plus que clairement qu'aux autres fables (j'entens poësies ordonnées et plus proches de nous que celles là) laissant l'examen de la verité comme choses indifferente, il importe seulement de regarder si le proffit recherché s'y rencontre.[24]

---

24 Chapelain, in: Marino, *Adone* (Pozzi), p. 25s. Il discorso apologetico francese viene tradotto in italiano da Filippo Antonio Torelli. La traduzione, pubblicata sia nella *Sferza* che nell'*Adone*, compare solo in quattro edizioni e sembra essere l'unica realizzata nel Seicento, cf. Santini, *Traduzione*. La si legge in: Marino, *Adone* (Pieri), p. XXI: "per dimostar maggiormente la giusta & necessaria falsità de' Poemi, haverei discorso avanti dell'allegoria dalla qual devono esser accompagnati, ma perché ella è inutile per il discorso della verisimilitudine (come essendo una operation dell'intelletto reflesso sopra di sé medesimo, che passa da spetie a spetie, & non da i communi dell'imaginatione), però l'ho riposta in questo luogo: l'allegoria dunque per parer comun de' belli ingegni fa parte dell'idea del Poema, & è il secondo frutto che se ne può cavare. Hora essendo ch'essa, come avviene per il più, sia incompatibile con il vero successo delle cose, i Poeti ubligati a farvela entrare si risolveranno sempre più tosto a falsificar la verità – la quale non si trova nell'opere loro se non per accidente – che l'allegoria, che vi è per natura. Del che noi habbiamo una prova notabile nelle Favole d'Esopo, le quali non hanno in loro alcuna verisimilitudine, né molto meno verità, quanto a' casi, ragionamenti, parole, sottigliezze, & altre simili cose ch'egli attribuisce a' suoi animali, & nondimeno sono arrivate fino a noi con applauso general del Mondo, che leggendo la favola va sùbito al suo senso, cioè all'altra spetie disegnata, applicando utilmente quello ch'ha detto di un impossibile ad un possibile, senza perder tempo in essaminar la possibilità: come, per avvertirsi pur troppo chiaramente che nell'altre favole (intendo poesie regolate, & che più si accostano alla nostra di quelle), lasciando di essaminar la verità come cosa non a proposito, si deve solo haver riguardo se l'utile ricercato vi si ritrova".

Secondo Chapelain è proprio in questo senso che si spiegano, e si giustificano, le allegorie dell'*Adone*. Che questo vada letto in chiave morale sembra suggerito anche dal proemio, di chiara ispirazione tassiana:[25]

> Ombreggia il ver Parnaso, e non rivela
> gli alti misteri ai semplici profani,
> ma con scorza mentita asconde e cela,
> quasi in rozo Silen, celesti arcani.
> Però dal vel, che tesse or la mia tela
> in molli versi e favolosi e vani,
> questo senso verace altri raccoglia:
> smoderato piacer termina in doglia.[26]

Eppure la complessità del poema non si può esaurire con la lettura morale; e il fatto che la vicenda amorosa ricominci proprio alla fine del poema, con la storia di Austria e Fiammadoro uniti da Venere in seguito ai giochi in onore di Adone, sembra compatibile con la visione panerotica e neoplatonica teorizzata già da Calcaterra[27] e Mehltretter.[28]

Come vanno lette, dunque, le allegorie paratestuali dell'*Adone*? Per provare a comprenderne il senso occorre innanzitutto ricordare che non sono tutte uguali: benché affrontino tutte, come rilevato dalla critica, tematiche conosciute, antiche e topiche, e propongano un insegnamento o una lettura morale spesso in attrito con il testo, presentano però differenze significative, che è necessario mettere a fuoco. Nella prima allegoria "la sferza di rose e di spine"[29] è messa in relazione alla qualità degli "amorosi piaceri"[30] legati ai dolori. Si tratta di un tema ricorrente, che si ritrova nel proemio e in altre allegorie: nell'allegoria al canto II, in cui la soavità del pomo gustato da Adone significa la dolcezza iniziale dei piaceri; nell'allegoria al canto III, nella quale la rosa tinta di sangue è metafora del fatto che i "piaceri venerei" siano "fragili e caduchi"[31]

---

25 Cf. Tasso, *Liberata*, I, 3: "Sai che là corre il mondo ove più versi / di sue dolcezze il lusinghier Parnaso, / e che 'l vero, condito in molli versi, / i più schivi allettando ha persuaso".
26 Ibid., 10. La costruzione ricorda forse quella del *Melone*, componimento burlesco in lode della sodomia: "Quel, dico, chiaro e celebre Parnaso / del Padre Apollo dolce stanza eletta / stalla gradita all'Asino Pegaso, / per dirvi il vero è zifera segreta / e non significa altro che 'l Melone / idolo e scopo di ciascun poeta", id., *Melone*, 157–171, cit. in: Carminati, *Inquisizione*, p. 80.
27 Cf. Calcaterra, *Parnaso*.
28 Cf. Mehltretter, *Ende*.
29 Marino, *Adone*, I, allegoria.
30 Ibid.
31 Ibid., III, allegoria.

e spesso accompagnati dal dolore e dal pentimento; ma anche nell'allegoria al canto V, quando ci avverte di non porre "con ismoderamento"[32] l'affezione alle cose mortali. L'immagine della rosa come simbolo di un breve piacere caduco, con spine e punture di passione veemente o di pentimento mordace, torna anche nell'allegoria del canto IV, che riprende un passaggio delle *Immagini degli Dei Antichi* del Cartari (1580):

> alla quale [Venere] furono date le rose parimenti perché queste hanno soave odore, che presenta la soavità dei piaceri amorosi, ovvero perché come le rose sono colorite e malagevolmente si possono cogliere senza sentire le punture delle acute spine, così pare che la libidine seco porti il farci arrossire ogni volta che della bruttezza di quella ci ricordiamo, onde la coscienza dei già commessi errori ci punge e ci trafigge in modo che ne sentiamo gravissimo dolore. Oltre di ciò la bellezza della rosa, onde porge diletto a riguardanti, dura brevissimo tempo e tosto langue.[33]

Adone viene presentato, nella lettura allegorizzata del primo paratesto, come la gioventù "che sotto il favore della prosperità corre volentieri agli amori",[34] "non già mai discompagnati da' dolori".[35] Di carattere topico e morale, e in evidente contrasto con il canto, è l'allegoria del canto II, nella quale le ricchezze della casa d'amore, con le sculture sulla porta raffiguranti le azioni di Cerere e Bacco, rappresentano le delizie della sensualità. Le cinque torri del palazzo d'Amore rappresentano i cinque sensi e la torre più alta sta per il tatto, senso che nell'allegoria viene condannato come quello "in cui consiste l'estremo e l'eccesso di simili dilettationi".[36] Il giudizio di Paride è "simbolo della vita dell'uomo", in cui si trovano tre dee: quella attiva, Giunone, quella contemplativa, Minerva, e quella voluttuaria, ossia Venere. L'allegoria si conclude infine affermando che l'uomo ha libero arbitrio e sceglie spesso e volentieri la libidine e il piacere. Simile per il contrasto con il testo del poema, che si basa tutto sulla vicenda di Venere e Adone, è l'allegoria al canto XIV, in cui viene condannato l'amore che abbia come unico fine la libidine, contrapposto a quello di Sidonio e Dorisbe, ai quali è dedicato ampio spazio.[37] Il riferimento è a un episodio della seconda parte del canto: un racconto nel racconto, molto lineare e basato

---

32 Ibid., V, allegoria.
33 Cartari, *Immagini*, p. 536; cf. anche Colombo, *Cultura*, p. 30.
34 Marino, *Adone*, I, allegoria.
35 Ibid.
36 Ibid., II, allegoria.
37 Secondo Russo, *Commento*, p. 1417 il fatto che l'argomento del canto sembri concentrarsi soprattutto sugli amori di Sidonio e Dorisbe potrebbe essere un segnale di una possibile dinamica di accorpamento.

sul superamento di ostacoli.[38] Sidonio racconta ad Adone, che si sente simile al narratore e vicino alle sue pene,[39] l'amore con Dorisbe, di cui ha ucciso il padre. A un lamento topico basato su travestimento, menzogna e omissione fa seguito una celebrazione dell'amore eroico in quanto "vero e leale", che "non ha per semplice fine la libidine ma è guidato dalla prudenza e regolato dalla temperanza e dalla modestia" di cui parla l'allegoria.[40] Sempre sulla scia della generalizzazione si posiziona l'allegoria al canto IV, in cui la favola di Psiche rappresenterebbe lo stato dell'uomo. La città natale "dinota il mondo",[41] mentre il re e la regina che la generano "significano Iddio e la materia".[42] Le tre figlie sono "la Carne, la Libertà dell'arbitrio e l'Anima".[43]

La più grande contraddizione si avverte però nell'allegoria del canto VIII, in cui il Piacere e la Lascivia vengono condannati moralmente, mentre nel canto ci si perde nelle descrizioni amorose. Nel paratesto si legge che il "Piacere, che nel giardino del tatto sta in compagnia della Lascivia, allude alla scelerata opinione di coloro che posero il sommo bene ne' diletti sensuali".[44] Nel canto, tuttavia, di questo giudizio morale non si trova traccia:

> Siede a l'uscio il Piacer di quell'albergo
> con la Lascivia a trastullarsi inteso,
> garzon di varia piuma alato il tergo,
> ridente il volto e di faville acceso;
> l'aurato scudo, il colorato usbergo
> giacegli inutilmente a piè disteso;
> torpe tra' fior, pacifico guerriero,
> l'elmo, ch'una sirena ha per cimiero.[45]

---

38 Sulla struttura del canto, le fonti e la successione schematica degli eventi cf. Pozzi, *Commento*, p. 529–543.
39 Cf. Marino, *Adone*, XIV, 189: "E tanto più dell'ascoltate pene / forte a pietà m'intenerisco e movo / che 'l nostro stato si confà sì bene / ch'udendo i vostri, i dolor miei rinovo. / Di ceppi e ferri e carceri e catene / (s'io ben comprendo) a ragionar vi trovo. / Ed anch'io tra prigioni e sepolture / di loco in loco ognor cangio sciagure".
40 Ibid., allegoria. Cf. ibid., XIV, 312: "Con l'oro ebbi il destriero e, d'armi cinto, / attendo che sia in ciel l'alba risorta, / ch'io non vo già, se per amor fui vinto, / esser vinto in amore; Amor m'è scorta. / O ch'io sia in una o in altra guisa estinto / che che n'avegna pur poco m'importa, / perché soffrir non può morte più ria, / che non morir chi di morir desia".
41 Ibid., IV, allegoria.
42 Ibid.
43 Ibid.
44 Ibid., VIII, allegoria.
45 Ibid., 27.

La descrizione del Piacere che si trastulla con la Lascivia prosegue con l'immagine del "crine intorcigliato et irto, / tutto impacciato di lacciuoli e d'ami, / di fresca rosa e di fiorito mirto. / Arco di bella e varia luce adorno / gli fa diadema in testa, iride intorno".[46] Sono la bellezza, la luce, il fascino del Piacere a prendere spazio nella scena: non ci sono, nei versi, condanne o avvertimenti morali come quelli dell'allegoria. In grembo al Piacere è la Lascivia, una bellissima donna con i capelli d'oro di edera e di vite, che osserva gli ermellini, accompagnata da un capro e da una libica pantera.[47] Neppure il riferimento alla "succinta, anzi discinta, gonna"[48] di memoria tassiana sembra evocare giudizi morali. Adone reagisce con meraviglia e, mentre la Lascivia mostra le sue bellezze, vengono descritte la veste, i pendenti di perle, il ventaglio e lo specchio.[49] La Lascivia parla ad Adone presentandosi come colei che volge "in gioia ogni travaglio e duolo",[50] e certamente non si può non pensare alla "doglia" di I, 10. In seguito Adone si sveste e fa il bagno:[51] nell'allegoria questo è considerato simbolo dell'uomo che, "datosi in preda alle carnalità e attuffandosi dentro l'acque del senso, rimane ignudo e privo degli abiti buoni e virtuosi",[52] laddove nel testo l'atto viene descritto senza alcun giudizio, ma piuttosto con un gusto descrittivo attento ai dettagli. I vezzi di Venere, che nell'allegoria "vogliono inferire le lusinghe della carne licenziosa e sfacciata, la quale ama e accarezza volentieri il diletto", sono magnificamente descritti nel testo del poema con una ripresa tassiana e un finto atteggiamento riservato:

> Ella, tra 'l verde dell'ombrosa chiostra
> vergognosetta trattasi in disparte,
> sue guardinghe bellezze or cela or mostra,
> fa di séstessa in un rapina e parte;
> impallidisce, indi i pallori inostra,
> sembra caso ogni gesto ed è tutt'arte;
> giungon vaghezza ai vaghi membri ignudi
> consigliati disprezzi, incolti studi.[53]

---

46 Ibid.
47 Sono tutti elementi ripresi da Ripa, cf. Russo, *Commento*, p. 805.
48 Marino, *Adone*, VIII, 30, 7-8.
49 Questi ultimi due particolari sono aggiunti nell'*Errata corrige* dell'edizione parigina.
50 Ibid., 40, 2.
51 Cf. ibid., 43.
52 Ibid., VIII, allegoria.
53 Ibid., 44.

Dopo il bagno i due amanti si ritirano in una "cameretta riposta",[54] nella quale si consuma la loro unione. A una lunga descrizione ricca di metafore segue un'immagine più esplicita:

> Fa un gruppo allor de l'un e l'altro core
> quel sommo del piacer, fin del desio.
> Formano i petti in estasi d'amore
> di profondi sospiri un mormorio.
> Stillansi l'alme in tepidetto umore,
> opprime i sensi un dilettoso oblio.
> Tornan fredde le lingue e smorti i volti,
> e vacillano i lumi al ciel travolti.[55]

L'allegoria al canto V, che sorprende per l'insolita lunghezza, rientra nella generalizzazione moralizzante, ma contiene in apertura anche un'interessante riflessione sull'efficacia della lingua,[56] della retorica e dell'esortazione, in grado di corrompere i giovani: "si dimostra la forza d'una lingua efficace e come l'essortazioni de' perversi ruffiani sogliono facilmente corrompere un pensier giovanile".[57] Un "per lo più" sembra poi voler far intendere che l'allegoria non può avere pretese di completezza o precisione: "ne' favolosi avvenimenti di que' giovani da esso Mercurio raccontati si dà per lo più ad intendere la leggerezza et incostanza puerile".[58] Nell'allegoria si ricorda – è la parte più esplicitamente morale – la rappresentazione di Atteone che

> ci dà ammaestramento quanto sia dannosa cosa il volere irreverentemente e con soverchia curiosità conoscere de' secreti divini più di quel che si conviene, e quanto pericolo corra la gioventù di essere divorata dalle proprie passioni, seguitando gli appetiti ferini.[59]

Lo spettacolo non sembra però, nel testo, sortire gli effetti desiderati nell'allegoria, perché Adone immancabilmente si addormenta, perdendosi così la fine della tragedia:[60]

---

54 Ibid., 91, 1.
55 Ibid., 147.
56 Con l'umana lingua si apre il canto, cf. ibid., V, 1: "L'umana lingua è quasi fren che regge / dela ragion precipitosa il morso. / Timon ch'è dato a regolar con legge / dela nave del'alma il dubbio corso. / Chiave ch'apre i pensier, man che corregge / dela mente gli errori e del discorso".
57 Ibid., allegoria; cf. Russo, *Commento*, p. 519. Un'ulteriore allegoria particolarmente estesa è quella al canto VII.
58 Marino, *Adone*, V, allegoria.
59 Ibid.
60 Cf. supra, p. 44.

> In quella guisa che, dal primo sole
> tocco talor, papavero vermiglio
> piegar la testa sonnacchiosa suole
> e tramortire in fra la rosa e 'l giglio,
> abbassa in braccio a lei, che non si dole
> di tal incarco, addormentato il ciglio;
> né certo aver potea questa né quello
> peso più dolce, né guancial più bello.[61]

Hanno carattere generalizzante, in contrasto con il poema e il gusto della descrizione, anche l'allegoria al canto XI, che propone la dottrina platonica sulla bellezza ed esorta a non credere alla vanità dell'astrologia; quella al canto XII,[62] che propone una visione dicotomica tra "tentazione dell'oggetto piacevole"[63] e "rispetto dell'onesto",[64] tra bene e male, e quella al canto XIII, in cui si mostra la "vita tribulata del peccatore"[65] e in cui Vulcano è simbolo di Satana.[66]

Però non tutte le allegorie seguono questo schema: alcune, come già aveva notato Stigliani nell'*Occhiale*, sembrano addirittura più lascive del testo stesso, come nel caso della citata allegoria del canto VII, ma forse anche come in quello, su cui si tornerà più avanti, del bizzarro riferimento al carattere lascivo delle tartarughe a proposito della trasformazione di Galania nel canto XV. Altre ancora sembrano far trasparire un diverso utilizzo del paratesto: vi compaiono infatti motivazioni personali, aneddoti autobiografici, riferimenti ad amici e nemici, come nel particolare caso dell'allegoria al canto IX, che si distingue dalle altre in quanto non compaiono significati (pseudo)morali, ma solo spiegazioni letterarie in cui vengono illustrati i significati delle personificazioni allegoriche presenti nel canto. In questa direzione letteraria e di personalizzazione va anche l'allegoria al canto I con il riferimento a Giovan Vincenzo Imperiale,[67] "gentiluomo genovese di belle lettere",[68] raffigurato da Clizio, e al poema dello

---

61 Marino, *Adone*, V, 148.
62 Sul ruolo degli animali nelle allegorie mi permetto di rimandare a Fingerle, *Tempo*.
63 Marino, *Adone*, XII, allegoria.
64 Ibid.
65 Ibid., XIII, allegoria.
66 Cf. ibid., XIII, allegoria, in cui Satana è descritto come "zoppo per la privazione d'ogni bene, brutto per la perdita de' doni della grazia, abitatore di caverne per la stanza delle tenebre infernali, destinato all'essercizio del fuoco per lo ministero delle fiamme eterne".
67 Sul quale cf. Russo/Pignatti, *Imperiale*.
68 Marino, *Adone*, I, allegoria.

Stato rustico, rappresentato dalle lodi della vita pastorale.[69] Dell'allegoria al canto III[70] è interessante invece l'aspetto metatestuale: in Venere che si trasforma da impudica a casta si legge allegoricamente che

> chiunque vuole adescare altrui si serve di que' mezzi a' quali conosce essere inclinato l'animo di colui che disegna di tirare a sé, e che molte volte la lascivia viene mascherata di modestia; né si trova femmina così sfacciata, ch'almeno insu i principi non si ricopra col velo della onestà.[71]

Non viene qui descritto qualcosa di molto simile a quello che succede nelle allegorie? La lascivia non si maschera qui di modestia? Ed è proprio grazie a questa rivelazione esplicita, all'interno dell'allegoria, che il gioco diventa complesso e davvero spudorato, ma assume al contempo un aspetto letterario e metanarrativo che va di pari passo con quello delle affermazioni moralizzanti del poema.

Il tema del mascheramento, fondamentale sul piano teorico per allegoria e grottesca, si ritrova anche nell'allegoria al canto XIV,[72] così come in quella al canto XVI, in cui si legge:

> nella difformità di Tricane Cinofalo, nano, zoppo e contrafatto, ilqual trasformato dagl'incanti di Falsirena, viene in apparenza di bello a concorrere con gli altri all'acquisto della corona, ma discoverto poi per opera di Venere, ne riceve vergogna e ludibrio, si figurano le brutture de' vizi e de' costumi bestiali, nascoste dalla ipocrisia sotto velo di bontà, lequali però non fanno che gli scelerati non vogliano talora ambire le dignità ed aspirare agli onori, ma conosciuti mercé del lume della verità per quelche sono, non solo le più volte ne rimangono esclusi, ma ne sono scherniti dal mondo.[73]

Torna di nuovo il tema del velo e del nascondere, proprio all'interno di un paratesto che con il "velo di bontà" gioca più o meno apertamente. Vale inoltre la pena ricordare che l'accusa di ipocrisia è stata mossa nei secoli alle stesse allegorie. L'elemento metanarrativo e riflessivo si ritrova pure nell'allegoria del canto X, nella quale viene ripresa la dottrina platonica,[74] presente per altro

---

69 Il riferimento a Imperiale non sembra essere dettata da ragioni encomiastiche: nel 1623 non erano più in contatto, cf. Russo, *Commento*, p. 140.
70 In Pozzi, *Commento*, p. 173 si legge che si trova un'aggiunta all'allegoria del canto IV nell'*Errata corrige* dell'edizione parigina; tuttavia l'aggiunta è all'allegoria del canto III, linea 4.
71 Marino, *Adone*, III, allegoria.
72 Cf. ibid., XIV, allegoria: "il travestirsi d'Adone in arnesi da donna vuole avertirci l'abito molle della gioventù effeminata".
73 Ibid., XVI, allegoria.
74 Cf. ibid., X, allegoria: "la grotta della Natura, posta nel cielo della luna, con tutte l'altre circostanze, allude all'antica opinione che stimava in quel cerchio ritrovarsi l'idee di tutte le cose; ed essendo ella così prossima al mondo elementare, madre della umidità e concorrente

anche nell'allegoria del canto XI in un'eco tassiana.⁷⁵ Questo serve forse a sottolineare, in maniera performativa, l'arbitrarietà e l'aspetto ridicolo del processo allegorico in letteratura. La casa dell'Arte viene presentata, insieme ad altri elementi intellettuali, come soggetta alle costellazioni:

> la casa dell'Arte, situata nella sfera di Mercurio, lo studio delle varie scienze, la biblioteca de' libri segnalati, l'officina de' primi inventori delle cose, il mappamondo, dove si scorgono tutti gli accidenti dell'universo ed in particolare le moderne guerre della Francia e della Italia, sono per darci ad intendere la qualità di quella stella, potentissima, quando è ben disposta, ad inclinare gli uomini alla virtù e ad operare effetti mirabili in coloro che sotto le nascono.⁷⁶

Nell'allegoria al canto VI si nota invece una singolare sproporzione tra testo e paratesto: la favola del pavone, che nel poema è un elemento secondario, prende spazio nell'allegoria senza una giustificazione. Ci troviamo nel Giardino del Piacere, nella parte dedicata alla vista e all'occhio umano: dopo una rassegna delle pitture sulle pareti delle logge e un elenco dei maggiori pittori del tempo, viene raccontata la storia di Pavone e Colomba.⁷⁷ Nella favola del pavone

> si dinota la maravigliosa fabrica del fermamento. Ama la colomba, percioché sicome in effetto questi due uccelli, secondo i naturali, si amano insieme, così tutte le luci superiori sono mosse e regolate dal divino amore. È trasformato da Giove, perché dal sommo artefice Iddio ebbe quello, come ogni altro cielo, la materia e la forma. Fingesi servo d'Apollo e da lui gli sono adornate le penne della varietà di tanti occhi, per essere il sole vivo fonte originale di tutta la luce, che poi si communica alle stelle.⁷⁸

L'allegoria sottolinea il collegamento neoplatonico tra la favola e il firmamento, già esplicito nel testo poetico, e mette sullo stesso piano, sotto forma di paragone, l'amore tra i due animali con quello divino che muove e regola le stelle, riproponendo il tipico mescolamento mariniano di sacro e profano. Particolar-

---

insieme col sole alla generazione, meritamente le si attribuisce la giuridizione sopra le cose naturali".
75 Cf. ibid., XI, allegoria: "per la luce, che circonda l'ombre delle donne belle, s'intende la bellezza, la qual da' platonici fu detta raggio di Dio".
76 Ibid., X, allegoria.
77 Nel canto il pavone viene introdotto come "occhiuto augel di più color fregiato", ibid., VI, 79, 4. Questo sfida il giardino del palazzo per la bellezza dei colori, gara che vince l'animale portandosene dietro, nella coda, uno ancora più bello. Marino riprende la storia da Ov. met. 1, 720–723. Marino tuttavia si distanzia dal mito modificandolo: Argo si trasforma in Pavone che si innamora, non corrisposto, di Colomba. Pavone, che si dichiara disposto a offrirle tutto ciò che Colomba desideri, si trova a doverle portare le stelle del cielo.
78 Marino, *Adone*, VI, allegoria.

mente significativa è in questo contesto l'erotizzazione dell'antica relazione metaforica tra le stelle e gli occhi del pavone, che avviene nel contesto dell'allegoria.

L'allegoria del canto IX, come già accennato, è forse una delle più interessanti dal punto di vista letterario, perché non si sofferma su significati morali nascosti nel testo,[79] bensì esplicita i riferimenti, più o meno velati, delle allegorie personificate all'interno del canto. Nel paratesto allegorico si legge che Fileno è la personificazione di Marino stesso: "fingesi pescatore per aver egli il primo, almeno in quantità, composte in volgar lingua poesie marittime".[80] Seguono una polemica sull'eccessivo numero di poete e poeti e il riferimento alle famiglie italiane più importanti del tempo. Il tono si fa ancora più acceso quando vengono introdotti due personaggi coevi a Marino: "nel gufo e nella pica si adombrano qualche poeta goffo e moderno e qualche poetessa ignorante".[81] Il riferimento è rispettivamente a Tommaso Stigliani e a Margherita Sarrocchi – autrice di un poema epico intitolato *La Scanderbeide*, che con Marino ha un'amicizia "nata con i versi",[82] mutata in seguito in amore "tutt'altro che platonico"[83] e infine in contesa e inimicizia.[84] L'allegoria paratestuale non offre però alcun tipo di scudo, anzi: fornisce elementi utili per una possibile identificazione di Stigliani e Sarrocchi, tanto che i versi vengono censurati per maldicenza.[85]

Anche nell'allegoria al canto XIII compare un riferimento polemico alle orecchie d'asino attribuite all'Interesse in quanto simbolo dell'avarizia e dell'ignoranza:

> il cangiarsi in uccello è mistero della leggerezza giovanile, che, vaneggiando, non ha ne' suoi amorosi pensieri giamai fermezza. [...] L'Interesse con l'orecchie asinili, che non gode della dolcezza dell'armonia, anzi l'aborre, ci rappresenta l'avarizia e l'ignoranza, che non si curano di poesie né si compiacciono di musiche. La trasformazione della fata e

---

79 Cf. Baldassarri, *Marino*, p. 139–225.
80 Marino, *Adone*, IX, allegoria.
81 Ibid.
82 Borzelli, *Storia*, p. 96.
83 Ibid.
84 Cf. Pozzi, *Commento*, p. 434 e Borzelli, *Storia*, p. 84s. Nella lettera a Claudio Achillini, premessa alla *Sampogna*, si legge: "non mi attrista l'avermi sentito trafigere con acute punture dalle penne scheccheratrici delle *Scanderbeidi*", Marino, *Sampogna*, p. 137.
85 Cf. Carminati, *Inquisizione*, p. 255s. e 49n.; oltre alle "lascivie" e alle "laidissimae spurcetiae" vengono accusate, dal Padre Mostro, anche "la sconvenevolezza di costume", le "falsità nocive" e, appunto, "molte maldicenze". Non si tratta solo di quelle qui citate, ma anche del riferimento al Murtola nella parte autobiografica di Fileno, cf. Marino, *Adone*, IX, 47–92.

sue donzelle in bisce adombra l'abominevole condizione delle bellezze terrene e delle delizie temporali, le quali paiono altrui in vista belle, ma son piene di difformità e di veleno.[86]

L'ultima allegoria, quella al canto XX, è caratterizzata da un impianto più politico che morale: il paratesto viene ancora una volta utilizzato per scopi esterni al testo stesso. Nell'allegoria, che è particolarmente lunga, vengono infatti elencate le famiglie italiane più importanti; il riferimento ai Ludovisi, in particolare può far pensare a un intento personale, legato a un possibile ritorno in Italia di Marino.[87] Di questa allegoria sorprende anche che nelle figure di Austria e Fiammadoro si possano riconoscere, come nota Russo,[88] i reali di Francia Anna d'Austria e Luigi XIII: in quanto eredi di Venere e Adone sarebbero, seguendo la lettura morale dei paratesti, peccatori senza possibilità di felicità.

L'allegoria del canto XV si concentra sul ritorno di Adone presso Venere, e dunque sul ritorno dell'uomo peccaminoso al peccato e al male; simbolo delle deviazioni dal bene è anche, in questo contesto, il gioco degli scacchi. Il paratesto si conclude con la bizzarra frase "la trasformazione di Galania in tartaruga ci rappresenta la natura di questo animale, ch'è molto venereo".[89] Galania è complice di Mercurio nella frode contro Venere durante la partita a scacchi. L'inganno consiste nell'aggiunta di due pezzi sul tavoliere di Adone; Venere, presa dall'ira, trasforma per punizione Galania in tartaruga e il tavoliere da gioco le rimane sulle spalle.[90] La punizione di Venere si fa ancora più crudele: Galania viene castigata e spinta alla rinuncia sessuale, poiché le viene impedita la posizione supina durante l'atto.[91] Come nel caso del canto VII l'allegoria è

---

86 Ibid., XIII, allegoria, in cui si legge anche: "vi si aggiugne di più il giovane sposo Lodovisio, nipote di papa Gregorio il decimoquinto, congiunto ultimamente in matrimonio con la Gesualda, principessa di Venosa".
87 Cf. ibid., XX, allegoria.
88 Cf. Russo, *Commento*, p. 2145.
89 Marino, *Adone*, XV, allegoria.
90 L'immagine e la storia sono prese dal Vida, che descrive un comportamento comune al tempo: quello di percuotere il vincitore sulla testa con la tavola da gioco, cf. Vida, *Scacchia*. Cf. anche Pozzi, *Commento*, p. 591s.
91 Cf. Marino, *Adone*, XV, 179s. Le fonti sono indicate da Drusi, *Venere*, p. 485 e tra le più rilevanti c'è Claudio Eliano, letto da Marino nella versione latina di Pierre Gilles, che dedica alla questione un capitolo. La tartaruga terrestre sarebbe un animale particolarmente sensuale – questo varrebbe tuttavia solo per il maschio, dato che la femmina si sottoporrebbe di malavoglia al coito. Demostrato spiega questo fatto con la fatica che la femmina fa a rigirarsi. I maschi non sanno come convincere le femmine ed è per questo che entra in gioco un'erba misteriosa con la quale i maschi si adornerebbero: se tengono quest'erba in bocca la situazione si capovolgerebbe, per cui il maschio diventerebbe schivo, mentre la femmina verrebbe punta dalla brama del coito, superando la paura per la propria incolumità, cf. Eliano, *Natura*, vol. II, 19,

allusiva e di certo non offre una lettura morale, ma aggiunge un doppio senso estraneo al canto. Nell'allegoria del canto XVIII, quello in cui Adone muore, si ha invece un'interessante trasposizione semantica che vale la pena segnalare. Nel paratesto si legge che "nella morte d'Adone ucciso dal cinghiale si fa intendere che quella istessa sensualità brutina di cui l'uomo seguita la traccia è cagione della sua perdizione".[92] Nel canto Adone, ignorando i moniti ricevuti, decide di andare comunque a caccia e si accorge troppo tardi della pericolosità del cinghiale. Durante la fuga un soffio di vento gli alza la veste, facendo così innamorare la bestia.[93] Il cinghiale perde dunque completamente il controllo e, nel tentativo di baciare Adone, lo uccide.[94] La trasposizione consiste nel fatto che la "sensualità brutina", caratteristica degli animali selvatici che si fanno guidare dai sensi e non dalla ragione, è riferita alla morte di Adone, guidato lungo tutto il poema da quella stessa forza. Anche qui – e come abbiamo visto non si tratta di un caso isolato – è evidente il riferimento al verso I, 10: poco dopo si parla infatti di "ismoderamento",[95] di quella mancanza di moderazione che conduce al dolore. È esattamente sulla "sensualità brutina" che l'*Adone* tutto si costruisce e vive; tolta quella, tolta la passione, non rimane una struttura solida, ed è per questo che il poema va a costituire un problema tanto per l'Indice, quanto per gli amici di Marino, disposti a riscriverlo perché sopravvivesse alla censura. Nell'allegoria al canto XVII, in cui si tematizza la separazione tra Venere e Adone, si legge:

> per Tritone, mostro marino che, cavalcato da Venere ed allettato dalla promessa del premio amoroso, di qua e di là con larghe ruote trascorre il mare, si figura l'uomo sensuale, mezzo bestia quanto alla parte inferiore, il qual posseduto e signoreggiato dalla volontà

---

p. 875–877. Un'altra fonte è Plinio, che descrive le proprietà dello scorzo di testuggine, per cui le scaglie rase della parte superiore sarebbero antiafrodisiache, mentre la polvere del guscio intero sarebbe un afrodisiaco, cf. Plin. *nat.* 32, 33.

92 Marino, *Adone*, XVIII, allegoria.

93 Cf. ibid., 94: "Fugge, ma 'l mostro innamorato ancora / per l'istesso sentier dietro gli tiene / ed intento a seguir chi l'innamora / per abbracciarlo impetuoso viene. / Ed ecco un vento al'improviso allora, / se Marte o Cinzia fu non so dir bene, / che per recargli alfin l'ultima angoscia / gli alzò la veste e gli scoprì la coscia".

94 Cf. ibid., 97: "Tornando a sollevar la falda in alto / squarcia la spoglia e dala banda manca / con amoroso e ruinoso assalto / sotto il vago galon gli morde l'anca, / onde si vede di purpureo smalto / tosto rubineggiar la neve bianca. / Così non lunge dall'amato cane / lacero in terra il meschinel rimane".

95 Ibid., allegoria, in cui si legge anche: "nel pianto di Venere sopra il morto giovane si figura che un diletto lascivo amato con ismoderamento, alla fine mancando, non lascia se non dolore".

che gli promette piaceri e dolcezze, immerso dentro il pelago di questo mondo, va per esso del continovo senza alcun riposo con tortuosi errori vagando.[96]

Non è troppo azzardato riconoscere, nel riferimento al mostro marino e al mare, un gioco, molto caro al poeta, con il proprio nome. Marino riprende qui ironicamente un'immagine utilizzata da Stigliani nei suoi confronti: nel *Mondo nuovo* Stigliani lo descrive satiricamente come un pesciuomo e una "verace bestia", figlio della Sirena, con l'anima ferina e l'inganno innato.[97]

Marino non utilizza il formato del paratesto allegorico solamente come luogo di un finto insegnamento morale da non prendere sul serio; ne fa un uso più sottile, ironico, intelligente – in parte autobiografico, soprattutto metatestuale, nel quale gioca con l'attenzione di chi legge. Si rimane confusi, disorientati, irritati, perplessi; divisi tra il piacere della lettura del canto e la lettura morale scritta in prosa. In questo contesto l'allegoria paratestuale è soggetta a un processo inverso rispetto a quello conosciuto: se il paratesto in prosa in genere dovrebbe avere come fine quello di rendere più innocuo un testo, alcune allegorie dell'*Adone*, come si è visto, fanno l'esatto opposto, rendendo il testo ancora più stratificato, più complesso, critico e problematico, provocatorio e pericoloso, anche da un punto di vista censorio. La questione dell'allegoria e dell'allegoresi, attraverso l'uso più libero e sfacciato di Marino, non può dunque risolversi con la formula che ne sottolinea le incongruità e l'ipocrisia; il paratesto non andrebbe di certo eliminato da un'edizione perché poco credibile, come pure è successo.[98] L'allegoria mariniana è piuttosto un peculiare strumento di evasione a più strati, che si muove in diverse direzioni. Non si tratta solo di un uso difensivo, ma anche di un uso offensivo del paratesto, che gioca con il concetto di difesa, lo tematizza e al tempo stesso se ne fa beffa.

---

96 Ibid., XVII, allegoria.
97 Cf. Stigliani, *Mondo*, XIV, 34: "In questo fiume, e per lo mar vicino, / vive il Pesciuom con due mirabil membra, / detto altramente il cavalier marino, / Verace bestia, bench'al vulgo uom sembra: / che nulla, fuorché l'alma, ha di ferino, / e quasi nostra immagine rassembra: / figlio della Sirena ingannatrice, / ed alla madre egual, se 'l ver si dice".
98 Cf. Ferrero, *Marino*; cf. supra, p. 6.

7 Bruni e la credibilità dell'allegoria

Le allegorie dell'*Adone* non costituiscono un caso isolato nel panorama dell'epoca. Particolarmente significativo è il caso di Antonio Bruni, poeta manduriano e amico di Marino:[1] le sue *Epistole eroiche*, pubblicate a Milano nel 1627 e corredate anch'esse dell'allegoria paratestuale, possono aiutare a inquadrare meglio la questione dell'allegoria tra Cinque e Seicento.

Nel 1615 Marino viene a sapere dell'esistenza di un libro di epistole, una modernizzazione in volgare delle *Eroidi* ovidiane, che gli ha "fatta saltar la mosca al naso": si dice "certo che chiunque ne sia l'autore, se ne pentirà", benché "sia sicurissimo che non avrà potuto dare ne' medesimi pensieri", rivendicando con decisione la paternità dell'idea ("pure vorrei che mi lasciassero stare le mie invenzioni").[2] Pochi anni dopo, nel 1622, Ciotti stampa le *Lettere delle dame e degli eroi*[3] di Francesco Della Valle, accademico umorista nella Roma dei Ludovisi. In una lettera a Giacomo Scaglia Marino commenta:

> io mi do al diavolo quando veggo d'esser prevenuto nelle cose ch'io stesso ho pubblicate. Questa è una invenzione rubata a me, che sono stato il primo a comporne, ma non le ho stampate perché non ho avuto tempo, né si può far tanto in un tratto, avendomi tenuto lungamente impedito l'impressione di questo benedetto *Adone*. E se bene son più che sicuro che costoro sono ingegni ordinari e non escono del triviale, non posso tuttavia non alterarmene, poiché dovrebbono vergognarsi di prender i suggetti già occupati, essendone molte delle mie andate in volta a penna da quindici anni in qua che son fatte.[4]

In un'altra missiva, indirizzata sempre a Scaglia, Marino commenta:

> né mi sarei mai pensato che nel mondo si trovasse tanta sfacciataggine, che ad un uomo della mia qualità si dovesse rubare così apertamente un suggetto ed una invenzione già pubblicata da me venti anni sono per tutto [...] e quando le mie saranno alla stampa (il che voglio che sia di corto), si conoscerà che la differenza è da cotone a stoppa; assicurandovi ch'io non vidi mai stile il più sciocco ed il più povero di concetti vivaci.[5]

Benché l'idea di modernizzare le *Eroidi* non costituisca un'assoluta novità – riscritture dell'opera ovidiana sono attestate sin dal Medioevo,[6] e il genere raggiunge

---

1 Cf. Bellini, *Umanisti*; id., *Mascardi*; id., *Stili* e De Maldé, *Appunti*.
2 Marino, *Lettere*, n. 113, p. 193s.
3 Cf. Chiodo, *Idillio*, p. 172s. e De Maldé, *Appunti*, p. 132s.
4 Marino, *Lettere*, n. 166, p. 311s. La lettera è datata 4 giugno 1622.
5 Ibid., n. 183, p. 345.
6 Cf. Dörrie, *Heroische*, p. 125–146. A tal riguardo Bruni, *Epistole eroiche*, p. 326 parla ad Aleandro di "*Epistole eroiche*, del qual genere di poesia molti sono coloro che d'esser i primi introducitori nella nostra lingua si vantano".

una vera e propria fioritura nel Seicento[7] – Marino ne rivendica con decisione la paternità, contrapponendo la scarsa qualità delle due opere appena pubblicate al valore poetico della propria, ancora inedita. Molto diversa è invece la reazione di Marino quando viene a sapere di un analogo progetto di Bruni: il suo giudizio sembra piuttosto composto, e si limita stranamente a esprimere il suo apprezzamento.[8] La ragione della disparità di trattamento va forse ricercata nell'amicizia tra Marino e Bruni[9] che aveva già superato altri scogli, come la polemica sul confronto tra *Adone* e *Liberata* tra Preti e Di Somma.[10] Quest'ultimo aveva sostenuto la superiorità dell'*Adone* di Marino sulla *Liberata* di Tasso, rifacendosi anche a una presunta presa di posizione di Preti in questo senso; tanto Preti quanto Bruni avevano fermamente rifiutato il paragone tra Tasso e Marino, definito da Preti una bestemmia. In seguito a questo episodio Marino allenta i rapporti con Preti, mentre con Bruni la corrispondenza prosegue, tanto che Marino gli chiede spiegazioni sulle posizioni che aveva espresso nella polemica.

Le *Epistole eroiche* di Bruni escono un anno dopo la morte di Marino. Dell'*Adone* riprendono alcuni aspetti tematici: la lettera di Venere a Adone è di chiara ispirazione mariniana, benché Bruni – a differenza di quanto non faccia con le lettere che riprendono Tasso[11] – non espliciti la sua fonte più immediata,

---

7 Cf. le *Lettere sopra il Furioso dell'Ariosto in ottava rima. Di m. Marco Filippi soprannominato il Funesto, da lui chiamate Epistole Heroiche. Con alcun'altre Rime dell'istesso Autore, et di Don Ottavio Filippi suo figliolo. Giontovi alcune Rime del Signor Giacomo Bosio. All'illustre Signor Gaspare Fardella Baron di San Lorenzo*. In Venetia 1584, cit. in: Chiodo, *Idillio*, p. 171. Sull'originale ovidiano si innestano, nelle numerose riprese, significative innovazioni, come l'aggiunta di temi derivati da Ariosto e Tasso.
8 Cf. i sonetti di Marino in Giambonini, *Poesie*, p. 1131 e Croce, *Tre momenti*, p. 420.
9 Bruni parla della sua amicizia con Marino nella lettera ad Andrea Barbazza, in Appendice a Bruni, *Epistole*, p. 305s: "all'Italia s'è oscurato l'ornamento delle Lettere, alla Poesia toscana è mancato l'Apolline de' nostri tempi, agli amici è tramontato lo splendore dell'amicizie; e a me fra gli altri vien tolto chi co' termini civili d'un perfetto amore mi stimolava all'obbligo di un affetto singolare, e con la viva voce e con l'opere maravigliose m'allettava con una soave violenza al debito di una straordinaria divozione. Dispiacemi solo per la disuguaglianza dell'età e per esser egli molti anni dimorato nel servizio del Re Cristianissimo, non abbia potuto goderlo lungamente; poiché in tutto lo spazio di un anno che ebbi seco stretta pratica in Roma, prima ch'egli si rittasse alla Patria e io pagassi a questa Corte, si può dire che la nostra amicizia incominciò e finì subito per la morte, ch'è seguita di lui con tanto danno della lingua italiana e dispiacere di chi più riveriva così prodigioso intelletto. Pure conserverò sempre così intatta la riverenza che debbo a' suoi scritti, sì come puri e gloriosi vivranno registrati negli annali dell'Eternità".
10 Sulla figura di Di Somma cf. Foà, *Di Somma*.
11 Cf. Bruni, *Epistole*, p. 104: "il caso è descritto nella Gerusalemme di Torquato Tasso"; ibid., p. 117: "il caso di questa morte si spiega nella Gerusalemme del Tasso"; ibid., p. 124: "il sopradetto caso è descritto vaghissimamente nella Gerusalemme del Sig. Torquato Tasso"; ibid., p. 337: "descrive il fatto Torquato Tasso nella Gerusalemme liberata". Vengono citati infatti

limitandosi a sottolineare che "la favola è pienamente descritta da molti e antichi autori".[12] Solo in altri tre casi il riferimento è così vago: nella lettera di Euridice a Orfeo,[13] in quella di Cleopatra a Ottavio Cesare[14] e nell'epistola di Apollo a Dafne.[15] Eppure Marino è senza dubbio un riferimento importante: da lui Bruni ricava non solo il tema di singole epistole, ma probabilmente anche l'idea del progetto epistolare e, come vedremo, quella di accompagnare ogni epistola con un argomento e un paratesto allegorico come Marino aveva fatto con l'*Adone*. Non si può pensare che il nome di Marino venga taciuto perché contemporaneo a Bruni, dal momento che negli argomenti alle epistole compaiono i nomi di autori coevi come Prospero Bonarelli[16] e Giulio Strozzi.[17] La ragione andrà ricercata altrove: nella cautela e nella prudenza che caratterizzano Bruni,[18] ma anche e soprattutto nel suo rapporto con Tasso e con la tradizione letteraria, massimo punto di attrito nel confronto tra lui e Marino già emerso nella citata polemica con Di Somma. Il mancato riferimento all'amico sembra infatti un modo per sottolineare la grandezza di Tasso a discapito dei contemporanei di Bruni, in linea con il suo peculiare atteggiamento nei confronti del marinismo.

In una lettera ad Aleandro, Bruni scrive di voler imitare le *Eroidi* ovidiane perché ritiene di essere, rispetto a Tasso, come l'Ovidio delle *Eroidi* rispetto al Virgilio dell'*Eneide*:

> si potrà, per opinione de' migliori, paragonare all'Eneide la Gerusalemme del Tasso, onde io, per conoscenza delle mie poche forze, come inabile a poter esercitare la maestà di quel dire e di quella forma, ho seguito la traccia di Ovidio.[19]

Bruni si sente comunque in una posizione di inferiorità non solo nei confronti di Tasso, ma anche di Ovidio, di cui si professa "essere imitatore",[20] e di Orazio, di cui si pregia "divenir lodatore e studioso".[21] È proprio in questo atteggia-

---

Ariosto, Virgilio, Tacito, Omero, Ovidio, Nonno Panopolito, Boccaccio, Prospero Bonarelli, Apuleio, Tito Livio Cornelio, Giustino istorico, Plutarco, Giulio Strozzi, Niceforo Gregorio.
12 Bruni, *Epistole*, p. 22.
13 Cf. ibid., p. 164: "il caso è noto appresso tutti i mitologi e poeti".
14 Cf. ibid., p. 244: "s'ha materia nell'istorie romane".
15 Cf. ibid., p. 283: "la favola è nota ne' greci e ne' latini poeti".
16 Cf. ibid., p. 199.
17 Cf. ibid., p. 261.
18 Cf. ibid., p. 37.
19 Ibid., p. 319.
20 Ibid., p. 325s.
21 Ibid.

mento nei confronti del passato che nasce il marinismo di Bruni, in cui manca, come ha dimostrato Franco Croce, l'esaltazione in assoluto del nuovo stile.[22]

Veniamo dunque alle *Epistole eroiche* di Bruni. Secondo Franco Croce non bisognerebbe illudersi di trovarvi "grandi sorprese, ispirate cose belle",[23] benché avessero un loro piccolo autonomo significato nel mondo secentesco. Di sorprese in realtà se ne trovano, e non poche. Innanzitutto colpisce come siano tutte corredate di un apparato paratestuale composto da un argomento e un'allegoria. La spiegazione morale, didattico-pedagogica delle allegorie ricorda nella forma le allegorie dell'*Adone*; anche la formula latina finale, che forma una ridondanza di massime morali, ricorda l'insegnamento (pseudo)-morale delle allegorie e del proemio di Marino. Tra le epistole eroiche dell'epoca si tratta di un caso isolato: nemmeno l'unica epistola pubblicata da Marino, l'*Epistola di Rodomonte a Doralice* del 1619,[24] è infatti corredata di paratesti allegorici, né lo saranno le numerose epistole eroiche pubblicate negli anni immediatamente successivi.[25]

Uomo di Chiesa e Censore dell'Accademia,[26] Bruni sembra fondare il suo stile sulla convinzione che la fedeltà alla Chiesa sia "l'unico rifugio possibile per l'uomo travolto dalla inevitabile insicurezza della politica e della natura".[27] Risulta dunque difficile immaginare per Bruni un uso dell'allegoria provocatorio e ambiguo come quello di Marino. Sembra invece possibile che imiti Marino correggendolo: nel momento in cui svuota la forma dal significato, mantiene delle allegorie di Marino solo la struttura, che a sua volta richiama il senso dell'insegnamento morale esplicitato da Marino nelle lettere – un insegnamento che tuttavia in Marino è più problematico sul piano della credibilità. La seconda sorpresa delle *Epistole* è però proprio l'aspetto sensuale e quasi osceno di alcuni passaggi, che nonostante l'apparenza risultano perfettamente coerenti con l'insegnamento morale. I passaggi erotici risultano marginali, non centrali come avveniva nell'*Adone*; è dunque possibile relativizzarli e contestualizzarli.

---

22 Cf. ibid., p. 41s. Secondo Bruni né lui né Marino possono superare gli antichi.
23 Croce, *Tre momenti*, p. 13.
24 Cf. Pieri, *Per Marino*, p. 38s.; De Maldé, *Nuovi generi*, p. 182–184; Russo, *Promesse*, p. 114–122; id., *Marino*, p. 145–148; Geri, *Lettera*, p. 1–13.
25 Cf. Geri, *Epistola*.
26 Cf. Croce, *Tre momenti*, p. 49–51, sottolinea le contraddizioni caratteriali di Bruni: da una parte l'indole voluttuosa e godereccia, per cui viene descritto come un uomo obeso, che non disdegnava ripetere la cena e bere abbondantemente e, dall'altra, il suo moralismo e il suo essere uomo di curia. Inoltre Bruni ha due cariche: una di segretario del duca Francesco Maria II d'Urbino e l'altra di segretario del funzionamento papale, che Marino commenta, in una lettera all'amico, come segue: "mi rallegro seco che magni a due ganasse, senza sospetto di biasimo ma con sua propria lode e reputazione", Marino, *Epistolario*, n. CCXLVIII, p. 72.
27 Croce, *Tre momenti*, p. 65.

Tanto nel testo quanto nel paratesto, inoltre, ricorrono esempi e concretizzazioni del pensiero cattolico e morale, che conferiscono all'opera una solida credibilità morale. Nell'epistola di Fiordespina a Bradamante viene ripreso il tema ariostesco.[28] Fiordespina scambia Bradamante per uomo, e capisce che non lo è mentre tenta di possederla. La descrizione della foga del tentativo di avvicinamento tra le due donne è minuziosa:

> Cresce a l'alme il vigore, a i corpi il moto,
> ma povero di stral, d'aste mendico,
> languisce il sagittario, il campo è voto.
> Al fin, arsa qual fiore in colle aprico,
> se maschio ti desio, donna ti trovo,
> e compagna mi sei, se t'amo amico.[29]

È ciò che delude Fiordespina, come nota Franco Croce, a diventare interessante per le lettrici e per i lettori,[30] che vengono coinvolte/i all'interno della dinamica visiva e sensoriale, come spesso accade nell'*Adone*. L'allegoria che accompagna il testo si concentra però sulla lettura morale:

> accenna quanto restino radicati nella memoria abituata a gli amori i sensi e i moti libidinosi. L'addur poi tanti essempi di donne amanti, non senza disgrazie ne' fatti amorosi, per far apparir maggiore la sua miseria non potendo conseguir il bramato intento come quella che altri s'avvegga che gli amori principiati con lascivia sempre finiscono in ruina e vergogna.[31]

L'amore che inizia "con lascivia" e che finisce "in ruina e vergogna" rimanda chiaramente allo "smoderato piacer" che "termina in doglia" del proemio dell'*Adone*. Infine, prosegue Bruni, la superstizione di Fiordespina ci fa capire quanto sia facile per un'anima ammaliata da amore credere quello che vuol credere, secondo la massima virgiliana citata in chiusura: "Credimus? An qui amant ipsi sibi somnia fingunt".[32] Si tratta di un procedimento radicalmente diverso da quello che si è visto per Marino, per il quale le allegorie sono elementi di ulteriore destabilizzazione, che anziché risolvere moralmente i passi più problematici del testo li caricano di ulteriore ambiguità. In quest'ottica sembra importante mettere a confronto l'allegoria di Bruni nell'epistola di Venere ad Adone e quella di Marino nel canto XIII del poema. L'allegoria vede nella prigionia di Adone gli "effetti della superbia quando per esser disprezzata entra in furore"[33] e "la vita

---

28 Cf. Ariosto, *Furioso*, XXV.
29 Bruni, *Epistole*, p. 91.
30 Cf. Croce, *Tre momenti*, p. 76.
31 Bruni, *Epistole*, p. 90.
32 Verg. *ecl.* 8, 108, cit. in: Bruni, *Epistole*, p. 90.
33 Marino, *Adone*, XIII, allegoria.

tribulata del peccatore, quando addormentato nel vizio ed impigrito nella consuetudine, si lascia legare dalle catene delle pericolose tentazioni".[34] Mercurio, invece, "figura della celeste e vera sapienza, lo consiglia, l'aiuta e rende vane tutte quante le diaboliche insidie".[35] L'allegoria di Bruni funziona diversamente: si tratta di un vero e proprio insegnamento morale non in contrasto con il tema centrale del testo, come invece accade per Marino. Nell'allegoria di Bruni si legge che in Falsirena che tiene Adone "quasi prigioniero, per arrivare al godimento di lui che la disprezza, raccogliamo esser facilissimo ad un cuore innamorato il traboccare d'una in altra passione, adoperando a pro de l'amore anche lo sdegno".[36] Per il consiglio e aiuto di Mercurio "ci viene insegnato che solo con l'opera della sapienza può l'uomo sottrarsi a' danni e pericoli più gravi che gli sovrastano".[37]

Rispetto alle allegorie di Marino quelle di Bruni sono più lineari e hanno un aspetto esplicito di insegnamento morale finalizzato all'insegnamento del singolo, esemplificato dal testo. Dal particolare si arriva così all'universale, per esempio viene insegnato che con la sapienza l'uomo può sottrarsi ai danni e ai pericoli. Ma c'è un'ulteriore specificità: si concludono, come già accennato, con una massima latina o greca. Il carattere della massima viene ripreso anche dall'allegoria stessa, che la spiega e rimanda al testo in una ridondanza e una ripetitività che ricordano quelle mariniane della doppia cornice morale. L'insegnamento morale dell'allegoria viene rafforzato dalla lettura dell'epistola, e, chiarito ulteriormente nella massima latina, diventa universale. La scelta di inserire la novità della massima all'interno delle allegorie può essere vista anche come un'ulteriore presa di posizione di Bruni nei confronti del rapporto con il passato, un passato che rispetta e sulla cui base può creare il nuovo, in forte contraddizione con la posizione di Marino, che cerca di superare un passato con cui si sente in conflitto, che gioca con i modelli da cui ruba sentenze per renderle poi irriconoscibili[38] e che gioca con la ridondanza di pseudo insegnamenti morali.

Bruni mostra esemplarmente come scrivere delle epistole eroiche: la linearità formale delle allegorie, che non sembrano fuori luogo nemmeno se lette separatamente dal testo, semplifica la lettura e crea precise aspettative in chi legge. Per Bruni, in virtù dell'eterogeneità dell'opera, sarebbe stato meno conveniente scrivere un'allegoria complessiva e riassuntiva per tutte le epistole, come faranno per esempio Girolamo Bartolommei Smeducci nell'*America* e nei

---

34 Ibid.
35 Ibid.
36 Bruni, *Epistole*, p. 227.
37 Ibid., p. 228.
38 Cf. Marino, *Sampogna*, p. 18s.

drammi musicali morali,[39] Virgilio Mazzocchi nel *Chi soffre speri*[40] e infine Valeriano Castiglione nelle allegorie scritte per Lorenzo Scoto nel suo *Gelone*.[41] La personalità storica del Bruni aumenta forse la credibilità del paratesto, ma è soprattutto la coerenza del paratesto rispetto al testo stesso – che, a differenza di quello mariniano, non è in attrito con le allegorie – a convincere chi legge dell'attendibilità dei suoi insegnamenti morali. Se Marino, attraverso un uso difensivo e offensivo dei paratesti, fa un'operazione brillante e sottile di evasione, con un'attenzione particolare all'aspetto poetico e con gioco, leggerezza e ironia, Bruni opera diversamente, ma questo non significa, come si è visto, che il suo atteggiamento sia meno complesso. Bruni riprende temi fondamentali per Marino, come quelli della tradizione poetica, e ne dimostra l'importanza e l'attualità anche attraverso l'uso delle allegorie.

Come interpretare dunque l'operazione di Bruni in rapporto a Marino? Le *Epistole* di Bruni si inseriscono in un contesto culturale ricco di tentativi di riscatto della figura di Marino.[42] Questi tentativi risultano spesso impacciati, inverosimili e temerari, e vanno dal resoconto del funerale da parte del Baiacca alla descrizione del Preti di un Marino infermo a letto, circondato dai libri dei Santi Padri nella volontà che gli ultimi scritti siano santi:

> ed a dirne il vero, in questo caso tanto acerbo noi dobbiamo rallegrarci, perch'egli è morto da Santo. Ha fatto testamento, nel quale ha lasciata la sua libraria, che vale molti mila scudi, a' Padri Teatini. Dimandò spontaneamente tutti i Sagramenti della Chiesa, ne' quali mostrò una compunzione esemplare, e desiderabile da qualsivoglia uomo religioso. Comandò nel testamento che si ardessero tutti i suoi manuscritti non son solo de le cose satiriche, e de le lascive, ma di tutte quelle che non fossero sacre.[43]

Non fidandosi, continua Preti nella lettera ad Achillini, Marino decide di eseguire egli stesso la sua sentenza: mentre i Padri religiosi cercano di convincerlo a lasciare almeno le cose amorose prive di lascivia, lui non cede, volendo vedere con i suoi stessi occhi l'incendio dei suoi scritti. L'immagine di un Marino santo e uomo religioso però non può tenere, se si considerano anche e soprat-

---

39 Cf. Bartolommei, *Didascalia*; Arbizzoni, *Vicende*.
40 Su Virgilio Mazzocchi e Giulio Rospigliosi cf. Murata, *Carnevale*; Bianconi/Walker, *Production*; D'Afflitto/Romei, *Teatri*; Schrammek, *Kirche*; Emanuele, *Opera*; Romei, *Spettacolo*; Nestola, *Egisto*; Profeti, *Commedie*; Stein, *Nome* e Domínguez, *Dos*.
41 Uscito nel 1656 a Torino, presso Barolommeo Zavatta.
42 Significativo è, in questo senso, il ruolo di Antonio Bruni nell'Accademia degli Umoristi, nella quale è, come si è già accennato, anche Censore. Proprio ad Antonio Bruni viene infatti affidata la correzione dell'*Adone* di Vincenzo Martinelli.
43 Preti ad Achillini, cit. in Carminati, *Inquisizione*, p. 246s.

tutto il suo passato, la latitanza, il tono delle lettere e, non da ultimo, il perseverare nella scelta dei temi dei suoi scritti. Secondo Carminati

> l'intento evidente era quello di chiudere la partita con la lunga vicenda inquisitoriale, recuperando al Marino un volto rispettabile, disegnato, non a caso, dopo che le *poenitentiae salutares* lo avevano purgato dagli errori, con la distruzione dei manoscritti (anche quelli "soltanto amorosi") a mostrare che egli aveva ottemperato ancora più drasticamente (non correggendo, ma distruggendo *quae scripsit*) alle disposizioni della sentenza.[44]

Riprendendo un progetto mai compiuto di Marino e facendone vedere un'esecuzione moralmente accettabile, Bruni in qualche modo dimostra che non si trattava di un progetto riprovevole in sé, ma che è possibile attuarlo trovando un equilibrio tra il messaggio morale e la descrizione amorosa.

---

44 Ibid., p. 247.

8 Il travestimento e il velo nella *Gerusalemme*

La questione dell'evasione nel contesto censorio cinque e seicentesco, centrale sul piano storico, trova corrispondenze anche a livello diegetico. In quest'ottica risulta particolarmente rilevante il tema del travestimento, inteso qui in senso stretto come il momento in cui un personaggio indossa le vesti di un altro personaggio.[1] Nel caso di travestimenti letterari ci troviamo davanti a una finzione, il travestimento, inserita a sua volta all'interno della finzione letteraria: è partendo da questa considerazione che andrà affrontato il tema del gioco come accettazione di una finzione in cui, nelle manifestazioni *mimicry*, "il soggetto gioca a credere, a farsi credere o a far credere agli altri di essere un altro. Egli nega, altera, abbandona temporaneamente la propria personalità per fingerne un'altra".[2] In che modo questo tipo di gioco si manifesta nella *Gerusalemme liberata*? I travestimenti fittizi hanno una funzione narrativa?[3]

La prima scena di travestimento si trova nel canto VI e mostra Erminia che si traveste da Clorinda per avvicinarsi a Tancredi e curarlo. Si verifica dunque un complicato intreccio sentimentale, per cui Erminia, che ama Tancredi, si traveste e assume la forma di Clorinda, di cui Tancredi è a sua volta innamorato. Argante sfida i cristiani e Tancredi accetta il duello, che tuttavia si conclude senza vincitori per il sopraggiungere del tramonto. Erminia ne segue angosciata lo svolgimento da una torre e soffre a ogni colpo ricevuto dall'amato, fino a quando capisce che è veramente ferito.[4] Solitamente piuttosto insicura e fragile, a causa della sua vita "dubbia e faticosa",[5] Erminia non sembra però avere particolare paura di entrare nel campo nemico.[6] Poiché ha imparato dalla madre la virtù delle erbe, vorrebbe curare Tancredi, ma in questo modo si trova nel mezzo di un dilemma, divisa da una vera e propria lotta interna tra "duo potenti nemici, Onore e Amore".[7] Alla fine vincono l'amore e le speranze, così

---

[1] Sulle problematiche teoriche di evasione e gioco cf. infra, p. 120–138.
[2] Caillois, *Giochi*, p. 38.
[3] Del tema del travestimento si sono occupati, negli ultimi anni, esponenti dei *gender studies*, cf. per esempio Lehnert, *Maskeraden*, che giustifica letture moderne di testi antichi e applica un approccio psicoanalitico all'analisi delle donne guerriere vestite in armature maschili. Se alcuni temi, come quello del rapporto tra abito e potere, possono risultare interessanti anche per approfondire il testo tassiano, la presente analisi vuole concentrarsi sul dato strettamente letterario, senza allargare lo sguardo a questioni più ampie legate alla sovversione delle convenzioni di genere.
[4] Cf. Tasso, *Liberata*, VI, 63.
[5] Ibid., 69, 4.
[6] È "Amore temerario" a sgomberare ogni paura, ibid., 70, 1.
[7] Ibid., 70, 7.

che Erminia, interrogatasi su come aiutare Tancredi senza rischiare la vita, entra nella stanza di Clorinda, ne osserva le armi e la sopravveste bianca e trova la soluzione: "sospese di Clorinda in alto mira / l'arme e le sopraveste: allor sospira".[8] L'idea di travestimento sembra nascondere il desiderio di essere ciò che non è; di Clorinda Erminia invidia la libertà di uscire senza paura o vergogna, tanto da chiedersi perché la natura e il cielo non le abbiano dato altrettanta forza da poter "la gonna e 'l velo / cangiar ne la corazza e ne l'elmetto".[9] La fragilità e la femminilità, rappresentate dalla gonna e dal velo e appartenenti a Erminia, si contrappongono così dicotomicamente alla forza e al coraggio delle armi, della corazza e dell'elmetto di Clorinda. Proprio quando sta per rinunciare all'impresa vedendosi già ferma, timida e sofferente, Erminia decide di reagire e quindi di indossare anche lei, per un breve lasso di tempo, l'armatura. Non vuole certo far guerra, ma solamente mettere in atto un inganno per aiutare Tancredi, e afferma: "finger mi vuo' Clorinda; e ricoperta / sotto l'imagin sua, d'uscir son certa".[10] La finzione e l'inganno consistono nel fingersi altra, nascondendosi sotto un aspetto diverso dal proprio e dunque falso. Sicura che questa sia l'unica via percorribile, Erminia decide così, con l'appoggio e l'aiuto del suo fedele scudiero, di travestirsi da Clorinda, liberandosi dei suoi abiti e indossando l'armatura:

> Co 'l durissimo acciar preme ed offende
> il delicato collo e l'aurea chioma,
> e la tenera man lo scudo prende,
> pur troppo grave e insopportabil soma.
> Così tutta di ferro intorno splende,
> e in atto militar se stessa doma.
> Gode Amor ch'è presente, e tra sé ride,
> come allor già ch'avolse in gonna Alcide.[11]

Il travestimento concerne gli abiti e l'aspetto esteriore, ma non solo: anche la voce, che imita quella della guerriera, viene rimodulata quando Erminia, piuttosto incerta e impaurita per un possibile riconoscimento, afferma di essere Clorinda e chiede che le si apra la porta:

> La voce feminil sembiante a quella
> de la guerriera agevola l'inganno
> (chi crederia veder armata in sella
> una de l'altre ch'arme oprar non sanno?),

---

8 Ibid., 81, 8.
9 Ibid., 82, 3s.
10 Ibid., 87, 8.
11 Ibid., 91s.

> sì che 'l portier tosto ubidisce, ed ella
> n'esce veloce e i duo che seco vanno;
> e per lor securezza entro le valli
> calando prendon lunghi obliqui calli.[12]

Paradossalmente, come si nota in questa ottava, è il coraggio di compiere una cosa così incredibile a rendere credibile il travestimento di Erminia, poiché un gesto simile sembra veramente al di fuori di ogni possibile immaginazione. L'inganno di Erminia funziona al punto di metterla in difficoltà: Poliferno, il cui padre è stato ucciso da Clorinda, attacca quella che crede sia la guerriera – per questo Erminia fugge, inseguita dai guerrieri, mentre Tancredi, ricevuta la notizia dell'arrivo di Clorinda, la cerca, trovandosi però a seguire Erminia e cadendo prigioniero di Armida. "Timida e smarrita"[13] Erminia fugge ciecamente, senza voltarsi, piangendo e urlando finché arriva alle acque chiare del Giordano, dove si addormenta.[14] Al risveglio dal sonno ristoratore sente i rumori e le voci di una natura pastorale e idilliaca. In questo contesto avviene ciò che si potrebbe considerare una sorta di travestimento inverso a quello dell'armatura: Erminia, "fanciulla regal di rozze spoglie / s'ammanta, e cinge al crin ruvido velo",[15] ma nemmeno gli abiti umili riescono a nascondere la sua nobile natura.[16]

Un altro importante travestimento della *Liberata* è quello di Clorinda che, rinunciando alle sue insegne, sceglie un'armatura nera e rugginosa.[17] Il camuffamento è finalizzato a un inganno, a una mimetizzazione: lo scopo è quello di

---

12 Ibid., 96s.
13 Ibid., VII, 2, 7.
14 Cf. ibid., 4.
15 Ibid., 17, 5s.
16 Nel passaggio alla *Conquistata* la scena del travestimento di Erminia è sostituita da quella, del libro VII, di Nicea. Benché le due scene risultino complessivamente analoghe, una sostanziale differenza tra le due concerne le implicazioni delle vicende narrate: a differenza di quanto accade nella *Liberata*, Nicea infatti non curerà le ferite di Tancredi, sebbene voglia farlo e sia innamorata di lui. Nella *Conquistata* Tasso elimina inoltre l'episodio di Erminia tra i pastori. Per questa scena può risultare utile la seppur schematica categoria di sostituzione (*Substitution*) proposta da Lunin, *Kleid*, p. 25: una persona (in questo caso il personaggio di Erminia) viene sostituita con un'altra (ovvero Clorinda).
17 Un'analogia tra il mimetismo degli insetti e quello di Clorinda consiste nell'inganno del colore: così come l'insetto si mimetizza ed è in grado di confondere, dissimulare e distogliere l'attenzione da sé, anche Clorinda, nel momento in cui decide di indossare un'armatura differente rispetto a quella solita e ne sceglie una scura, si mimetizza e confonde. Infatti esistono, nel mimetismo, colori destinati a confondere, cosiddetti 'apatetici', come nel caso di Clorinda che indossa l'armatura scura, e colori finalizzati ad avvertire, cosiddetti 'semantici'. I colori ingannevoli possono essere criptici e quindi dissimulare, come nel caso della guerriera, o pseudosemantici, quando fingono di avvertire, cf. Caillois, *Occhio*, p. 53.

non essere riconoscibile. Siamo nel XXII canto, Argante e Clorinda decidono di preparare un assalto e di bruciare la torre d'assedio dei cristiani. Già prima dell'uscita da Gerusalemme e della decisione del travestimento Clorinda riflette sul suo ruolo,[18] e un che "d'insolito e d'audace" inquieta e turba la sua mente.[19] Argante e Clorinda decidono di partire e Clorinda sceglie vesti diverse dal solito per non essere riconosciuta:[20]

> Depon Clorinda le sue spoglie inteste
> d'argento e l'elmo adorno e l'arme altere,
> e senza piuma o fregio altre ne veste
> (infausto annunzio!) ruginose e nere,
> però che stima agevolmente in queste
> occulta andar fra le nemiche schiere.[21]

Prima della partenza tuttavia Arsete, vedendo armi diverse da quelle che Clorinda indossa di solito, si accorge del rischio e la informa delle sue origini cristiane,[22]

---

18 Cf. al riguardo Tasso, *Liberata*, XII, 8, 6–8.
19 Ibid., 4,1–6.
20 Cf. Lunin, *Kleid*, p. 25: "das Incognito ist eine Form der Neutralisierung der Erscheinung: Der Held weiß selber nicht, wer er ist; seine Identität ist allen verborgen. Als Kind ausgesetzt, von armen Leuten (oder König, Fürst, usf.) aufgenommen, besteht ein Großteil seiner Geschichte im Wiederfinden seiner Herkunft. Er ist höchstens imaginativ verkleidet, d. h. Menschen um ihn herum kommt er als Bettler, Hirtensohn vor – was er nicht immer sein wird, oder man hält ihn wegen seiner Beigaben, wegen seines Wuchses für einen Fürstensohn, usf. [...] Jede zweckgerichtete Verkleidung ist mit einem Incognito verbunden, weil sie sonst mit ihrem Ziel, dem Nicht-erkannt-werden in Widerspruch stehen würde. Aber nicht jedes Incognito ist mit einer Verkleidung verbunden; es sei denn, man wolle die imaginative Verkleidung, welche die Andern an den Helden herantragen, mit in Betracht ziehen".
21 Tasso, *Liberata*, XII, 18. Sul rapporto tra abito e potere si veda tra gli altri Lehnert, *Frauen*, p. 14: "die Frage, wer was trägt, wird dann zur Frage nach der Macht". La questione dell'identità come data alla nascita e legata alla natura è particolarmente importante per Clorinda, il cui personaggio tragico è delineato nel canto XII proprio su questi temi. In merito si veda ancora Lehnert, ibid., p. 36: "die implizite Unterscheidung zwischen Authentizität und Maskerade, Schein und Sein liegt vielen Verkleidungen zugrunde. Sie wird vor allem in solchen Zeiten ernst genommen, in denen Identität etwas Naturgegebenes zu sein scheint. Auch sprachlich muß demnächst eine Unterscheidung zwischen Schein und Sein getroffen, muß von biologischem Geschlecht und kultureller Geschlechtsidentität gesprochen werden".
22 Cf. Tasso, *Liberata*, XII, 24, 2–3, dove Clorinda è la "candida figlia" dagli "insoliti colori", quindi nata bianca da una madre scura. Viene così data ad Arsete con l'incarico di battezzarla. Clorinda viene nutrita da una tigre, Arsete vede in sogno un guerriero che gli dice di battezzare Clorinda, sogno che si ripete la notte precedente alla partenza. Importante, sui temi di travestimento, maschera e identità, è che Arsete abbia nascosto la verità a Clorinda, cf. ibid., XXXVIII, 2: "e 'l vero a te celai".

ma nemmeno questo basta a farla desistere dalla sua impresa.[23] Il tema del vero e del falso, dell'illusione e del vero celato è qui più forte che mai e prepara il terreno per lo svelamento di Clorinda prima della sua morte. La guerriera riesce infatti a dare fuoco alla torre, ma viene inseguita da Tancredi con il quale inizia il celebre duello: il travestimento e l'inganno hanno funzionato, tanto che Tancredi "un uom la stima"[24] e non sospetta la sua vera identità né il suo vero genere. Come "due tori gelosi e d'ira ardenti"[25] Tancredi e Clorinda si sfidano. A Clorinda viene offerta la possibilità di svelarsi quando Tancredi le chiede di rivelargli il suo nome, ma lei non glielo confessa e anzi lo provoca, sostenendo di essere tra coloro che hanno bruciato la torre;[26] così il duello riprende e Tancredi cerca vendetta. I piani di realtà e identità qui si intrecciano con l'opposizione fra presente e passato, età adulta e infanzia. La vera identità di Clorinda viene svelata quando, in punto di morte,[27] chiede a Tancredi il perdono e il battesimo:

> Tremar sentì la man, mentre la fronte
> non conosciuta ancor sciolse e scoprio.
> La vide, la conobbe, e restò senza
> e voce e moto. Ahi vista! ahi conoscenza![28]

Clorinda non è più la coraggiosa e forte guerriera pagana di un tempo, ma è ormai "la bella donna"[29] convertita e trasformata: dopo aver mostrato insicurezza e dubbi è trasfigurata.[30] Il travestimento o camuffamento in armi altre è certamente importante per l'identità di Clorinda, ma ha soprattutto un ruolo preciso nella struttura narrativa del canto; non è infatti un travestimento fine a sé stesso né motivato dal gioco, ma è finalizzato alla trasfigurazione del personaggio e al disvelamento della sua vera identità.[31]

---

23 Cf. ibid., 41.
24 Ibid., 52, 1.
25 Ibid., 53, 8.
26 Per la risposta cf. ibid., 61, 1–3.
27 Cf. ibid., 64.
28 Ibid., 67, 5–8.
29 Ibid., 69, 8.
30 Cf. Frömmer, *Italien*, p. 357, che parla di trasformazione.
31 Nella *Conquistata* la scena della vestizione di Clorinda con armi scure, così come quella del combattimento e della conversione, resta sostanzialmente identica, anche nelle immagini degli abbracci del duello con chiara allusione erotico-amorosa; le piccole modifiche tendono solamente a elevare il tono. Nella *Conquistata*, inoltre, Clorinda è a conoscenza dell'amore di Tancredi, che glielo ha rivelato nel loro primo incontro all'inizio del poema.

Un terzo vero e proprio travestimento avviene all'interno del canto XVIII.[32] Per ottenere informazioni sui e dai nemici Vafrino, lo scudiero di Tancredi, viene inviato nel campo d'Egitto come spia, e perché l'inganno funzioni deve travestirsi; ogni suo gesto, la voce, il portamento, i movimenti e il modo di parlare devono risultare credibili. Tancredi propone a Goffredo il suo scudiero per il compito proprio perché ha una grande capacità mimetica, tanto che "parla in molte lingue, e varia il noto / suon de la voce e 'l portamento e 'l moto".[33] Il fine di questo travestimento è chiaramente quello di ottenere informazioni attraverso l'inganno e va a buon fine: infatti nel canto XIX Vafrino riferisce a Goffredo il piano dei nemici contro di lui.[34]

I travestimenti della *Liberata*, a differenza di quanto si vedrà per l'*Adone*, non si possono definire un vero e proprio gioco:[35] non c'è infatti il piacere di essere un'altra persona, ma c'è, nella realtà immaginata, lo scopo dell'inganno, del passare inosservati, del camuffare e dell'essere scambiati per altro.

Connesso al tema del travestimento è quello del velo,[36] che merita di essere brevemente approfondito in virtù della sua valenza metatestuale. Nella produzione lirica tassiana il tema è ricorrente e gli esempi molteplici.[37] In generale, il velo è presentato come strumento di inganno e illusione, è ostacolo al riconoscimento, elemento di ambiguità e sensualità e infine, appunto, veicolo di una rifles-

---

32 Molto simile, per funzionamento e funzione, è il travestimento del messaggero inviato da Armida nel canto VII della *Liberata*. Il messaggero parla italiano e porta Tancredi, che crede al suo "parlar finto" e lo considera messaggero di Boemondo, nella prigionia di Armida; cf. Tasso, *Liberata*, VII, 2.
33 Ibid., XVIII, 57, 3–8.
34 Una modifica tra *Liberata* e *Conquistata* in questo passaggio concerne l'espressione "cautamente" che nella riscrittura diventa "con grand'arte", a sottolineare forse l'aspetto strategico del piano messo in atto.
35 Cf. Caillois, *Giochi*, p. 38: "il piacere consiste nell'essere un altro o nel farsi passare per un altro. Ma, dal momento che si tratta di un gioco, la questione essenziale non è esattamente quella di ingannare lo spettatore. Il bambino che fa il treno può anche rifiutare il bacio del padre dicendogli che non si baciano le locomotive, ma in fondo non cerca di fargli credere d'essere una vera locomotiva. A Carnevale, la persona mascherata non vuole realmente far credere di essere un vero marchese, un vero torero, un vero pellerossa; cerca piuttosto di spaventare e di approfittare della generale atmosfera di libertà, essa stessa risultato del fatto che la maschera mette in ombra il personaggio sociale e libera la vera personalità del soggetto. Neppure l'attore cerca di far credere d'essere 'sul serio' Lear o Carlo V. Sono solo la spia e il fuggiasco a mascherarsi per ingannare realmente; loro, infatti, non giocano".
36 Cf. Regn, *Zyklische*, p. 50s.; p. 84s.; p. 90s. e Oster-Stierle, *Schleier*, che indaga la funzione dell'immagine del velo nelle opere di Tasso, da Dante e Petrarca per arrivare a Rousseau, Goethe e altri. Sul velo nell'*Aminta* cf. ibid., p. 155s.
37 Cf. ibid.

sione metatestuale.[38] Nel sonetto *Io mi credea sotto un leggiadro velo*, che riprende la poesia di Petrarca *Lassare il velo,* Tasso presenta una trasformazione della "inerme e giovenetta donna" in Medusa, con riferimento petrarchesco. Si tratta dello svelamento di un inganno, e secondo Oster-Stierle la trasparenza intertestuale costituirebbe un riferimento all'immagine del velo; per accentuare la trasparenza Tasso insisterebbe sulla semantica del significante "velo", nascosto come anagramma in "voleva" e "volea". L'interpretazione risulta tuttavia poco convincente perché non si tratta di veri anagrammi, ma di una combinazione di assonanze e consonanze che risulta meno pregnante di un anagramma perfetto.[39] *È la bellezza un raggio* propone invece il velo come metafora esplicita dell'atto del poetare:

> È la bellezza un raggio
> Di chiarissima luce
> Che non si può ridir quanto riluce
> Né pur quel ch'ella sia.
> Chi dipinger desia
> Il bel con sue parole e i suoi colori,
> Se può dipinga il sol, e no 'l contempre
> Sì ch'ei n'abbagli e stempre,
> Né sian l'ombre il suo velo
> Ma vive carte e l'orïente il cielo.[40]

Nella *Gerusalemme liberata* invece l'immagine del velo compare inizialmente come oggetto religioso, ovvero nella descrizione di Maria per bocca di Ismeno: "dinanzi al simulacro accesa face / continua splende; egli è in un velo avolto".[41] Il fatto che l'immagine sia velata ne aumenterebbe la funzione magica agli occhi dei pagani.[42] L'interpretazione psicologica di Oster-Stierle, che vede nella con-

---

38 Per altre occorrenze del tema del velo nella lirica tassiana, anche in riferimento ai temi della maschera e del travestimento, cf. ibid., p. 142s.
39 Cf. ibid., p. 137: "die intertextuelle Transparenz verweist aber ihrerseits auf das Bild des Schleiers. Der Schleier aus Petrarcas programmatischem ersten Schleiergedicht *Lassare il velo* scheint hinter der Textur von *Io mi credea sotto un leggiadro velo* auf. Um dieses Spiel mit dem durchsichtigen Textschleier der intertextuellen Transparenz zu akzentuieren, insistiert Tasso auch auf der Semantik des Signifikanten 'velo', der als Anagramm in 'voleva' und 'volea' verborgen ist".
40 Tasso, *Rime*, n. 270.
41 Tasso, *Liberata*, II, 5s.
42 Cf. Oster-Stierle, *Schleier*, p. 174. Con l'immagine di Clorinda il velo femminile assumerebbe valore all'interno della metafora della tessitura, in correlazione con la figura di Aracne, presente anche nella descrizione del secondo canto, in cui però non si trova l'immagine del velo, cf. Tasso, *Liberata*, II, 39.

trapposizione tra velo e armatura quella tra femminile e maschile e in Erminia colei che incorpora la parte femminile di Clorinda, non pare supportata da sufficienti dati testuali, benché sia innegabile che Erminia e Clorinda ricoprano ruoli differenti: nella scena del travestimento, in particolare, a Erminia è assegnato il ruolo femminile abbandonato da Clorinda, che da subito rifiuta gli abiti molli e i luoghi chiusi e si distanzia così dalle caratteristiche considerate tipiche della donna. Alle dicotomie velo-armatura e maschile- femminile Oster-Stierle fa corrispondere una contrapposizione tra poema epico e romanzo:[43] l'elmo, lo scudo e l'armatura starebbero per il poema, personificato da uomini che hanno come scopo la liberazione di Gerusalemme; il mondo del romanzo invece, a cui rimandano i campi semantici di velo e tessitura, comprenderebbe la fantasia, i miracoli e l'amore, ma anche la magia e l'inganno.[44] In quest'ottica la metafora tessile collocherebbe Armida dalla parte del romanzo: "Tessi la tela ch'io ti mostro ordita, / di cauto vecchio essecutrice ardita".[45] Capovolgendo il *topos*, soprattutto riferito all'allegoria, della verità vestita di menzogna, Tasso compie un'operazione interessante e fa nascondere ad Armida la menzogna sotto al vero: "vela il soverchio ardir con la vergogna, / e fa' manto del vero a la menzogna".[46] Eppure la *Liberata* sfugge a interpretazioni troppo rigide e la forza dei sentimenti non si muove, come questo quadro interpretativo porterebbe a ritenere, sull'asse Erminia-Tancredi, con Tancredi simbolo del poema epico, ma sull'intreccio Erminia-Tancredi-Clorinda. Sembra plausibile l'ipotesi che il discorso sul velo di Armida sia collegato alla concezione poetica del Tasso dei *Discorsi dell'arte poetica*, per cui il poeta deve "con la sembianza della verità ingannare i lettori", creando un'illusione per la quale alle lettrici e ai lettori la menzogna e la finzione sembreranno la verità.[47] Il velo di Armida – finalizzato ad attrarre i guerrieri cristiani – è parte di un gioco in cui la componente erotica è funzionale all'inganno. Armida gioca con un velo che non la copre, ma ne svela il corpo; la sua vergogna e il suo pudore sono parte della stessa

---

43 Cf. Oster-Stierle, *Schleier*, p. 176: "die Opposition zwischen Gewebemetaphorik und Rüstung, die immer wieder von Tasso hervorgehoben wird, entspricht der Opposition zwischen Epos und Romanzo, die der Grundstruktur der *Gerusalemme* eingeschrieben ist".
44 Cf. ibid., p. 177: "vor dem Hintergrund dieses problematisierten Bezugs zwischen Epos und Romanzo, kommt der Opposition von Rüstung und Schleier eine besondere poetologische Funktion zu. Helm, Schild und Rüstung stehen im Dienst des vorwiegend von Männern verfolgten epischen Projekts der Befreiung Jerusalems. Der farbigen Welt oszillierender Spiegelungen des *romanzo* entspricht hingegen von Anfang an der durch Schleier und Gewebemetaphorik charakterisierte Bereich der Phantasie, des Wunders, der Liebe, der aber zugleich auch Zauberei und Täuschung umfaßt".
45 Tasso, *Liberata*, IV, 24, 7.
46 Ibid., 25, 7s.
47 Cf. id., *Discorsi*, p. 5.

recita. Considerando l'atteggiamento evasivo di Tasso nei confronti delle regole non risulterà azzardato, nell'ottica di una riflessione metatestuale, individuare un collegamento, basato sull'analogia, tra il piano storico e il piano letterario: l'inganno di Armida, caratterizzato dal velo, assomiglierebbe nella prima fase della poetica di Tasso a quello del poeta, in una sorta di *mise en abyme*. D'altra parte, il velo è un tema tipicamente cristiano: è Dio a togliere dagli occhi di Armida il velo del paganesimo ("ed oh piacesse al Cielo / ch'a la tua mente alcun de' raggi suoi / del paganesmo dissolvesse il velo").[48] La riflessione letteraria e metaletteraria che propone Tasso sul tema del velo è dunque strettamente collegata con il tema dell'allegoria e del nascondimento.

---

48 Id., *Liberata*, XX, 135, 4–6.

9 Il travestimento e il velo nell'*Adone*

L'immagine del travestimento accompagna l'*Adone* già nel Seicento, quando Tomaso Stigliani lo definisce "un morto mascherato da vivo" che, "avendo tolta in prestito un'anima posticcia, e straniera: falsamente camina, e bugiardamente rispira e rifiata".[1] Ma il travestimento è anche parte della narrazione: sono numerosi i personaggi che cambiano veste, chi per gioco, chi per divertimento, chi per fuggire e passare inosservato.

Il primo caso è quello di Venere che indossa le vesti di Diana per avvicinare Adone.[2] Siamo nel canto III, Adone ha smesso di cacciare e si è addormentato, mentre Amore ha colpito con una freccia la madre che si è innamorata di Adone. Di norma sono le dee e gli dei a travestirsi da donne o da uomini – e non da altre divinità – per comparire davanti ad altri umani;[3] in questo caso invece c'è una dea che si traveste da un'altra dea. La veste che indossa Venere-Diana,[4] "di lieve e candido zendado",[5] assume un'importanza particolare perché "copre"[6] le membra "ma non le cela".[7] Il tema del velo ricorre più volte all'interno dell'*Adone*, sia in accezione metaletteraria,[8] sia con riferimento alla dicotomia sacro-profano,[9] che scivola spesso nell'allusione alla nudità e all'erotismo. Fin dall'inizio della descrizione di Venere travestita si può notare una vicinanza tra Venere-Diana e l'Armida tassiana: "qual cacciatrice" ricorda infatti "qual cauta cacciatrice",[10] mentre "abile e crespa", riferito nell'*Adone* alla veste, ricorda i capelli increspati dall'aria e dalla natura di Armida ("fa nove crespe l'aura al crin disciolto / che natura per sé rincre-

---

1 Stigliani, *Occhiale*, p. 12.
2 In questa sede l'analisi si concentra sulle scene di travestimento, ma il poema è ricchissimo anche di trasformazioni e metamorfosi. Cf. in merito Cherchi, *Metamorfosi*, p. 26s. e Girardi, *Scrittori*, p. 61–69.
3 Cf. von Matt, *Intrige*, p. 64: "wenn die Götter unter den Menschen erscheinen, erscheinen sie meist in Gestalt und Tracht von Menschen".
4 La descrizione del vestito è presa da quella di Venere in Apuleio nel giudizio di Paride, cf. Apul. *met.* 10, 31.
5 Marino, *Adone*, III, 56, 3.
6 Ibid., 56, 6.
7 Ibid.
8 In ibid., I, 10, attraverso la metafora del velo, viene presentata la lettura moralizzante dell'intero poema, secondo cui il piacere privo di misura si trasformerebbe in dolore.
9 Tema molto problematico, anche dal punto di vista censorio, e interessante per il contesto vigilante; cf. supra, p. 37s.
10 Tasso, *Liberata*, XIV, 57.

spa in onde").[11] La "succinta gonna"[12] ricorda quella di Armida, "succinta in gonna e faretrata arciera".[13] Venere diventa sempre più simile a Diana, infatti sembra irriconoscibile nella descrizione dedicata alla "gentil fibbia di smalto / con branche d'oro lucido e forbito",[14] all'arco, "onde suole ogni animal ferito / mercé de la man bella ambir l'assalto"[15] e alla faretra "ch'al bel fianco scende",[16] in una commistione descrittiva tra oggetti di guerra e bellezza femminile.[17] Il passo si conclude poi con un'invocazione alle muse. L'atto del travestimento viene ripreso e nuovamente dettagliato nelle ottave 61 e 62,[18] in cui Venere non osa mostrarsi ad Adone nel suo vero essere, ma si nasconde sotto un'immagine falsa. La veste, che un momento prima era bianca, diventa ora "color d'erbetta"[19] in una ripresa e anticipazione della veste, anche in quel caso un travestimento, della Venere-zingara del canto XV,[20] che "di verde e d'azur le trame ha miste":[21]

> Non osa al bell'Adon Venere intanto
> il vero aspetto suo scoprir sì tosto,
> ma vuol, per torne gioco innanzi alquanto,
> che sia sotto altra imagine nascosto.
> Novo, i' non saprei dir con qual incanto,
> simulacro mentito ha già composto
> e già sì ben di Cinzia arnesi e gesti
> finge, che 'n tutto lei la crederesti.[22]

---

11 Ibid., IV, 30
12 Marino, *Adone*, III, 58, 1.
13 Tasso, *Liberata*, XVII, 33. Cf. a tal proposito Russo, *Commento*, p. 334s.
14 Marino, *Adone*, III, 57, 3.
15 Ibid, 57, 6.
16 Ibid.
17 Cf. ibid.
18 Sulla ripetizione dell'episodio dell'incontro cf. Pozzi, *Commento*, p. 20s., secondo il quale il travestimento di Venere in Diana è "pleonastico perché [...] non serve a nulla in quelle circostanze". L'inutilità viene sottolineata dalla ripetizione sotto forme diverse dello stesso episodio "in modo che non sia possibile alcun conguaglio fra l'una e l'altra redazione". Al di fuori dell'incontro e dei relativi travestimenti, Venere non avrebbe alcun ruolo attivo, ma assisterebbe passivamente alle circostanze fino alla morte di Adone, cf. Pozzi, *Commento*, p. 35.
19 Marino, *Adone*, III, 62, 2.
20 Cf. Pozzi, *Commento*, p. 239. Secondo Pozzi, ibid., p. 227, la funzione svolta dal primo travestimento consiste nella delimitazione di vari piani tematici dei soliloqui-colloqui di Venere e Adone, mentre la nuova motivazione non si adatta alla situazione narrativa né all'inclinazione d'animo che poteva avere Venere in quella situazione, ma "l'incongruenza psicologica non interessa il M. né deve interessare il lettore; interessa invece il rapporto strutturale con il corrispondente centro secondo della struttura narrativa bifocale", ibid., p. 239.
21 Marino, *Adone*, XV, 30, 2.
22 Ibid., III, 61.

"Per torne gioco" è una variante aggiunta nell'*errata corrige* dell'edizione parigina: inizialmente si leggeva "per farne prova". Il travestimento assume, dopo la modifica, un aspetto ludico e scherzoso prima assente, che si rispecchia perfettamente nell'idea della scrittura come travestimento giocoso. Il nascondere qualcosa sotto altra immagine richiama, sia nella terminologia che nel funzionamento, l'allegoria, che appunto nasconde un significato profondo sotto un'immagine altra.

Il travestimento di Venere in Diana non si limita agli indumenti, all'aspetto fisico e ai capelli, ma si allarga alla perfetta imitazione dei gesti, del movimento e dell'andatura, come dovrebbe essere nel caso di un travestimento ben riuscito:[23]

> Va come Cinzia inculta ed inornata,
> e veste gonna di color d'erbetta.
> Tutta in un fascio d'or la chioma aurata
> le cade sovra l'omero negletta.
> Nulla industria però ben ordinata
> tanto con l'artificio altrui diletta,
> quanto al bel crin, ch'ogni ornamento sprezza,
> accresce quel disordine bellezza.[24]

La motivazione del travestimento di Venere non risiede però unicamente nel gioco e nel divertimento: la dea spera che l'impudicizia di Diana (in realtà Venere) venga riferita a Pan.[25] L'infamia, l'inganno, il divertimento e il gioco spingono dunque la dea al travestimento, ma dietro al camuffamento Venere rimane profondamente sé stessa, dietro alla maschera il volto è il suo. Il gioco è sottile: all'apparenza identica a Diana, Venere si comporta come si comporterebbe normalmente.[26] Il canto prosegue con la scena di Venere che si punge il piede con una rosa, si avvicina ad Adone dormiente e fa sì che Orfeo gli mandi sogni in cui compare lei; cerca tre volte di baciarlo, infine lo sveglia con un bacio e si svela

---

23 Sul travestimento come perfetta immedesimazione e trasformazione che comprende non solo gli indumenti, ma anche il linguaggio, il comportamento, i gesti e i movimenti si veda anche la riflessione di von Matt all'interno di un discorso più lungo sul travestimento e l'intrigo. Cf. von Matt, *Intrige*, p. 46: "in der Verkleidung radikalisiert sich die Verstellung. Sie erfordert einen ganzen Fächer von Begabungen. Dann mit der Wahr der falschen Kleider ist es noch lange nicht getan. Man muß in diesen Kleidern auch entsprechend leben können, reden können, sich benehmen können. Wer die soziale Rolle wechselt, muß die Codes beherrschen, die in der anderen gesellschaftlichen Schicht den Umgang regeln".
24 Marino, *Adone*, III, 62.
25 Cf. ibid., 6.
26 Cf. ibid.

davanti a lui,[27] lasciandolo confuso e stupefatto.[28] Venere "discopre e manifesta / in un punto medesmo il core e 'l volto"[29] e ammette l'inganno, lo "scherzo amoroso",[30] affermando di non volersi nascondere più; in realtà si tratta però di una promessa momentanea, perché Venere si nasconderà ancora. Il travestimento di Venere in Diana viene ripreso e commentato, come si è visto, anche nell'allegoria, in cui la lascivia viene mascherata di modestia.[31] Il paragone tra il travestimento dei personaggi e quello letterario risulta quindi legittimato in un gioco vorticoso di riferimenti e apparenti contraddizioni.

Il canto XV riprende specularmente il III proprio nel travestimento di Venere, che segna l'incontro degli amanti e sottolinea la "struttura bifocale" del poema.[32] Nel III la dea si traveste da donna, più precisamente da zingara. Questo travestimento ha una stretta relazione con quello precedente di Venere in Diana, in quanto entrambi scandiscono i momenti dell'incontro: mascheramento e velamento e smascheramento e svelamento.[33] Venere si vela ad Adone travestendosi da zingara egiziana "brunetta",[34] di una bellezza superiore a tutte le altre; l'abito è "estrano", "un velo, ha di satì vergato a varie liste".[35] Si tornerà più avanti sulla metafora del velo e della tessitura, che ritorna subito dopo nell'immagine dei capelli,[36] e sulla loro importanza nei travestimenti e negli inganni; basti per ora sottolineare come l'inganno si muova sulla copertura della realtà attraverso un velo. Dopo la descrizione dei capelli il canto prosegue con l'immagine di

---

27 Particolarmente significativo è, nel travestimento, nell'inganno e nell'illusione, il senso della vista. Si veda soprattutto il "traveder" di ibid., 128, 7: il termine si riferisce all'errore nel vedere e compare anche nell'*Aminta* di Tasso, cit. in Russo, *Commento*, p. 367.
28 Cf. Marino, *Adone*, III, 125.
29 Ibid., 127.
30 Ibid., III, 128, 8.
31 Cf. ibid., III, allegoria.
32 Pozzi, *Commento*, p. 571s.
33 Cf. Pozzi, *Commento*, p. 571: "l'iniziazione sensitiva è adombrata nella lettura della mano (come risulta dalle ott. 41, 42, 44), quella intellettiva nella partita a scacchi (il valore intellettuale del gioco in genere e di quello in specie è affermato alle ott. 117, 7–8; 121–22)".
34 Il riferimento è a *Bruna sei tu ma bella* di Tasso, *Rime*, 372; alla bellezza della donna bruna solitamente fanno riferimento la poesia popolare e barocca, mentre quella della donna bionda è considerata adatta a poemi di stile più elevato. È Tasso che dà l'avvio alla descrizione della bellezza femminile dai capelli scuri, cf. a tal riguardo Pozzi, *Commento*, p. 576, secondo cui Marino si attiene alla distinzione dei generi alto e basso: quando Venere è raffigurata come dea è bionda, come nei canti II, III e VIII, mentre quando è travestita da zingara diventa scura di capelli.
35 Marino, *Adone*, XV, 30, 5.
36 Cf. ibid., 31s.

Amore dormiente, che ricorda quella di Adone nel canto III,[37] e di Venere travestita che legge la mano ad Adone, insistendo, con una certa ironia, sull'ammonimento di evitare la caccia. Nello svelamento di Venere da zingara a dea i campi semantici del velo, della tessitura e della maschera compaiono molto chiaramente, per esempio attraverso il "vel ch'asconde la sembianza cara".[38] Anche in questo caso Adone rimane confuso davanti allo svelamento e allo smascheramento di Venere: "il piacer lo confonde e lo stupore".[39] Tuttavia, dopo il riconoscimento del "desiato aspetto",[40] Adone si fa travolgere dall'emozione, piange e abbraccia l'amata Venere.

Nel canto XIV Adone si traveste da donna.[41] Una volta recuperato l'anello magico e preso possesso delle armi di Meleagro, Adone decide di indossare vesti femminili per sfuggire a eventuali inseguitori inviati da Falsirena, di cui era stato prigioniero fino al canto XIII, prendendo il nome di Licasta.[42] Affamato, assetato e stanco, si sta cibando della noce d'oro, quando vede a una fonte d'acqua un gruppo di fanciulle che per lavarsi hanno lasciato i vestiti sparsi a riva. Il travestimento da uomo a donna è perfetto: "in ogni parte sua rassembra donna".[43] Ven-

---

37 Le somiglianze delle due scene fanno sì che chi legge riconosca la ripetizione, mentre Adone resta confuso senza capire.
38 Ibid., 92, 5.
39 Ibid., 94, 2.
40 Ibid., 95, 2.
41 Anche Sidonio, nel medesimo canto, si traveste e cela la sua vera identità nascondendosi sotto rozze vesti e in seguito sotto un'armatura, cf. ibid., XIV, 261; in merito cf. Pozzi, *Commento*, p. 541. Sul tema più ampio del travestimento da uomo a donna cf. Lehnert, *Maskeraden* e Levin, *Men*. Lehnert, *Maskeraden*, p. 10, considera il travestimento da uomo a donna come storicamente denigrante; l'osservazione non può però valere per Adone. Pozzi, *Commento*, p. 541 sottolinea come in genere nei romanzi sia la donna a travestirsi da uomo, mentre in questo caso è l'uomo che si traveste da donna. Sull'importanza del *cross dressing*, l'utilizzo di abiti considerati tipici del genere opposto al proprio – anche nel Cinque e Seicento, periodo caratterizzato da una forte voglia di sperimentazione con i generi; cf. Bullough/Bullough, *Cross*, che sottolineano anche l'aspetto extraletterario, teatrale e sociale delle tradizioni carnevalesche e mascherate durante le festività e i matrimoni – e in cui sono affrontati anche i problemi sociali di accettazione e ostilità nei confronti del *cross dressing*, meno gravi nel caso di donne travestite da uomini rispetto al contrario, cf. ibid., p. 75s. L'importanza del *cross dressing* nella letteratura del Cinque e Seicento è innegabile: si pensi a Bradamante e Fiordispina dell'*Orlando furioso*, alla *Calandria* di Ariosto, in cui Lidio e Santilla si scambiano i ruoli, all'*Arcadia* di Sir Philip Sidney, in cui compare l'amazzone Zelmane, ma anche allo Shakespeare di *As You Like It* e *Twelfth Night*, con rispettivamente Rosalinda e Viola. Sull'ermafroditismo e il rapporto con i vestiti cf. ibid., p. 89s. Sulla mascherata e la maschera cf. inoltre Bettinger/Funk, *Maskeraden*.
42 Cf. Marino, *Adone*, XIV, 28, 1–4.
43 Ibid. 10, 8.

gono imitati l'aspetto fisico, il movimento, persino il "parlar fallace e finto",[44] la voce, che viene modificata, falsata e resa femminile. A sottolineare il carattere passivo dell'antieroe,[45] Adone dormiente viene rapito da Malagorre, che si innamora di Adone-Licasta, e dai suoi banditi. Adone, che secondo i canoni di una visione binaria non è mai stato particolarmente virile, ma sempre molto femmineo, non fatica a mascherarsi da donna: la descrizione della bellezza delicata di una donzella in mezzo a un praticello colmo di fiori non crea attrito con la figura di Adone. Il suo piano lo porta a uno stato di passività che esaspera la sua tendenza anti-vigilante, già presente fin dall'inizio del poema e perfettamente esemplificata dal sonno, esponendolo "senza difesa"[46] alla passione di due uomini, uno dei quali gli salva paradossalmente la vita.[47] Si tratta di un vero e proprio rovesciamento di ruoli, in cui le prove da superare, invece che mettere Adone in pericolo, finiscono con il proteggerlo e "fanno la sfortuna dei nemici anziché la sua sfortuna".[48] Anche in questo caso il riferimento al travestimento di Adone viene ripreso e commentato nell'allegoria preposta al canto, che avverte dell'abito "molle della gioventù effemminata".[49] Chi legge il canto nell'edizione parigina collega facilmente la scena al commento allegorico e la lettura è accompagnata da elementi grafici quali maschere e grottesche, per cui il tema del travestimento, presente nel canto, si ritrova sia nell'allegoria sotto forma di commento moralizzante sia nella decorazione che accompagna il testo, unendo così diversi piani del discorso.

Nel canto XVI Mercurio si traveste da vecchio, entrando in scena travestito per smascherare un inganno. La scena ha un che di comico e paradossale: siamo nel mezzo del concorso di bellezza per l'elezione del re di Cipro. Per ottenere la corona, che poi abbandona immediatamente, Adone ha bisogno di più miracoli, uno dei quali è proprio lo svelamento da parte di Mercurio dell'inganno di Barrino, che aveva appena ottenuto il regno. Al terzo giorno del concorso di bellezza Mercurio, per smascherare "la fraude del mentitor ladrone",[50] si maschera. L'intero canto si basa su mascheramenti, svelamenti e riconoscimenti; dopo quello di Barrino è il turno di Tricane, che grazie alla magia di Falsirena da brutto di-

---

44 Ibid., 11, 1.
45 Cf. Regn, *Tragödie*, p. 105: "unheroisch als Frau verkleidet". Sulla passività di Adone cf. ibid., p. 103.
46 Pozzi, *Commento*, p. 540.
47 Malagorre uccide, per non farla prendere dai nemici, Filora, pensando tuttavia si tratti di Adone-Licasta.
48 Pozzi, *Commento*, p. 540.
49 Marino, *Adone*, XIV, allegoria.
50 Ibid., XVI, 178, 1–6.

venta bello. La magia viene smascherata e depotenziata da Venere a favore di Adone, affinché egli vinca il concorso di bellezza e ottenga la corona. In questo canto inoltre viene rivelata dalla nutrice, grazie a una voglia "d'una rosa vermiglia a la sembianza",[51] l'identità di Adone. Attraverso i giudizi del concorso di bellezza Marino prende posizione nei confronti del canone poetico. A vincere sono infatti Adone e la sua bellezza "schietta"[52] e non orpellata, poiché "vera beltà si lava in onda pura"[53] e "quanto s'adorna men, vie più diletta".[54] Come nota Pozzi,[55] la vittoria di Adone rimanda implicitamente al trionfo di una poesia "lontana dagli artifici del vecchio petrarchismo e del nuovo concettismo":[56] Marino rinvia alla propria poetica, sebbene possa sembrare strano, oggi, considerarla "schietta".[57] È in questo contesto di riflessione metaletteraria sulla bellezza e sui canoni estetici e poetici che il travestimento, lo svelamento e il riconoscimento assumono un'importanza maggiore, non limitandosi al piano narrativo, ma diventando strumenti di una riflessione sulla poesia.

Un caso particolare tra i travestimenti del poema è quello di Falsirena, che si presenta come Venere nel canto XIII. Adone è imprigionato da Falsirena, Mercurio lo consola e lo mette in guardia, così quando gli si para davanti la maga, identica però all'amata dea, riesce a capire che si tratta di Falsirena e a non farsi ingannare.[58] Falsirena non si traveste in senso proprio, ma assume una forma diversa; il suo scopo, come negli altri casi di travestimento, è l'inganno. Si può dunque parlare di un travestimento magico, in teoria perfetto: sono esteticamente e mimeticamente perfetti movimento, aspetto, sguardo e riso. Nel momento in cui Falsirena-Venere deve parlare, però, si blocca e per poco non bacia Adone – una scena che ricorda quella di Venere travestita a sua volta da Diana durante il primo incontro con Adone. Infine Falsirena, nelle sembianze e nelle vesti di Venere, si riprende e si sdraia accanto al giovane, consapevole dell'inganno ma non insensibile alla bellezza, che chiude gli occhi pur di non vederla. Falsirena-Venere lo costringe al bacio con la forza, lui la respinge, ma le regge il gioco con un discorso finto, dissimulando il riconoscimento. L'inganno non funziona; Falsirena-Venere

---

51 Ibid., 237, 5.
52 Marino, *Adone*, XVI, 18.
53 Ibid.
54 Ibid.
55 Cf. Pozzi, *Commento*, p. 602.
56 Ibid.
57 Ibid.
58 Cf. Marino, *Adone*, XIII, 144, 5–145.

ascolta il discorso di Adone sul suo amore incondizionato per la vera Venere e disperata se ne va, lasciandolo nella prigione.

Nel poema il travestimento assume così diverse funzioni. I travestimenti di Venere non possono essere considerati singolarmente, perché speculari e portatori di una struttura a due fuochi che consiglia una "lettura simultanea"[59] del poema, in cui il primo travestimento acquista senso solo con il secondo. Il travestimento di Adone in Licasta ha la funzione di sottolineare la femminilità e la passività del protagonista, presenti per altro in tutto il poema di pace. Il travestimento di Mercurio, che mascherandosi smaschera un inganno tessendone uno nuovo, dimostra le molteplici possibilità del mascheramento, messe poi in atto, a livello testuale e con le allegorie, da Marino stesso.

Anche le allegorie paratestuali, accompagnate da mascheroni e illustrazioni di maschere, affrontano il tema del travestimento, e in qualche misura sono esse stesse una forma di travestimento narrativo. Ma è proprio travestendosi, come fa Mercurio nel canto XVI, che Marino smaschera l'inganno paratestuale: l'allegoria non risulta credibile proprio perché è simile a una maschera opportunistica. Quello che non ci si aspetta, tuttavia, è che dietro al mascheramento allegorico si nasconda un'intenzione offensiva, per esempio nei confronti delle nemiche e dei nemici.[60] L'immagine del velo – a sua volta strettamente collegata ai temi della maschera, del travestimento e dell'inganno[61] – compare più volte e con differenti funzioni all'interno dell'*Adone*.[62] Viene utilizzata spesso in relazione alla natura: il cielo[63] viene descritto come il velo vermiglio dell'Alba[64] e dell'Aurora,[65] ma anche come il velo umido, scuro e bruno della notte[66] o delle nubi.[67] È velo scuro

---

59 Pozzi, *Commento*, 239.
60 Cf. supra, p. 88.
61 Per il velo in relazione al travestimento e alla maschera cf. Marino, *Adone*, III, 56; III, 125, 135; XV, 92; XV, 30; XVI, 177; XVI, 193; XIV, 227; XVI, 217.
62 Il velo compare legato al tema della tessitura, per esempio in: ibid., XIV, 141 come aiuto di Mercurio ad Adone, riferito ad Aracne. In XIII, 141 l'immagine del velo compare nel contesto della metamorfosi di Adone, le cui membra si velano di penne. Per altre ricorrenze del velo cf. ibid., III, 81; III, 115; IV, 264; IX, 101; X, 13; X, 52; nell'ambito encomiastico XI, 57, XI, 80 e XI, 91–95; XIII, 9; XVI, 21; XVI, 56; XIX, 13; XVIII, 210, in chiave ironica.
63 Cf. ibid., XIX, 280, "tenebroso velo"; per la nebbia cf. XVI, 41, "di nebbia d'odor l'aria si vela".
64 Cf. "vel vermiglio", ibid., I, 22 e ibid., IV, 253.
65 Cf. ibid., XIX, 239, 6, "vel purpureo".
66 Cf. ibid., V, 74, VII, 40; VII, 234; VII, 234; VIII, 90; VIII, 103; IX, 21; XII, 99; XII, 196, in cui la notte è senza veli; XVI, 267; XVIII, 45 in cui la notte ha il velo in testa e XVIII, 131.
67 Cf. ibid., II, 47; VI, 106; XV, 92.

l'ombra delle querce,[68] velo colorato quello dell'arcobaleno.[69] Il velo può essere inoltre una semplice veste[70] o una stoffa,[71] presentarsi come un attributo topico di Amore,[72] ma anche comparire come espressione per designare il corpo.[73] L'immagine del velo si riferisce agli occhi, che sono appunto velati[74] dal sonno, dall'ira o dalla morte.[75] Si parla di velo della bellezza,[76] della vanità,[77] del silenzio;[78] il velamento, simbolico e non, può essere segno di oscurità e di torbidezza,[79] è qualcosa che nasconde e copre,[80] in contrapposizione invece alla limpidezza e al chiarore[81] dello svelamento e del mostrare.[82] Il velo come immagine dell'atto del poetare e come metariflessione si trova fin dalla dedica a Maria de' Medici, che si apre proprio con l'idea del velo delle finzioni e delle allegorie:

> la Grecia, di tutte le bell'arti inventrice, la qual sotto velo di favolose fizioni soleva ricoprire la maggior parte de' suoi misteri, non senza allegorico sentimento chiamava Ercole musagete, quasi duce e capitano delle muse.[83]

Ritorna anche al verso 10 del canto I come velo tessuto dalla tela dell'autore, in una citazione tassiana in cui la poesia ombreggia il vero e nasconde il presunto

---

68 Cf. ibid., V, 56, 6, "un verde velo".
69 Cf. ibid., 142, 5, "umido velo".
70 Cf. ibid., I, 94, in cui le vesti sono trasparenti e ibid., II, 65; XVII, 66; 71–75, in cui il movimento del velo svolge un ruolo importante.
71 Cf. ibid., XIII, 203, in cui il velo è quello degli amorini o XIV, 399, in cui il velo è un oggetto che incrimina Adone. Tra le diverse funzioni della stoffa c'è per esempio quella di asciugare sudori, lacrime e pianti, cf. ibid., VIII, 11; XIII, 129; XVII, 176; XX, 193.
72 Cf. ibid., I, 44; I, 73.
73 Cf. ibid., II, 174; V, 15; VI, 15, ripreso in XVIII, 180; IX, 170, come "corporeo vel", XI, 211, 6.
74 Cf. ibid., IV, 278, 6 "le velò gli occhi"; XIX, 388, 8 "di vermiglio vel gli occhi bendati"; XVI, 123, 6 "aperse co' begli occhi il velo".
75 Cf. ibid., IV, 54, in cui il velo nero è in segno di lutto e XVII, 126.
76 Cf. ibid., XVI, 3, 5, "velo dilicato e lento".
77 Cf. ibid., 15, 2, "fragil velo"
78 Cf. ibid., 192, 8, "del silenzio il velo".
79 Cf. ibid., X, 110, in cui la stella di Mercurio è velata e poco visibile.
80 Cf. ibid., II, 74, 3 "ascoso in vel palustre", e XVI, 193, 3 "sotto veli poria falsi e mentiti / forse giacer la verità coverta". In senso metaforico cf. ibid., XX, 60, in cui Venere vela i tormenti per la morte di Adone sotto il sorriso; nei versi successivi ritorna l'immagine della tela e di Aracne. Particolare il caso del canto XIV, cf. ibid., XIV, 274, in cui Amore, ossia la passione, indipendentemente dai veli e dagli abiti che indossa non riesce a nascondersi.
81 Per esempio del velo bianco di Sofrosina e Idonia, cf. ibid., XII, 209.
82 Cf. ibid., 26, 8, "ai suoi dolci legami aperse il velo".
83 Id., *Lettera a Maria De' Medici.*

senso profondo del poema.[84] Nel memoriale a Carlo Emanuele I di Savoia Marino ricorre alla metafora del velo riferito ai concetti: "quanti meno onesti e più *disvelati* concetti si ritrovano, e s'imprimono, e si vendono, e si leggono, e si permettono?".[85] L'immagine del velo in relazione alla copertura letteraria torna anche nella *Sampogna* a proposito di Tasso, che sarebbe "maggiore et più manifesto imitatore delle particolarità"[86] perché "senza velo alcuno trapporta ciò che vuole imitare".[87] Nel canto X compare in relazione al complesso rapporto tra Poesia, Favola e Istoria: quest'ultima è priva di veli, fregi o gonna.[88] Ma il velo può essere anche metaforico, per esempio in quanto "fosco vel d'"ignoranza",[89] oppure alludere alla lascivia (un velo che "crespa le rughe il lembo e non ben chiude / l'estremità de le bellezze ignude").[90] Così in relazione alla lascivia mascherata di modestia si legge nell'allegoria del canto III che le donne si coprono, almeno all'inizio, con il velo dell'onestà;[91] e nell'allegoria del canto XVI che "le brutture de' vizii e de' costumi bestiali" sono nascoste dall'"ipocrisia sotto velo di bontà".[92] Anche nella storia inventata di Malagorre la verità viene coperta da un altro velo e, in questo contesto, la menzogna viene legittimata.[93] Nel canto VII la descrizione della nudità e della bellezza di Venere è caratterizzata da un registro alto e poetico che descrive la luminosità riflessa sul corpo della dea, in attrito con il tono dei passi che precedono e seguono.[94] Una delle scene che gioca maggiormente con lo svelamento delle bel-

---

[84] Cf. id., *Adone*, I, 10: "Ombreggia il ver Parnaso e non rivela / gli alti misteri ai semplici profani, / ma con scorza mentita asconde e cela, / quasi in rozzo Silen, celesti arcani. / Però dal vel che tesse or la mia tela / in molli versi e favolosi e vani, / questo senso verace altri raccoglia: / smoderato piacer termina in doglia".
[85] Id., *Lettere*, n. 48, p. 84. Ma cf. anche id., *Sampogna*, lettera IV, p. 49: "[Tasso] senza velo alcuno trapporta ciò che vuole imitare, usando assai forme di dire et elocuzioni latine, delle quali troppo evidentemente si serve".
[86] Cf. ibid.
[87] Ibid.
[88] Cf. id., *Adone*, X, 139, che riprende Tasso, *Liberata*, I, 27.
[89] Cf. ibid., IX, 68, 2.
[90] Ibid., VIII, 32, 8. Per altre scene di nudità, in cui il velo manca, cf. ibid., II, 120; VIII, 38.
[91] Cf. ibid., III, allegoria: "chiunque vuole adescare altrui si serve di que' mezzi a' quali conosce essere inclinato l'animo di colui che disegna di tirare a sé, e che molte volte la lascivia viene mascherata di modestia; né si trova femina così sfacciata ch'almeno in su i principi non si ricopra col velo della onestà".
[92] Ibid., XVI, allegoria.
[93] Cf. ibid., XIV, 36.
[94] Cf. ibid., VII, 219, in cui "vergognosetta" è ripresa tassiana usata per descrivere, poco prima, anche Adone, cf. ibid., III, 137, e che tornerà dopo, al VIII, 44, nuovamente riferito a Venere; mentre "craticolare" è un termine tecnico del disegno che designa il procedimento per cui, attraverso la divisione in quadrati, è possibile la ricopiatura di un'immagine in scala, cf. Pozzi, *Commento*, p. 387.

lezze più segrete è però quella del bagno di Venere e Adone, in cui Adone, confuso e a sguardo basso, circondato da ninfe che lo spogliano, rimane con un "lento vel"[95] che lo copre appena. Il velo è "lento" in quanto allentato e non ben fissato, quindi mobile,[96] ma il termine ricorda anche un movimento rallentato, languido, e gioca con l'atto del vedere e del non vedere, del mostrare e del nascondere. L'immagine del velo caratterizza l'intera scena del bagno, sia per Adone che per Venere, i cui capelli creano un "aureo vel" con i quali nasconde il seno.[97] Ma il lento velo di Adone non sopravvive oltre l'ottava 68 del medesimo canto, rivelando a Venere l'"impazienza"[98] della petrarchesca "accesa voglia" di Adone.[99] Il fianco nudo di Adone, senza veli, sarà nel canto XVIII motivo di innamoramento da parte del cinghiale e di conseguenza della morte di Adone.[100]

Come si è visto, lo svelamento nell'*Adone* non è puramente carnale, ma si mescola, così come il velamento, con l'aspetto metaletterario, scientifico, storico e politico. Come un nuovo Endimione, Galileo vede la luna nuda e senza veli,[101] mentre nel canto XX il velo che ricopriva la scena viene tolto, in una sequenza metaletteraria e di travestimento, in cui Austria, che ricorda Clorinda, viene svelata come donna:

> Ma, tolto il vel che ricopria la scena,
> si scoverse il guerriero esser guerriera
> e con le bionde chiome a l'aura sparse
> bella non men che bellicosa apparse.[102]

Anche il futuro viene svelato in una mescolanza tra poesia e realtà, personaggi letterari e politici: per esempio nel canto XX, quando "il vel si quarcia a le future cose", come si legge nell'argomento del canto. Squarciato il velo, viene rivelata la verità sul futuro e sono annunciate le profezie sulle guerre francesi.[103]

---

95 Marino, *Adone*, VIII, 43, 3.
96 Cf. Russo, *Commento*, p. 810s.
97 Cf. Marino, *Adone*, VIII, 47, 1.
98 Ibid., 68, 3.
99 Cf. Russo, *Commento*, p. 821.
100 Cf. Marino, *Adone*, XVIII, 95; 238.
101 Cf. ibid., X, 43.
102 Ibid., XX, 397, 5–8.
103 Cf. ibid., 486s.

10 Evasione e gioco nell'*Adone*

Anche il gioco è, come si è visto,[1] una tattica evasiva.[2] Per Marino è un tema centrale che accompagna i testi e spesso ne è il presupposto.[3] Nell'*Adone* il gioco è, in primo luogo, gioco con le parole; la poetica di Marino, come ha rilevato Regn,[4] si basa su un esasperato gioco intertestuale che sfida chi legge a

---

[1] Cf. l'introduzione, supra, p. 9, ma anche p. 100.
[2] Particolarmente evidente è la tattica evasiva nei confronti del reale e della quotidianità nei giochi da veglia (strettamente legati al tema della vigilanza), come per esempio quello dell'oracolo. Si tratta di un divertimento linguistico e interpretativo di cui parla Stigliani a Marino, quando cerca di giustificarsi per le ottave del Mondo nuovo in cui compare il pesciuomo, mostro, scimmia marina: "fu trovato quel bel gioco da veglia che si chiama l''oracolo'. Nel quale si finge uno indovino che risponda alla domanda d'un solo uomo cose alienissime da essa e niente appartenenti; e nondimeno si dà poi cura a tutti i circostanti di parlare ad uno ad uno sopra quella tal risposta lontana, e di tirarla a proposito d'esso domandatore con qualche ingegnosa interpretazione: così in una parola detta casualmente s'investigano quindici o venti intelligenze diverse, e tutte spettanti ed accomodate e convenevoli. Giuoco che, sì come diletta molto i grossolani, così fa ammirare i savi", Stigliani in: Marino, *Epistolario*, p. 296.
[3] Ai giochi sono dedicate molte poesie degli *Amori*: dai dadi, alla primiera, al pallone, fino alla racchetta – il gioco è qui spesso allusione erotica, come nel caso del "domestico agon" di Marino, *Amori*, p. 34 nel gioco della primiera, l'antenato del poker. Per il gioco dei dadi cf. ibid., p. 33: "Stiamo a veder di quante palme adorna / sen vada, Amor, la man leggiadra e bianca, / mentre del mobil dado ardita e franca / travolge i punti e fa guizzar le corna. // L'aggira, il mesce, il tragge, indi il distorna, / né d'agitarlo e scoterlo si stanca; / e dala destra intanto e dala manca / stuolo aversario e spettator soggiorna. // Posto è in disparte, al vincitor mercede, / cumulo d'oro; e variar più volte / sorte il minuto avorio ognor si vede. // Felici in sì bell'urna ossa raccolte, / perché pur ale mie non si concede / in sì terso alabastro esser sepolte?". I dadi sono seguiti dal gioco della primiera e al gioco del pallone viene dedicato un sonetto "per una donna", ibid., p. 35: "Globbo gravido d'aure al ciel sospinto / ferir con cavo legno, il volto e 'l crine / sparso di vive fiamme e vive brine, / veggio scherzando il mio novel Giacinto, // e, crudel fra gli scherzi, al gioco accinto, / ma più molto ale stragi, ale rapine, / strugger mill'alme, e di chi vince alfine / trionfar vincitore, e vincer vinto. // E mentre, quasi un ciel ch'avampi e scocchi, / battendo il lieve suo volubil pondo / tuona col braccio e folgora con gli occhi, // par, degli strazi suoi lieto e giocondo, / o la man vaga, o 'l piè leggiadro il tocchi, / gioir percosso e ripercosso il mondo". Alla medesima donna è dedicato anche il successivo sonetto, il gioco della racchetta, ibid., p. 36: "Quasi in campo di Marte, in chiuso loco / contro mi vien di rete e d'arco armato, / non ignudo, non cieco e non alato / il mio novello Amore, il mio bel foco. // Già mi saetta, e contrastar val poco, / emulo del bel viso, il braccio amato. / Già m'imprigiona, e misero e beato / perdo in un punto stesso il core e 'l gioco. // Fuggitivo il mio cor, quasi farfalla / intorno alo splendor del caro oggetto / vola al volar dela volubil palla. // E quanti colpi intanto il mio diletto / m'aventa con la man, che mai non falla, / tanti fa nodi al'alma e piaghe al petto".
[4] Regn, *Tragödie*, p. 88 parla in merito di una poetica "der Dichtung systematisch aus einem geradezu entfesselten Spiel der Intertextualität heraus entwickelt". Importante anche il ruolo

riconoscere le citazioni. Secondo Dossena Marino "crede che le parole siano certamente un suono, ma non è sicuro che abbiano un significato";[5] il repertorio di giochi di parole dell'*Adone* permetterebbe di leggere l'intero poema anche "a chi ha poco fiato"[6] perché, "grazie a una batteria di molle sempre tese",[7] si rimbalzerebbe da un verso all'altro. Se risalire alle citazioni letterarie o mitologiche diventa un lavoro stancante, riconoscere i giochi si svela come fresca alternativa, non essendo necessario classificarli né catalogarli.

Nel poema il gioco è anche azione dei personaggi e atto erotico. Il legame tra eros e gioco è particolarmente evidente nella scena del canto VIII che anticipa l'atto degli amanti:[8] Venere e Adone sono pronti per il bagno, quando Adone si trova a spiare l'amplesso di un satiro e una ninfa. Dopo un iniziale moto di vergogna che lo fa arrossire,[9] Adone prova grande piacere alla vista dell'atto selvaggio; supplica così la dea, che gli assicura che l'attesa aumenterà il desiderio. La struttura narrativa si basa sulla ripetizione, per cui la scena di carattere voyeuristico porta a una nuova scena, quella dell'atto degli amanti, in cui è chi legge a osservare dall'esterno. Lo sguardo, in genere assonnato e disattento, del personaggio di Adone diventa in questa scena sguardo vigilante, salvo trasformarsi nel suo contrario in virtù del gesto voyeuristico: l'atto del guardare porta chi osserva alla perdita del controllo. Si tratta di un aspetto interessante se si considera che, all'interno di una cultura vigilante, la reazione naturale, quella dell'osservazione e della curiosità, si colloca sul polo della vigilanza, mentre la vergogna, indotta e

---

di un Dio che gioca nelle *Dicerie sacre*, cf. a tal proposito ibid., p. 88: "die Paränese wird zum Exerzierfeld der Poetik der *meraviglia*, und zwar auf der Basis biblischer Legitimation, denn der Dichter, der scherzhaft die heilige Materie abhandelt, gibt vor, lediglich den spielenden Gott zu imitieren, von dem im Buch der Weisheit die Rede ist".

5 Dossena, *Storia*, p. 920s.
6 Ibid.
7 Ibid.
8 La scena dell'atto e tutto il canto VIII rappresentano una svolta nella concezione dell'eros in relazione al rapporto tra livello della narrazione e livello patetico: all'erotismo idilliaco del poema si contrappone l'erotismo del genere dell'epitalamio. Cf. Pozzi, *Commento*, p. 54: "il matrimonio dei protagonisti è rappresentato con il seguito dei temi obbligati del genere epitalamico: la camera, il talamo, la bellezza fisica dei protagonisti, la notte, l'amplesso. Il passaggio a questo genere designante un preciso tipo di amore coincide con un punto importante dell'allegoria: la conclusione dell'iniziazione di Adone alla conoscenza sensitiva". Sull'allegoria nell'*Adone* si veda supra, p. 74–91.
9 Per il richiamo a Dante cf. Russo, *Commento*, p. 817 e, in relazione alla censura e al rapporto con Dante e Petrarca, Carminati, *Tradizione*, p. 135. Più in generale, sull'influenza di Dante nel Seicento cf. Arnaudo, *Dante*.

culturale, sembra collocarsi sul polo opposto dell'anti-vigilanza. Adone, impaziente, si infiamma nell'"inonesto gioco".[10]

Erotici sono anche i giochi di ninfe e satiri nel canto VI; ci troviamo nel Giardino del Piacere, più precisamente nel Giardino della Vista.[11] I loro sono giochi "di tante sorti",[12] tra cui quello del segreto amoroso, come è chiarito nel *Dialogo de' giuochi che nelle vegghie senesi si usano fare* di Scipione Bargagli del 1572:[13]

> Forman parte di lor, sedendo sotto
> gran tribuna di fronde, un cerchio lieto,
> e l'un al'altro sussurrando un motto
> dentro l'orecchie, taciturno e cheto,
> de' suoi chiusi pensier non interrotto
> scopre a chi più gli piace ogni secreto.
> Con questa invenzion chieste e concesse
> si patteggian d'amor varie promesse.[14]

I giochi riprendono e a quello del segreto si aggiungono anche quelli delle carte, dei dadi o degli aliossi,[15] di un antenato del cricket con il lancio della palla di avorio e del tric-trac,[16] un gioco con dadi e pedine, seguiti dalla danza, dalla lettura e dalla caccia.[17]

Nel canto X, quando Venere e Adone sono ascesi al cielo di Mercurio, vengono descritte le invenzioni dell'uomo atte all'inganno, tra le quali vengono enumerati anche i giochi, in una stupenda rassegna ritmica e virtuosistica:[18]

> Mira intorno astrolabi et almanacchi,
> trappole, lime sorde e grimaldelli,
> gabbie, bolge, giornee, bossoli e sacchi,
> labirinti, archipendoli e livelli,

---

10 Marino, *Adone*, VIII, 64, 5.
11 Cf. ibid., VI, 41.
12 Ibid., 41, 6.
13 Per le fonti cf. Mango, *Fonti*, p. 148 e Pozzi, *Commento*, p. 333. In Bargagli, *Dialogo*, p. 54 si possono leggere il funzionamento e le regole del gioco del segreto: "di pegno senza giudice saranno, come il giuoco del Segreto, quando si dice qualche motto nell'orecchio ad una donna alla quale ella da la risposta forte e il maestro nel gioco dapoi chiama uno del cerchio, il quale dalla data risposta indovini quel che colui abbia potuto sibilare nell'orecchio a quella donna. Et s'egli non indovina senz'altro giudice, da il pegno".
14 Marino, *Adone*, VI, 42.
15 Cf. Pozzi, *Commento*, p. 334.
16 Cf. ibid.
17 Cf. Marino, *Adone*, VI, 45. Sull'importanza della misura, sul tempo e sull'armonia nel gioco, così come nella musica, nella danza e nella scherma in Scaino cf. Fischer, *Spielen*, p. 222.
18 Parallela e analoga a quella dei sogni, cf. Marino, *Adone*, X, 99.

> dadi, carte, pallon, tavole e scacchi
> e sonagli e carrucole e succhielli,
> naspi, arcolai, verticchi ed oriuoli,
> lambicchi, bocce, mantici e crocciuoli,
>
> mira pieni di vento otri e vessiche
> e di gonfio sapon turgide palle,
> torri di fumo, pampini d'ortiche,
> fiori di zucche e piume verdi e gialle,
> aragni, scarabei, grilli, formiche,
> vespe, zanzare, lucciole e farfalle,
> topi, gatti, bigatti e cento tali
> stravaganze d'ordigni e d'animali;
>
> tutte queste che vedi e d'altri estrani
> fantasmi ancor prodigiose schiere,
> sono i capricci degl'ingegni umani,
> fantasie, frenesie pazze e chimere.
> V'ha molini e palei mobili e vani,
> girelle, argani e rote in più maniere;
> altri forma han di pesci, altri d'uccelli,
> vari sicome son vari i cervelli.
>
> Or mira al'ombra dela sacra pianta,
> fregiata il crin de l'onorate foglie,
> la Poesia, che mentre scrive e canta
> il fior d'ogni scienza insieme accoglie.
> La Favola è con lei, ch'orna ed ammanta
> le vaghe membra di pompose spoglie;
> l'accompagna l'Istoria, ignuda donna,
> senza vel, senza fregio e senza gonna.[19]

I giochi fanno quindi parte dei capricci degli ingegni umani: sono dadi, carte, pallone, tavole e scacchi. Pozzi definisce il passo "*excursus* di gusto",[20] una "natura morta per parole"[21] che parlando del gioco gioca con le parole.[22] Il tema ludico si intreccia con il gioco come pratica nella scrittura: il fine è quello del piacere, dell'evasione, del divertimento, del virtuosismo, della meraviglia.

---

19 Ibid., 136–139.
20 Pozzi, *Commento*, p. 450.
21 Ibid.
22 Si tratta di giochi fonici come allitterazioni, assonanze, consonanze (bolge-bossoli, labirinti-livelli, sonagli-succhielli, verticchi-mabicchi), ma anche di giochi di rima tra le ottave 136 e 137, per cui -acchi diventa -iche; -elli -alle, -olli -ale. Cf. al riguardo Pozzi, *Commento*, p. 450.

Sul piano diegetico, nel canto XVIII un gioco "estrano" viene messo in atto dai personaggi. Si tratta della morra, già anticipata nel canto III con Mercurio e Ganimede.[23] Nel canto, mentre Venere si dispera, Amore gioca con i due coetanei sotto un mirto fiorito.[24] Marino si rifà qui ai versi di Nonno, nei quali vede un cenno alla morra, nonostante questo si riferisca alla morra come gioco preparatorio a un ulteriore gioco.[25] Ma uno dei giochi più significativi dell'intero poema è quello degli scacchi, a cui si dedicano Venere e Adone. Nell'allegoria preposta al canto XV si legge che questo tipo di gioco "ci fa conoscere i passatempi e le dilettazioni con cui lo va trattenendo la voluttà per desviarlo dal bene, le quali nondimeno non sono altro che combattimenti e battaglie".[26] Nella lettura allegorica proposta da Marino stesso, secondo la quale Adone è un peccatore da biasimare, il gioco è dunque visto come una corruzione di costume e viene associato ai combattimenti e alle battaglie:[27] si tratta di un aspetto importante, perché l'*Adone* è un poema cosiddetto di pace, che ha come tema gli amori tra un giovane bello ed effeminato e una dea ancora più bella.[28] Nel corso del canto Venere – che contrariamente a quanto ci si possa aspettare, data l'occupazione dei personaggi, nota in Adone noia e preoccupa-

---

23 Cf. Marino, *Adone*, III, 17. Secondo Pozzi, *Commento*, p. 233 quando si parla di "chiuso loco" si rinvia agli sferisti, locali chiusi per il gioco della palla diffusi nel rinascimento oppure agli steccati in cui si svolgevano le gare di pallone; cf. Fischer, *Spielen*, p. 216s., che fa un discorso sul gioco e sulla filosofia come gioco insicuro tra Medioevo e prima età moderna.
24 Cf. Marino, *Adone*, XVIII, 19.
25 Secondo Pozzi, *Commento*, p. 657 "Nonno parla di tutt'altro gioco, quello del cacabo". Nella morra i giocatori devono indovinare la somma dei numeri mostrati contemporaneamente con le dita; nell'ottava 198 Marino parla di un'urna, che viene ripresa proprio da Nonno per il cacabo, e ne fa un premio per il gioco della morra, "segno ch'egli non ha capito il gioco descritto dal poeta greco", ibid., p. 657. Meno rigida è la posizione di Russo, *Commento*, p. 1946, che vede in Marino una modifica del riferimento a Nonno, in cui il gioco della morra serviva a "sorteggiare l'ordine per un altro gioco, mentre nel Marino è il gioco vero e proprio, con i premi in palio". In Marino i giocatori sono Amore, Imeneo e Ganimede, che in Nonno era giudice del gioco. Per la scena di Nonno cf. *Dionisiache*, XXXIII, 73–82, su cui si veda Tissoni, in: Nonno, *Dionisiache*, p. 313s.
26 Marino, *Adone*, XV, allegoria.
27 È significativo, per comprendere il valore dato alle allegorie dalla critica, che Russo, *Commento*, p. 1576 accetti la possibilità di una lettura allegorica del gioco degli scacchi come "rappresentazione stilizzata e astratta dei movimenti di guerra", ma senza fare riferimento alla frase dell'allegoria.
28 L'idea del gioco degli scacchi come rappresentazione, o meglio come imitazione di una guerra era già presente in un dialogo di Tasso, *Il Gonzaga*, p. 20: "G.C.G.: Ma che diremo del giuoco de gli scacchi? A.P.: Mi pare ch'anch'esso sia imitazione, perciochè l'ordine de l'essercito in alcun modo ci rappresenta: e si dice che Palamede, ritrovatore de l'ordinanze, il ritrovò ne la guerra di Troia".

zione – decide di iniziare una partita a scacchi in una costellazione piuttosto bizzarra:[29] i giocatori sono infatti Adone, Mercurio, Venere e Cupido, a cui si aggiunge poi Galania.[30] Il gioco è qui un modo per distrarsi, è un vero e proprio passatempo: si cerca infatti di ingannare le ore, di sviare i pensieri e di dimenticare le preoccupazioni attraverso il diletto. Il momento della scelta del gioco è un meraviglioso pretesto per l'elencazione di una serie di altri giochi: dalla pallacorda al bracciale, fino alla pallamaglia da camera (un antenato del cricket).[31] Venere pensa dunque a un gioco basato sull'ingegno, e non sul caso o sulla furbizia. Il Gioco viene personificato come un fanciullo "d'Amor Germano"[32] che porta la scacchiera in scena. La scacchiera viene descritta nell'ottava 120, in una ripresa da Girolamo Vida:[33] ci sono sessantaquattro caselle dalla forma quadrata, in entrambi i sensi, dritto e traverso ("dispon per otto vie serie leggiadra / ed otto ne contien per ciascun verso").[34] L'alternanza di caselle nere e caselle bianche fa sembrare la tavola la schiena colorata di un dragone ("qual tergo di dragon tutto è dipinto"):[35] si tratta di un'anticipazione della trasformazione di Galania, di cui si parla anche nell'allegoria.

All'interno del cosiddetto poema di pace è particolarmente interessante la dimensione bellica della partita, che viene presentata nel discorso di Venere.[36] Dopo il discorso fatto ad Adone, Venere versa sul tavoliere, da un'urna aurata, due schiere di sedici pedine belle e preziose; da una parte ci sono quelle nere, dall'altra quelle bianche. Dopo la descrizione delle pedine, delle schiere e della preparazione del gioco bellico, Venere si rivolge a Mercurio che spiega ad Adone – che come spesso accade nel poema ha il ruolo passivo di un giocatore inesperto – le regole del gioco,[37] e affinché Adone possa capirne il funzionamento Mercurio inizia a giocare con Venere. Le regole "del bel certame",[38] afferma Mercurio, non

---

29 Sulla struttura della partita e sullo sdoppiamento cf. Pozzi, *Commento*, p. 571s. La partita risulta, secondo Pozzi, sdoppiata sul piano orizzontale perché giocata in due tempi e sul piano verticale perché nella seconda fase partecipano quattro giocatori invece che due.
30 Cf. Marino, *Adone*, XV, 113. Nella seconda parte della partita giocano Venere e Cupido contro Adone e Mercurio.
31 Cf. ibid., 114–117; Pozzi, *Commento*, p. 582 e Russo, *Commento*, p. 1625.
32 Marino, *Adone*, XV, 119, 4.
33 Cf. Russo, *Commento*, p. 1627.
34 Marino, *Adone*, XV, 120, 3s.
35 Ibid., 12. La fonte principale per il gioco degli scacchi, utilizzata da Marino, è Girolamo Vida; si tratta del testo *Scacchia ludus*, cf. Pozzi, *Commento*, p. 182s. e Russo, *Commento*, p. 1627.
36 Cf. Marino, *Adone*, XV, 121.
37 Cf. ibid., 130.
38 Cf. ibid., 138, 2.

vanno infrante: "rompersi non denno".³⁹ Venere gioca con i bianchi, Mercurio con i neri e la partita si apre proprio con un'immagine di guerra.⁴⁰ I primi due pedoni cadono e segue la mossa dell'arrocco per il "rege oscuro",⁴¹ entrano in campo i cavalli che riempiono di "strage"⁴² il tavoliere. Il cavallo di Mercurio minaccia il re e la torre di Venere, che la dea dovrà sacrificare;⁴³ Venere decide di attaccare, non vedendo il "gran periglio",⁴⁴ ma viene avvertita con uno sguardo dal figlio Amore. Ritira così la mossa, si scusa e fissa la regola del "pezzo toccato, pezzo giocato", che Marino prende da Vida.⁴⁵ Mercurio è offeso e adirato, pensa "di pugnar con inganni e con rapine"⁴⁶ e dimostra la sua abilità nei trucchi, facendo fare all'alfiere il movimento a elle del cavallo.⁴⁷ L'abilità ingannatrice di Mercurio, che sostanzialmente sta barando, non è però perfetta, perché il baro viene scoperto da Venere, che provocatoriamente lo riprende e lo accusa di non essere abbastanza abile nel celare i furti.⁴⁸ Le parole di Venere rimandano chiaramente alla lettera Claretti, dove il tema del furto celato è applicato all'ambito letterario: "ma chi rubba e non sa nascondere il furto merita il capestro; e bisogna saper ritignere d'altro colore il drappo della spoglia rubbata, acciochè non sia con facilità riconosciuto".⁴⁹ Mercurio, scoperto l'inganno, deve abbandonare la partita tra la derisione, il riso e l'applauso chiassoso degli Amorini. Adone prende così il suo posto, per portare a termine la partita cominciata. Mercurio però non demorde e continua a influenzare la partita come consigliere di Adone, inesperto nel gioco degli scacchi; Amore invece spalleggia Venere. In caso di vittoria Mercurio chiede una rete aurea con nodi di diamante, Amore invece il caduceo di Mercurio per far addormentare le persone sveglie e "per poter poi ne le notturne frodi / addormentar

---

39 Ibid. Considerando la frode di Mercurio, messa in atto con l'aiuto di Galania, questo monito assume un nuovo valore paradossale, ironico e provocatorio.
40 Cf. ibid., 139.
41 Ibid., 141, 1.
42 Ibid.
43 Cf. ibid., 144.
44 Ibid., 149, 2.
45 Cf. Pozzi, *Commento*, p. 589 e Russo, *Commento*, p. 1639. In Vida la scena del rovesciamento dei pezzi è attuata da Mercurio in questo punto, mentre in Marino avviene più avanti e sarà Venere a ribaltare la tavola a causa della frode. Sul rapporto con Vida e l'aggiunta di tessere da una novella degli *Ecatommiti* di Giraldi Cinzio cf. anche D'Elia/Russo, *Partita*, p. 241s. Per la regola del "pezzo toccato" e per un'analisi tecnica cf. ibid., p. 242; 243 n. 23.
46 Marino, *Adone*, XV, 6.
47 Cf. ibid., 153.
48 Cf. ibid.
49 Id., *Lira*, 33. Al riguardo cf. il progetto di Nelting/Paltrinieri, in: Nelting, *Formar*, che parla di un amalgama letterario; con altra prospettiva, ma sempre in rapporto al tema della tradizione e dell'imitazione, del vecchio e del nuovo, cf. Carminati, *Tradizione*, p. 14s.

i vigili custodi".⁵⁰ Il "vago Adon"⁵¹ gioca con cautela ed è attento a non fare movimenti inutili. Dopo l'eliminazione di alcuni pezzi inizia la battaglia:⁵² le due regine si scontrano, e se le schiere di Venere Adone sono simili nel numero, Adone ha però perso la torre, fatta cadere da un alfiere.⁵³ La scacchiera è spopolata,⁵⁴ un pedone nero cade poco prima di arrivare: "cade trafitta la guerriera negra / su 'l confin de la meta, un grado meno".⁵⁵ È a questo punto che Mercurio, approfittando di un momento in cui Venere tocca con il piede quello di Adone sotto il tavolo, pensa a nuovi inganni.⁵⁶ Mercurio prende quindi dal bossolo dei pezzi caduti un alfiere e un cavallo neri, quindi di Adone.⁵⁷ Tuttavia Mercurio non li mette sul tavoliere, ma esorta Galania a farlo per lui: la ninfa di Venere esegue e, nel momento in cui le pedine di Adone vengono meno, aggiunge due pezzi sulla scacchiera, l'alfiere e il cavallo.⁵⁸ Venere torna attenta e si stupisce di perdere dopo aver già vinto; capisce così l'inganno dal sorriso di Mercurio e sospende il gioco.⁵⁹ Per punire Galania la trasforma in tartaruga,⁶⁰ animale che come si legge nell'allegoria è particolarmente "venereo", e le impedisce l'atto sessuale, rendendole pericolosa la posizione supina; la scacchiera le rimane così sopra le spalle.⁶¹ Tra Mercurio e Amore scoppia infine una lite rumorosa, una "fanciullesca briga"⁶² che Venere cerca di calmare. L'intento va a buon fine e la disputa si conclude con un compromesso, per cui la rete di Amore può essere presa in prestito da Mercurio.

Non agli scacchi, mai ai giochi funebri indetti da Venere in onore di Adone è interamente dedicato il canto XX.⁶³ Siamo in quello che Pozzi chiama il "dopo-

---

50 Marino, *Adone*, XV, 156, 8. Il tema del sonno, così centrale nel poema di Marino e importante per la questione della vigilanza e della veglia all'interno della narrazione, è qui connotato con Amore e appunto in contrapposizione alla veglia, ai vigili custodi. Se la veglia è segno di attenzione, con le frodi notturne, con i sogni, con il sonno Amore vuole addormentare le anime.
51 Ibid., 157, 1.
52 Cf. ibid., 158.
53 Cf. ibid., 163.
54 Cf. ibid., 164.
55 Ibid., 168, 5.
56 Cf. ibid., 169.
57 Cf. ibid., 170.
58 Cf. ibid., 171.
59 Cf. ibid., 172.
60 Sul nome di Galania e il "lombardismo tacito" cf. Stigliani, *Occhiale*, p. 346. Cf. anche Pozzi, *Commento*, p. 591 e Colombo, *Cultura*, p. 125.
61 Cf. Marino, *Adone*, XV, 179. Per le fonti cf. Drusi, *Venere*, p. 485.
62 Marino, *Adone*, XV, 199.
63 Per un'interpretazione dei giochi basata sulla ripresa dei modelli classici cf. Artico, *Itinerari e Anatomia*, p. 243s., secondo cui Marino "sfalsa la prospettiva epica a questo [modello

poema"[64] poiché si tratta della parte che segue la morte dell'eroe-antieroe.[65] I giochi funebri pensati per immortalare l'idea e il ricordo del giovane ucciso dal cinghiale sono giochi intesi nel senso di spettacolo; colpiscono, di questo canto, la lunghezza e lo stile improvvisamente aulico. Nell'allegoria i giochi in onore di Adone sono presentati come dimostrazione che gli amici che veramente amano si impegnano a onorare il morto; la giostra è invece l'allegoria delle famiglie principali italiane. Il primo dei tre giorni è dedicato al tiro con l'arco e alla danza, gli altri due invece alla lotta, alla scherma[66] e alla giostra. Sempre secondo il paratesto

> nella giostra, che dopo il tirar dell'arco, il ballo, la lotta e la scherma de' due precedenti, è lo spettacolo del terzo et ultimo giorno, oltre i cavalieri barbari che v'intervengono, sono adombrate molte famiglie principali d'Italia.[67]

Il riferimento, nell'allegoria ma soprattutto nel canto, alle famiglie italiane è un *topos* letterario del genere dell'epica e del romanzo; il fatto che vengano esplicitamente nominati i Ludovisi va inquadrato nel contesto di una possibile operazione strategica per un eventuale ritorno in Italia, con motivazioni esterne, politiche e personali.[68] La serie di nomi e azioni tendono a confondere chi legge, tanto che sembra lecito chiedersi quale dovesse essere, per Marino, la funzione narrativa dell'ultimo canto dell'*Adone*: perché la storia non finisce, come già aveva fatto notare Stigliani,[69] con la morte di Adone? E perché dedicare a quanto accade dopo la morte di Adone un canto così lungo? Il dopopoema è forse una risposta rovesciata all'idea dello "smoderato piacer" che "termina in doglia",[70] dal momento che qui vengono raccontati amori con esito tragico e, con la sola eccezione di Achille, finiti con una metamorfosi. Il poema ha un senso diverso da quello esplicitato, un senso nascosto: diversi elementi –

---

classico] sottesa, senza rovesciarla completamente [...] ma lavorando di cesello sulle sfumature del significato generale in relazione al macrotesto dell'opera".

64 Pozzi, *Commento*, p. 645. Sulla struttura geminata cf. sempre Pozzi, *Commento*, p. 18s.

65 Per un tentativo di classificazione e una guida delle caratteristiche eroiche, antieroiche e posteroiche cf. Bröckling, *Postheroische*.

66 Sulla scherma nella società ferrarese cf. Fischer, *Spielen*, p. 224s. e, riguardo al *Trattato di scientia d'arme, con un dialogo di filosofo* di Camillo Agrippa, cf. ibid., p. 229, n. 47.

67 Marino, *Adone*, XX, allegoria. L'allegoria prosegue con un elenco in cui vengono esplicitati i nomi. Come si è già visto, è importante perché, nonostante l'intento evasivo, l'allegoria in questo caso serve realmente a spiegare elementi nascosti, velati o poco evidenti.

68 Cf. Russo, *Commento*, p. 2145s.

69 Cf. Stigliani, *Occhiale*, p. 287, 362.

70 Secondo Pozzi, *Commento*, p. 52s. la formula non è apposta per ragioni di convenienza sull'immoralità del poema, ma è l'etichetta che autentica la disposizione del patetico in questo.

il carattere provocatorio della scrittura mariniana, il gusto descrittivo e maliziosamente allusivo delle scene amorose, la mole del poema che racconta gli amori dei due protagonisti, la presenza del dopo-poema e la sua lunghezza, la ripetizione della storia di Venere e Adone in quella di Austria e Fiammadoro – inducono a pensare che, *nonostante* il piacere eccessivo termini in doglia, ne valga comunque la pena. Sarebbe questo il *vero* senso del poema. Si tratterebbe di una concezione provocatoria, che va di pari passo con l'atteggiamento di Marino stesso nei confronti della regola e dell'obbedienza, e potrebbe costituire un rovesciamento della concezione della doglia amorosa di Petrarca, per cui "mille piacer non vagliono un tormento".[71] Tuttavia il poema non si conclude per davvero: Fileno-Marino continua la trascrizione e viene così a mancare una cornice che faccia iniziare e concludere la storia, la quale resta in sospeso.[72]

Il primo giorno dei giochi si apre, per volere e ordine di Venere, con il tiro con l'arco: il bersaglio è un capriolo. Arabino, Foresto, Ermanto, Ordauro, Tirinto e Filino sono i nomi, estratti a sorte, che risuonano nelle ottave,[73] tra allitterazioni e provenienze insolite dei partecipanti.[74] Un esempio della sonorità presente nei versi è nella seguente ottava:

> S'accinge a l'opra e cinge al fianco Ordauro
> pien di ferrate penne aureo turcasso.
> Il figliuol d'Euro Euripo, il gran centauro,
> tal gloria ambisce e 'l sericano Urnasso.
> Né men di lor Brimonte ed Albimauro
> la brama, ircano l'un, l'altro circasso.
> Chiedela aprova Ucciuffo ed Anazarbo,
> quegli è di Tracia allievo e questi alarbo.[75]

L'aspetto uditivo – insieme alla struttura dettagliata di questo canto, alle intenzioni politiche e strategiche esterne al testo, allo stile aulico – disorienta chi legge, in una maniera molto simile a quella delle grottesche nell'edizione parigina e delle allegorie preposte ai canti: vediamo come. Il primo nome pescato è quello di Mitrane, che ha un arco di corna di cervo da lui stesso legate insieme con un manico di avorio. L'arciere si prepara, tira la corda, tra pollice e indice, fino all'orecchio destro, poi incocca:

---

71 Petrarca, *Canzoniere*, 231, 4.
72 Cf. Pozzi, *Commento*, p. 28.
73 Cf. Marino, *Adone*, XX, 29–33.
74 Per i nomi, nello specifico quello di Itrane, appartenente non alla lunga schiera dei menzionati sopra, ma agli anonimi dell'ottava 33, cf. Pozzi, *Commento*, p. 698 e Cherchi, *Metamorfosi*, p. 42.
75 Marino, *Adone*, XX, 32.

> Liberata la canna, ancorché fosse
> la testa ita a ferir del cavriuolo,
> però ch'impaurito il capo ei mosse,
> died'alto e passò via rapida a volo.
> Il tronco nondimen giunse e percosse
> dove lo ritenea stretto il lacciuolo
> e sì forte ad entrarvi andò la freccia,
> ch'affissa gli restò ne la corteccia.[76]

Il secondo arciere è Arconte, il cui arco, intarsiato e ornato di scaglie d'oro, assomiglia a una vipera:

> Lieve più che balen, fendendo il cielo,
> lo stral nel caprio a sdrucciolar sen viene.
> Nol fiede già, né pur gli tocca il pelo
> ma nel canape dà che preso il tiene.
> Vien nela corda ad incontrarsi il telo
> e fa tremar il cor, gelar le vene
> a la fera che tenta a' suoi legami
> romper intutto i già sfilati stami.[77]

Dal sorteggio escono due nomi: Frizzardo, etiope bizzarro con le saette tra i capelli, e Dardireno, asiatico "garzon di crespo crin, d'aria serena, / di viso grato e di modesta fronte".[78] Frizzardo, con l'arco d'avorio, scocca la freccia, ma il capriolo, al rumore di questa, scappa: "ma, spezzato il capestro ond'era avolta, / per la piazza fuggì libera e sciolta".[79] Mentre Frizzardo si crogiola nel dolore e nella rabbia, Dardireno, applaudito e conosciuto per la sua abilità, colpisce il capriolo in libertà e lo uccide. Venere procede così con la consegna dei premi ai quattro partecipanti al gioco. Il canto prosegue con Follerio, il primo ballerino che apre la danza,[80] seguito da Alibello che propone una danza acrobatica caratterizzata da salti e straordinarie prove vertiginose.[81] Continuano Aquilanio, Clarineo, Delio, Laurico, Garbino, Celauro e Floriano che si ergono in aria restando in equilibrio: "fan di corpi intessuti alta struttura".[82] Dopo la consegna dei premi le

---

[76] Ibid., 39.
[77] Ibid., 44.
[78] Ibid., 47, 6.
[79] Ibid., 54, 8.
[80] Secondo Pozzi, *Commento*, p. 53 il viver piacevole di cui scrive Marino è quello della "galanteria dei balli e dei giochi di società, delle cacce e delle pallacorde nel cui contesto la favola mitologica correva come pretesto erotico nel genere appunto dell'idillio e come pretesto di spettacolo nel genere del balletto".
[81] Cf. Marino, *Adone*, XX, 65.
[82] Ibid., 67, 8.

ninfe danzano le tresche. Ci sono Lindaura, Marpesia, Mirtea e Filantea, Albarosa e Fiordistella. Ma è Lilla a splendere di bellezza mentre danza, e Fileno la guarda. Un pavone ammaestrato serve la dea, caccia le mosche e tempera i venti. Il pastore Clizio invita a ballare Filli, e infine Faunia, serva lasciva di Venere, entra in campo con Ardelio trascinato per mano. La danza assume presto pose oscene:

> Compito il primo ballo, ecco s'appresta
> la coppia lieta a variar mutanza,
> e prende ad agitar, poco modesta,
> con mill'atti difformi oscena danza.
> Pera il sozzo inventor che tra noi questa
> introdusse primier barbara usanza.
> Chiama questo suo giuoco empio e profano
> saravanda e ciaccona il novo ispano.[83]

Il passaggio è particolarmente interessante in questo contesto, perché si può notare come Marino inserisce, sotto il velo del gioco, la critica antispagnola. Anche i sentimenti più onesti sono vittime della lascivia:

> Quanti moti a lascivia e quanti gesti
> provocar ponno i più pudici affetti,
> quanto corromper può gli animi onesti
> rappresentano agli occhi in vivi oggetti.
> Cenni e baci disegna or quella or questi,
> fanno i fianchi ondeggiar, scontrarsi i petti,
> socchiudon gli occhi e quasi in fra sé stessi
> vengon danzando agli ultimi complessi.[84]

È significativo che durante i giochi funebri in onore di Adone indetti da Venere ci sia una danza, ossia un gioco lascivo che ricorda per analogia quelli dei due amanti separati tragicamente dalla morte di Adone; in questo senso risulta interessante confrontare i due letti, quello regale del Palazzo dell'unione di Venere e Adone e quello che i danzatori ricevono come premio. Se il primo era "real di gemme adorno / e colonne ha di cedro e sponde d'oro",[85] quello dei ballerini è di una bellezza esasperata, tanto che risulta grottesco e mostruoso, con le colonne terrificanti, le basi come piedi di sfingi, le cime come teste di arpia, elementi che ricordano le decorazioni dell'edizione parigina:

---

83 Ibid., 84.
84 Ibid., 86.
85 Ibid., VIII, 93, 1s.

> Letto era un pregio esposto in quelle feste
> con colonne d'elettro elette e fine,
> ch'avean di sfinge i piè, d'arpia le teste,
> e custodie di porpora e cortine,
> e vergate per tutto e quelle e queste
> erano d'oro in triplicate trine.
> Fatto il talamo ricco e prezioso
> a la vista parea più ch'al riposo.[86]

Il premio viene consegnato da Venere ai due ballerini, in nome delle loro "dolcissime fatiche",[87] cosicché alla mancanza della danza possano supplire con il letto, mettendo fine al gioco e iniziandone uno nuovo. Diana, presa dalla vergogna, arrossisce[88] e decide di convocare la sua schiera per iniziare un nuovo tipo di ballo, più pudico e casto. Venere non perde occasione per offrire premi a giocatrici e giocatori e sottolineare l'apprezzamento per l'onestà, la bontà e la pudicizia.[89] A Diana segue Apollo con la sua schiera danzante, fino al calare delle tenebre.

Il secondo giorno si apre invece con la lotta e la scherma. In palio c'è un molosso con un collare di cuoio e punte dorate. Come per la scena del ballo, i nomi sono particolari: per esempio c'è quello parlante di Satirisco (in parte appunto satiro, in quanto ha le estremità dei piedi come quelle della capra), che combatte contro Corteccio. A questo punto chi legge si ritrova immerso nella narrazione degli spettacoli e non pensa quasi più a Venere e Adone, ricordandosene solo per analogia o per richiami diretti: proprio come in questo caso, in cui si pensa alla morte di Adone e alla sua sconfitta contro il violento cinghiale. La furia e l'impeto dei due giocatori-combattenti caratterizzano questo passo.[90] Il combattimento viene fermato da Venere, che ricorda la delicatezza necessaria per i giochi in onore di Adone e sancisce il parimerito tra i giocatori.[91] Proprio mentre Venere sta per dare il molosso a Satiresco e a Corteccio il pardo, ecco che entra in campo Membronio, che si mostra subito gigantesco. Ci vuole un po' prima che Crindoro si faccia avanti. Nella sua bellezza leggiadra e femminile ricorda Adone: ha chiome bionde, molli, delicate e crespe, che sembrano vero e

---

[86] Ibid., XX, 87.
[87] Ibid., 88, 3.
[88] Il rossore e la vergogna compaiono spesso nell'*Adone*, a volte come posa studiata e in riferimento a Tasso. Cf. per esempio il termine "vergognosetto", utilizzato da Tasso, al femminile, per Armida, ma nell'*Adone* pensato per il protagonista nel canto III, cf. Marino, *Adone*, III, 137, e per Venere nel canto VII, 219, 1 e VIII, 44.
[89] Cf. ibid., XX, 92.
[90] Cf. ibid., 125.
[91] Cf. ibid., 136.

proprio oro. A questo punto chi legge pensa ad Adone, come ha notato Guardiani, secondo il quale "il duplice duello di Membronio sarebbe una ripetizione dello scontro tra Adone e il cinghiale. Solo che il mostro verrebbe qui sconfitto":[92] se nel poema la brutalità vince sull'amore, nel dopo-poema si ha un rientro nel ciclo della vita.[93] Membronio aggredisce Crindoro, che viene atterrato e sconfitto. C'è un aspetto che credo possa rimarcare questo parallelo: è la treccia d'oro che si muove al soffio del vento, e che ricorda la veste di Adone prima dell'uccisione da parte del cinghiale. Dopo Crindoro si fa avanti Corimbo, compagno forte e valoroso di Membronio, ora suo nemico nella lotta, in Marino sempre vicina all'abbraccio e al rapporto erotico.[94] Seguendo la lettura di Guardiani, Corimbo è forte quanto il cinghiale, ma è tuttavia una figura ambigua perché giovane come Adone. La figura di Adone si sdoppia così nei due giovani, la vittoria e la sconfitta sono un tutt'uno: Adone-Crindoro è sconfitto dal cinghiale-Membronio, ma il cinghiale-Membronio è vinto da Adone-Corimbo. È in questo senso che, da parte di Venere, si giunge anche all'assoluzione del cinghiale, la cui azione si inserisce nella lotta come "fase indispensabile del ciclo della vita".[95] Ancora una volta non solo il vincitore viene premiato da Venere, con una preziosa coppa ornata di smeraldo, rubino e topazio, ma anche lo sconfitto, Membronio, riceve in dono una gran fiasca di acero lavorato. È un giorno di festa e Venere non vuole creare scontento: il gioco si gioca per giocare, per ricordare Adone, ma di fatto ha poca importanza chi vince e chi perde. Anche nella nuova contesa, la scherma, si ritrovano nomi parlanti e giochi fonici: Brandin, Armidoro, Gauro, Ormusto, Garinto e Moribello, Taurindo, Briferro, Argalto, Duarte, Giramon, Fulgimarte, Magabizzo e Spadocco, Belisardo, Albin, Grottier e Olivan. Ancora una volta la lotta è accostata, nel discorso di Esperio, al gioco del letto, in quanto dolce battaglia.[96] Grottesca è la contesa tra Olbrando e Bardo: Bardo non lascia il premio all'avversario, ma trattiene per la mano la fanciulla in palio, che viene tirata anche da Olbrando,[97] ma le due dee, come di consueto, li calmano facendoli nuovamente combattere. Tuttavia il combattimento è insolito: Bardo, che in un primo momento era adirato, è ora mosso da compassione. Sostiene così l'avversario e lo bacia addirittura in fronte, ma la giovane rimane a lui. Venere si intromette e con il sorriso che la contraddistingue in questo canto dichiara: "Vincasi pur in qualsivoglia modo, / che la vitto-

---

[92] Guardiani, *Spettacoli*, p. 330.
[93] Cf. ibid.
[94] Cf. anche Marino, *Adone*, XX, 164–168. Già Guardiani, *Spettacoli*, p. 331 sostiene che "non sarà azzardato leggere in questa greca amicizia un amore omosessuale".
[95] Ibid., p. 330.
[96] Cf. Marino, *Adone*, XX, 199.
[97] Cf. ibid., 212.

ria alfin fu sempre bella".[98] Rilevante per la riflessione sul gioco e sull'obbedienza è l'atteggiamento di Marzio e Guerrino, che non sopportano[99] le regole della scherma. Il carattere dei contendenti è così impaziente da far risultar loro insopportabili le regole e le attese. Mentre i due stanno scegliendo le armi per il duello, Venere interviene sottolineando l'aspetto idilliaco della sua festa pacifica:[100] vieta così lo scontro, ma torna sui suoi passi davanti all'ira dei contendenti e cede con facilità, consentendo infine il combattimento. Il "gioco" dura però ben poco perché si attaccano alla testa, uno ha l'occhio ferito, l'altro il viso. Venere, nonostante la "doglia acerba",[101] anche in questo caso consegna premi a entrambi. Concludono la giornata, dopo la vittoria di Cariclio su Altamondo,[102] due professionisti della scherma: Cencio e Camillo. A sottolineare la superiorità italiana in quest'arte si legge che sono fra i migliori "ne le scole latine";[103] lo scontro si conclude in parità e i premi vengono divisi.[104]

Il terzo giorno si apre con la quintana.[105] La descrizione della giornata è fortemente caratterizzata dall'intento encomiastico finalizzato a guadagnarsi stima e favori delle famiglie italiane e culmina nel loro elogio a partire dall'ottava 334. In questo caso il paratesto dell'allegoria annuncia preliminarmente l'aspetto adulatorio.[106] Il bersaglio della quintana è un manichino roteante di legno coperto da un'armatura di ferro, con lo scudo pronto a ripararsi e la visiera dell'elmo abbassata. Il busto ha una mazza con tre catene di ferro e all'estremità ci sono tre globi che girano quando l'altro lato della sagoma viene colpito. Sul pilastro c'è una targa d'oro con una scritta rossa, è l'editto generale della giostra che sancisce le regole e le leggi del gioco: "di quanto in essa adoperar conviene / le leggi per capitoli contiene".[107] I concorrenti sono di origine e aspetto differenti l'uno dall'altro, alcuni svelano passioni nascoste, altri gli amori infelici e i conseguenti dolori. Il primo a scendere in campo è Sidonio, che può vantare un amore felice nella misura degli affetti, ma non riesce a pren-

---

[98] Ibid., 217, 3–4. Per il rinvio ad Ariosto cf. Stigliani, *Occhiale*, p. 414, che accusa Marino di aver aggiunto al fallo del furto quello di garrulità, e Russo, *Commento*, p. 2228.
[99] Paragonabile anche l'atteggiamento di Altamondo che non aspetta l'invito in campo. Lo scontro che segue è vinto da Cariclio. Cf. Marino, *Adone*, XX, 218.
[100] Cf. ibid., 220.
[101] Ibid., 223, 1.
[102] Cf. ibid., 231.
[103] Ibid., 233, 8.
[104] Cf. ibid., 246.
[105] Probabilmente questa scena viene inserita da Marino a partire da uno scorcio dedicato alla *Gerusalemme distrutta*, cf. Russo, *Commento*, p. 2241.
[106] Cf. Marino, *Adone*, XX, allegoria.
[107] Ibid., 255, 8.

dere a pieno il bersaglio, anzi lo manca, colpendolo sotto la gola. Tuttavia Venere decide di premiarlo.[108] Segue un saracino di Tarso con i serpenti argentei sull'armatura e il cuore spezzato da Adamanta, figlia del re d'Arabia. Ma il duello più interessante è quello tra Austria a Fiammadoro, che personificano Spagna e Francia e al tempo stesso ricordano Venere e Adone, Clorinda e Tancredi. Il velo compare in questo caso come un velo di scena che si toglie e la donna, fino ad allora scambiata per uomo, si rivela sé stessa:

> Ma, tolto il vel che ricopria la scena,
> si scoverse il guerriero esser guerriera,
> e con le bionde chiome a l'aura sparse
> bella non men che bellicosa apparse.[109]

Lo svelamento di Austria in quanto donna, nell'ottava 398, è rafforzato dall'immagine della rosa che ricorda il femmineo Adone, mentre l'innamoramento di Fiammadoro rievoca quello di Venere nel canto III sia per la presenza del velamento-svelamento,[110] sia per l'immagine della rosa, connotazione tradizionale della bellezza femminile:

> A la vergogna, ala fatica or l'ira
> rossore aggiunge e ne divien più bella,
> onde molto più spessi aventa e tira
> i colpi in lui l'intrepida donzella.
> Ma l'altro allor che quel bel volto mira,
> senza moto riman, senza favella,
> trema, sospira e sparge a mille a mille
> più dal cor che dal'armi, alte faville.[111]

Il parallelo tra Austria e Adone viene fatto anche da Venere che quando vede il viso di Austria, pensa di rivedere l'amato: "arse a un punto e gelò, ché le fu aviso / di rivedere il caro Adon risorto".[112] Il gioco con il maschile e il femminile è qui supremo: se Adone è uomo femminile incapace di cacciare, Austria è donna maschile in grado di combattere, ma forse non ha davvero più senso parlare di femminile e maschile, se, come afferma Guardiani,[113] maschio e femmina non sono entità separate che si incontrano per creare la vita, ma un'entità

---

108 Cf. ibid., 265.
109 Ibid., 397, 5–8.
110 Sullo svelamento in Marino cf. Boillet, *Dire*, p. 214.
111 Marino, *Adone*, XX, 399.
112 Ibid., 403, 4.
113 Secondo Guardiani, *Spettacoli*, p. 334 Fiammadoro e Austria sarebbero Adone. Tra le coppie ci sarebbe perfetta interscambiabilità.

indissolubile e onnipresente. Il gioco non è solo con le concezioni del maschile e del femminile, ma anche con la tradizione, perché il riferimento a Clorinda è qui più che evidente.[114]

Il gioco è quindi, nell'*Adone*, tema e tecnica narrativa e le sue motivazioni, interne ed esterne, si intrecciano. Barare è accettato se l'inganno è ben fatto: se chi ruba, sia all'interno del poema che nel reale scrivendo, non si fa scoprire. Ci sono sì il gioco del letto e dei trastulli, c'è la lotta amorosa, ma il gioco è, nell'opera mariniana, soprattutto una condizione in cui non ha importanza la modalità della vittoria; è quella situazione di stallo in cui vince sovente il compromesso e anche il perdente viene consolato e premiato. Marino si sofferma quasi sempre sulle regole del gioco e sulla loro spiegazione dettagliata anche per rilevare chi le viola, quando vengono violate. La violazione delle regole e il barare diventano addirittura un merito o un atto di generosità o di carità; Venere infatti premia tutti, in nome di un'armonia pacifica in cui non c'è nessun interesse per una vera graduatoria, quando le regole del gioco prevedrebbero che sia solo il migliore a essere premiato.

Soprattutto gli ultimi giochi, quelli del canto XX, ribaltano l'ordine del mondo svelando un universo neoplatonico e panerotico in cui non esistono maschile e femminile, e le contraddizioni si annullano in nome di uno stato pacifico e ludico di sospensione temporale. Se il gioco è stato utilizzato spesso, in contrapposizione a serietà, impegno e sincerità, per denigrare la poesia mariniana, è invece sinonimo esattissimo di finzione perché, come afferma Pozzi, "costringe il giocatore ad uscire da una sfera di vita ordinaria, ed in quanto è circoscritto alla realizzazione di sé stesso".[115] Questo riguarda, secondo Pozzi, gran parte della poesia mariniana, in cui il gioco della pallacorda, della scherma e l'assolo del ballo sono

> riproduzioni di movimenti concentrici che non producono altro che se stessi: macchine inutili come è macchina inutile, a tempo voluto, la narrazione che ad ugual titolo può funzionare o non funzionare; e, quando non funziona, è un Giacinto che palleggia, è una Filli che volteggia.[116]

È tuttavia particolarmente provocatorio e significativo che proprio in questo contesto di gioco fine a sé stesso si trovino i riferimenti alle grandi famiglie ita-

---

114 Cf. anche le leggi delle "femine guerriere" di Marino, *Adone*, XX, 414. Un altro esempio di rovesciamento dei ruoli, maschile e femminile, si trova nella scena di Feronia, speculare per la struttura di carattere voyeuristico, in cui Adone è vittima delle violenze e delle molestie della grottesca maga, cf. ibid., XIII, 95–97. L'episodio di Feronia è cassato dalle ottave 98 a 99 in BARB, con puntini di sospensione già nella Sarzina del 1623; in Armanni tutto il discorso di Feronia viene eliminato, cf. Carminati, *Tradizione*, p. 134.
115 Pozzi, *Commento*, p. 61s.
116 Ibid.

liane, motivati da intenti più esterni al racconto – politici, contemporanei, strategici e tattici – come per esempio quello di ingraziarsi Roma prima del ritorno in Italia.

Nel poema il gioco non è però solo raffigurato come azione concreta dei personaggi, ma è anche il motore scherzoso[117] o poco impegnato delle loro azioni, la loro motivazione che spesso si esaurisce in quello stesso gioco. Sono la gratuità e il piacere a essere rilevanti: Adone, all'inizio del poema, inizia a remare "per gioco";[118] "per torne gioco"[119] Venere si traveste. La scrittura stessa di Marino si inserisce nell'ambito del gioco e dello scherzo, come si può leggere nel canto VIII:[120]

> Di poema moral gravi concetti
> udir non speri ipocrisia ritrosa,
> che, notando nel ben solo i difetti,
> suol cor la spina e rifiutar la rosa.
> So che, fra le delizie e fra i diletti
> degli scherzi innocenti, alma amorosa
> cautamente trattar saprà per gioco,
> senza incendio o ferita, il ferro e 'l foco.[121]

È per gioco, in maniera scherzosa quindi, che si scrive l'*Adone* e con lo stesso spirito lo si dovrebbe leggere; non è certamente un poema morale e per questo va categoricamente rifiutata una lettura ipocrita e ritrosa.[122] La scrittura mariniana è gioco in grado di far evadere, che permette di nascondere critiche, furti, stratagemmi e strategie sotto il velo del testo. Il tema dei giochi, e anche nello specifico dei giochi funebri, può essere interpretato come un elemento metatestuale che rimanda al concetto di poetica ludica dell'*Adone*, la cui edizione è incorniciata da grottesche. Nel gioco, in questo senso, si assiste alla possibilità dell'inganno, da parte di chi gioca o di chi scrive, all'effetto della maschera, del velamento e dello svelamento. La poetica barocca non è però meramente ludica: se da una parte si presenta come luogo in cui compare l'evasione, attraverso il

---

117 Come nota Stigliani, *Occhiale*, p. 120s., il poema, che inizia per gioco e per scherzo, finisce in tragedia.
118 Marino, *Adone*, I, 55, 4: "entra nel legno e del'angusta prora / i duo remi a trattar prende per gioco."
119 Ibid., III, 61.
120 Nello stesso canto si trova la figura del Gioco personificato insieme allo Scherzo, cf. ibid., VIII, 11.
121 Ibid., 4. Per il rapporto di questo passo con la proibizione del poema nella relazione del Padre Mostro cf. Carminati, *Tradizione*, p. 132.
122 Cf. ibid., p. 132.

paratesto e il travestimento, dall'altra abbraccia e comprende anche una dimensione seria non riconducibile alla mera fuga dalle norme. Nel canto XX l'atteggiamento ludico alla base della scrittura del poema si concilia con il tema, serio, della morte del protagonista. I giochi funebri si rivelano così una *mise en abyme*: se l'approccio è ludico, i temi trattati possono essere seri – ma vanno letti nel contesto in cui a vincere è il gioco come forma di evasione.

Testi

Academici occulti, *Discorso*, in: id., *Rime* = Academici de gli occulti: Discorso intorno al Sileno. In: *Rime de gli Academici Occulti con le loro imprese et discorsi*. Brescia 1568.

Aleandro, *Difesa* = Aleandro, Girolamo: *Difesa dell'Adone, poema del Cav. Marini, per risposta all'Occhiale del Cav. Stigliani*. Venezia 1629.

Ariosto, *Furioso* = Ariosto, Ludovico: *Orlando furioso*. A cura di Lanfranco Caretti. Milano/Napoli 1954.

Arist., *Poet.* = Aristotele: *Poetica*. Note e traduzione di Diego Lanza. Milano 1987.

Bargagli, *Dialogo* = Bargagli, Girolamo: *Dialogo de' Giuochi che nelle vegghie Sanesi si usano di fare: del materiale intronato*. Siena 1572.

Bartolommei, *Didascalia* = Bartolommei, Girolamo: *Didascalia cioè dottrina comica libri tre (1658–1661). L'opera esemplare di un "moderato riformatore"*. Saggio introduttivo, edizione critica e note di Sandro Piazzesi. Firenze 2016.

Borromeo, *Instructionum* = Borromeo, Carlo: *Instructionum Fabricae et Supellectilis ecclesiasticae Libri II (1577)*. A cura di Stefano Della Torre. Città del Vaticano 2000.

Bruni, *Epistole eroiche* = Bruni, Antonio: *Epistole eroiche*. A cura di Gino Rizzo. Galatina 1993.

Cartari, *Immagini* = Cartari, Vincenzo: *Le immagini degli dèi*. Roma 1996.

Charas, *Nouvelles* = Charas, Moyse: *Nouvelles Experiences sur la vipere*. Parigi 1669.

Dante, *Convivio* = Alighieri, Dante: Convivio. In: id.: *Opere minori*. A cura di Cesare Vasoli e Domenico De Robertis. Milano/Napoli 1983.

De Bujanda, *Index* = De Bujanda, Jesús Martínez: *Index des livres interdits*. Ginevra 1984–1996.

De Clave, *Chimie* = De Clave, Étienne: *Cours de Chimie*. Parigi 1646.

Leone Ebreo, *Dialoghi* = Leone Ebreo: *Dialoghi d'amore*. Bari 2008.

Lomazzo, *Trattato* = Lomazzo, Giovanni Paolo: *Trattato dell'arte e della pittura, scoltura et architettura*. Milano 1585.

Marino, *Amori* = Marino, Giovan Battista: *Amori*. A cura di Alessandro Martini. Milano 1982.

Marino, *Dicerie* = Marino, Giovan Battista: *Dicerie sacre*. Roma 2014.

Marino, *Epistolario* = Marino, Giovan Battista: *Epistolario. Seguito da lettere di altri scrittori del Seicento*. A cura di Angelo Borzelli e Fausto Nicolini. Bari 1912.

Marino, *Lettere* = Marino, Giovan Battista: *Lettere*. A cura di Marziano Guglielminetti. Torino 1966.

Marino, *Lira* = Marino, Giovan Battista: *La Lira*. A cura di Ottavio Besomi, Janina Hauser e Giovanni Sopranzi. Hildesheim 1991.

Marino, *Sampogna* = Marino, Giovan Battista: *La Sampogna*. Bologna 2011.

Marino, *Sferza* = Marino, Giovan Battista: *La Sferza. Invettiva ai quattro Ministri della Iniquità*. Parigi 1625.

Paleotti, *Discorso* = Paleotti, Gabriele: Discorso intorno alle imagini sacre e profane. In: Barocchi, Paola (a cura di): *Trattati d'arte del Cinquecento: fra manierismo e controriforma*. Vol. 2. Bari 1961, p. 117–509.

Petrarca, *Canzoniere* = Petrarca, Francesco: *Canzoniere*. A cura di Marco Santagata. Milano 2004.

Phaedrus, *Fables* = Phaedrus, Caius Julius: *Les Fables de Phedre Affranchy d'Auguste. Enrichies de Figures en Taille donce*. Parigi 1669.

Scoto, *Il Gelone* = Scoto, Lorenzo: *Il Gelone. Favola pastorale Aggiuntovi in fine una lettera discorsiva del medesimo autore concernente il Genere Drammatico.* Torino 1656.
Stigliani, *Occhiale* = Stigliani, Tommaso: *Dello occhiale. Opera difensiva scritta in risposta al Cavalier Gio. Battista Marini.* Venezia 1627.
Tasso, *Allegoria* = Tasso, Torquato: Allegoria della Gerusalemme Liberata. In: id.: *Le prose diverse.* Nuovamente raccolte ed emandate da Cesare Guasti. Vol. 1. Firenze 1875, p. 297–308.
Tasso, *Conquistata* = Tasso, Torquato: *Gerusalemme conquistata.* A cura di Luigi Bonfigli. Bari 1934.
Tasso, *Discorsi* = Tasso, Torquato: *Discorsi sull'arte poetica e del poema eroico.* A cura di Luigi Poma. Bari 1964.
Tasso, *Estratti dalla Poetica di Castelvetro* = Tasso, Torquato: Estratti dalla Poetica di Lodovico Castelvetro. In: *Le prose diverse.* Firenze 1875, 275–296.
Tasso, *Giudicio* = Tasso, Torquato: *Giudicio sovra la Gerusalemme Riformata.* A cura di Claudio Gigante. Roma 2000.
Tasso, *Il Gonzaga* = Tasso, Torquato: *Il Gonzaga secondo, overo del giuoco, dialogo del Signor Torquato Tasso.* Venezia 1582.
Tasso, *In Difesa* = Tasso, Torquato: *Apologia del Sig. Torq. Tasso in difesa della Gierusalemme liberata.* Ferrara 1583.
Tasso, *Le Lettere* = Tasso, Torquato: *Le Lettere di Torquato Tasso.* A cura di Cesare Guasti. Napoli 1857.
Tasso, *Lettere* = Tasso, Torquato: *Lettere poetiche.* A cura di Carla Molinari. Varese 2008.
Tasso, *Liberata* = Tasso, Torquato: *Gerusalemme liberata.* A cura di Lanfranco Caretti. Torino 1993.
Tasso, *Postille* = Tasso, Torquato: *Postille di Torquato Tasso alla Divina Commedia di Dante Alighieri.* Pisa 1831.
Tasso, *Prose scelte* = Tasso, Torquato: *Prose scelte di Torquato Tasso.* Milano 1825.
Tasso, *Rime* = Tasso, Torquato: *Rime d'amore.* Bologna 1898.
Vida, *Scacchia* = Vida, Marco Girolamo: Scacchia ludus, in: id.: *Poemata omnia tam quae ad Christi veritatem pertinent, quam ea quae haud plane desiunxit a fabula, utraque seorsum ab alteris.* Cremona 1567, 99–121.
Villani, *Uccellatura* = Villani, Nicola: *L'uccellatura di Vincenzo Foresi all'Occhiale del Cavalier Fra Tomaso Stigliani contro l'Adone del Cavalier Gio. Battista Marini e alla difesa di Girolamo Aleandro.* Venezia 1630.

Bibliografia

Acciarino, *Lettere* = Acciarino, Damiano: *Lettere sulle grottesche (1580–1581)*. Prefazione di Dorothea Scholl. Canterano 2018.
Alberigo, *Aleandro* = Alberigo, Giuseppe: Aleandro, Girolamo. In: *Dizionario Biografico degli Italiani*. Vol. 2 (1960), https://www.treccani.it/enciclopedia/girolamo-aleandro_%28Dizionario-Biografico%29/ [ultimo accesso: 25/05/2022].
Alfano, *Concetto* = Alfano, Giancarlo: Sul concetto di verosimile nei commenti cinquecenteschi alla Poetica di Aristotele. In: *Filologia e Critica* 26 (2001), p. 187–209.
Allen, *Misteriously* = Allen, Do Cameron: *Misteriously meant. The rediscovery of pagan Symbolism and allegorical interpretation in the Renaissance*. Baltimora/Londra 1970.
Amador, *Diccionario* = Martínez Amador, Emilio María: *Diccionario Alemán-Español*. Barcelona 1974.
Arbizzoni, *Vicende* = Arbizzoni, Guido: Vicende e ambagi dell'epica secentesca. In: Arbizzoni, Guido/Faini, Marco/Mattioli, Tiziana (a cura di): *Dopo Tasso. Percorsi del poema eroico*. Atti del Convegno di Studi. Urbino, 15 e 16 giugno 2004. Roma/Padova 2005, p. 3–37.
Ardissino, *Allegorie* = Ardissino, Erminia: Le allegorie della *Conquistata* come poema dell'anima, in: *Filologia e critica* 18 (1993), p. 45–69, poi divenuto il capitolo V del volume: ead.: *"L'aspra tragedia". Poesia e sacro in Torquato Tasso*. Firenze 1996, 129–158.
Arnaudo, *Dante* = Arnaudo, Marco: *Dante barocco. L'influenza della "Divina Commedia" su letteratura e cultura del Seicento italiano*. Ravenna 2013.
Artico, *Anatomia* = Artico, Tancredi: *Anatomia dell'epica da Tasso a Graziani*. Tesi di dottorato. Padova 2016.
Artico, *Itinerari* = Artico, Tancredi: *Itinerari dell'epica barocca. Modi, modelli e forme nella prima metà del Seicento*. Mauritius 2018.
Asor Rosa, *Angeli* = Asor Rosa, Alberto: Angeli, Pietro. In: *Dizionario Biografico degli Italiani*. Vol. 3 (1961), https://www.treccani.it/enciclopedia/pietro-angeli_%28Dizionario-Biografico%29/ [ultimo accesso: 10/04/2022].
Baldassarri, *Marino* = Baldassarri, Guido: Il Marino, ovvero la Poesia. In: Guardiani, Francesco (a cura di): *Lectura Marini*. Ottawa 1989, p. 139–154.
Balducci, *Dizionario* = Balducci, Sanzio: *Dizionario di retorica. Con una appendice su lingue antiche e moderne*. Alessandria 2011.
Balsamo-Crivelli, *Commento* = Marino, Giovan Battista: *L'Adone*. A cura di Riccardo Balsamo-Crivelli. Torino 1922.
Balsamo, *Imprimeurs* = Balsamo, Jean: Giambattista Marino et ses imprimeurs libraires parisiens. In: *Bulletin du bibliophile* 1 (2010), p. 100–118.
Balsamo, *Stampa* = Balsamo, Jean: "Per fargli dar l'anima dalla stampa di Francia": Marino, l'Adone et le livre italien a Paris dans la premiere moitie du XVIIe siècle. In: Sensi, Claudio (a cura di): *Maître et passeur. Per Marziano Guglielminetti dagli amici di Francia*. Presentazione di Lionello Sozzi. Alessandria 2008, p. 213–137.
Bàrberi Squarotti, *Letteratura instabile* = Bàrberi Squarotti, Giorgio: *La letteratura instabile. Il teatro e la novella tra Cinquecento ed Età barocca*. Treviso 2006.
Bartezzaghi, *Banalità* = Bartezzaghi, Stefano: *Banalità*. Milano 2019.
Bellini, *Umanisti* = Bellini, Eraldo: *Umanisti e Lincei. Letteratura e scienza a Roma nell'età di Galileo*. Padova 1998.

Bellini, *Mascardi* = Bellini, Eraldo: *Agostino Mascardi tra "ars poetica" e "ars historica"*. Milano 2002.
Bellini, *Stili* = Bellini, Eraldo: *Stili di pensiero nel Seicento italiano*. Pisa 2009.
Bellini/Scarpati, *Il vero* = Bellini, Eraldo/Scarpati,Claudio: *Il vero e il falso dei poeti*. Milano 1990.
Benedetti, *Ragioni* = Benedetti, Laura: Le ragioni della poesia: Torquato Tasso e Silvio Antoniano. In: *Annali d'Italianistica* 34 (2016), p. 243–259.
Bettinger/Funk, *Maskeraden* = Bettinger, Elfi/Funk, Julika: Maskeraden. Geschlechterdifferenz in der literarischen Inszenierung. In: Neumann, Gerhard/Schabert, Ina (a cura di): *Geschlechterdifferenz und Literatur*. Vol. 3. Berlino 1995, p. 117–134.
Bianconi/Walker, *Production* = Bianconi, Lorenzo/Walker,Thomas: Production, Consumption and Political Function of Seventeenth-Century Opera. In: *Early Music History* 4 (1984), p. 209–296.
Boillett, *Dire* = Boillett, Danielle: Dire "l'inonesto gioco" dans le chant VIII de l'Adone. In: Sensi, Claudio (a cura di): *Maître et passeur. Per Marziano Guglielminetti dagli amici di Francia*. Presentazione di Lionello Sozzi. Alessandria 2008, p. 213–137.
Bolzoni, *Allegoria* = Bolzoni, Lina: L'allegoria, o la creazione dell'oscurità. In: *L'Asino d'oro* 2 (1991), p. 53–69.
Bongioanni, *Scrittori* = Bongioanni, Antonio: *Gli scrittori del giuoco della palla. Ricerche e discussioni letterarie*. Torino 1907.
Borgstedt, *Kuß* = Borgstedt, Thomas: Kuß, Schoß und Altar. Zur Dialogizität und Geschichtlichkeit erotischer Dichtung (Giovanni Pontano, Johannes Secundus, Giambattista Marino und Christian Hoffmann von Hoffmannswaldau). In: *Germanisch-Romanische Monatsschrift* 44/3 (1994), p. 288–323.
Borzelli, *Storia* = Borzelli, Angelo: *Storia della vita e delle opere di Giovan Battista Marino*. Napoli 1898.
Brendecke, *Imperium* = Brendecke, Arndt: *Imperium und Empirie. Funktionen des Wissens in der spanischen Kolonialherrschaft*. Colonia 2009.
Brendecke, *Vigilanzkulturen* = Brendecke, Arndt: Warum Vigilanzkulturen? Grundlagen, Herausforderungen und Ziele eines neuen Forschungsansatzes. In: *Mitteilungen des Sonderforschungsbereichs 1369 Vigilanzkulturen* 1 (2020), p. 10–17.
Bröckling, *Postheroische* = Bröckling, Ulrich: *Postheroische Helden. Ein Zeitbild*. Berlino 2020.
Bullough/Bullough, *Cross* = Bullough, Vern/Bullough, Bonnie: *Cross dressing, sex, and gender*. Filadelfia 1993.
Cabani, *Diverte* = Cabani, Maria Cristina: Marino si diverte? Le armi del comico: gioco, scherzo e riso nell'Adone. In: Simona Morando (a cura di): *Instabilità e metamorfosi dei generi nella letteratura barocca*. Atti del convegno di studi. Genova, Auditorium di Palazzo Rosso 5–7 ottobre 2006. Venezia 2007, p. 27–51.
Caillois, *Giochi* = Caillois, Roger: *I giochi e gli uomini. La maschera e la vertigine*. Firenze/Milano 2019.
Caillois, *Occhio* = Caillois, Roger: *L'occhio di Medusa. L'uomo, l'animale, la maschera*. Milano 1998.
Calcaterra, *Parnaso* = Calcaterra, Carlo: *Parnaso in rivolta. Barocco e Antibarocco nella poesia italiana*. Bologna 1961.
Caponetto, *Riforma* = Caponetto, Salvatore: *La Riforma protestante nell'Italia del Cinquecento*. Torino 1992.

Carducci, *Dello svolgimento* = Carducci, Giosuè: *Dello svolgimento della letteratura nazionale.* Roma 1988.
Caretti, *Ariosto* = Caretti, Lanfranco: *Ariosto e Tasso.* Torino 1961.
Carminati, *Inquisizione* = Carminati, Clizia: *Giovan Battista Marino tra inquisizione e censura.* Roma 2008.
Carminati, *Tradizione* = Carminati, Clizia: *Tradizione, imitazione, modernità. Tasso e Marino visti dal Seicento.* Pisa 2020.
Cavarzere, *Prassi* = Cavarzere, Marco: *La prassi della censura nell'Italia del Seicento: tra repressione e mediazione.* Roma 2011.
Chastel, *Grottesca* = Chastel, André: *La grottesca.* Milano 2010.
Cherchi, *Metamorfosi* = Cherchi, Paolo: *La metamorfosi dell'Adone.* Ravenna 1996.
Chiodo, *Idillio* = Chiodo, Domenico: *L'idillio barocco e altre bagatelle.* Torino 2000.
Colombo, *Cultura* = Colombo, Carmela: *Cultura e tradizione nell'Adone di G.B. Marino.* Padova 1967.
Comelli, *Poetica* = Comelli, Michele: *Poetica e allegoria nel Rinaldo di Torquato Tasso.* Milano 2014.
Corradini, *Questioni* = Corradini, Marco: Questioni di famiglia. Tasso, Marino, Stigliani. In: *Studi secenteschi* 46/324 (2005), p. 445–469.
Corradini, *Terra* = Corradini, Marco: *In terra di letteratura. Poesia e poetica di Giovan Battista Marino.* Lecce 2012.
Corradini, *Tradizione* = Corradini, Marco: *La tradizione e l'ingegno. Ariosto, Tasso, Marino e dintorni.* Novara 2004.
Corradino, *Secentismo* = Corradino, Corrado: *Il Secentismo e l'Adone del Cav. Marino. Considerazioni critiche.* Torino 1880.
Crary, *Attention* = Crary, Jonathan: *Suspensions of Perception. Attention, Spectacle, and Modern Culture.* Cambridge 2001.
Crivelli, *Feconde* = Crivelli, Tatiana: *Feconde venner le carte. Studi in onore di Ottavio Besomi.* Bellinzona 1997.
Croce, *Tre momenti* = Croce, Franco: *Tre momenti del Barocco letterario italiano.* Firenze 1966.
D'Afflitto/Romei, *Teatri* = D'Afflitto, Chiara/Romei, Danilo: *I teatri del paradiso. La personalità, l'opera, il mecenatismo di Giulio Rospigliosi (Papa Clemente IX).* Comune di Pistoia 2000.
D'Elia/Russo, *Partita* = D'Elia, Diego/Russo, Emilio: Giovan Battista Marino. La partita a scacchi (Adone, XV). In: *Ludica, Annali di storia e civiltà del gioco* 13–14 (2007–2008), p. 241–250.
Damiani, *Sopra* = Damiani, Guglielmo Felice: *Sopra la poesia del cavalier Marino.* Torino 1899.
De Maldé, *Appunti* = De Maldé, Vania: Appunti per la storia dell'elegia in Italia tra Umanesimo e Barocco. In: *Studi Secenteschi* 37 (1996), p. 109–134.
De Maldé, *Le fonti* = De Maldé, Ettore: *Le fonti della Gerusalemme Liberata.* Parma 1910.
De Maldé, *Nuovi generi* = De Maldé, Vania: Nuovi generi e metri del Marino. In: Guardiani, Francesco (a cura di): *The sense of Marino. Literature, fine arts and music of the Italian Baroque.* New York/Ottawa/Toronto 1994, p. 179–210.
De Sanctis, *Storia* = De Sanctis, Francesco: *Storia della letteratura italiana.* Morano 1870.
Delcorno, *Rassegna* = Delcorno, Carlo: Rassegna Mariniana (1969–1974). In: *Lettere Italiane* 27/1 (1975), p. 91–109.
Della Terza, *Esperienza* = Della Terza, Dante: L'esperienza petrarchesca del Tasso. In: *Forma e memoria. Saggi e ricerche sulla tradizione letteraria da Dante a Vico.* Roma (1979), p. 177–197.

Derla, *Allegoria* = Derla, Luigi: Sull'allegoria della Gerusalemme Liberata. In: *Italianistica* 7 (1978), p. 473–488.
Domínguez, *Dos* = Domínguez, José María: Dos representaciones de *Chi soffre speri* en Anria, 1649–1650. In: Antonucci, Fausta/Tedesco, Anna (a cura di): *La comedia nueva e le scene italiane nel Seicento. Trame, drammaturgie, contesti a confronto*. Firenze 2016, p. 103–116.
Donadoni, *Tasso* = Donadoni, Eugenio: *Tasso. Saggio critico*. Firenze 1921.
Dörrie, *Heroische* = Dörrie, Heinrich: *Der heroische Brief. Bestandsaufnahme, Geschichte, Kritik einer humanistisch-barocken Literaturgattung*. Berlino/Boston 2018.
Dossena, *Storia* = Dossena, Giampaolo: *Storia confidenziale della letteratura italiana. Dall'età del Boiardo al Seicento*. Milano 2012.
Drusi, *Venere* = Drusi, Riccardo: Venere, Galania e la testuggine: alle radici di una "fabula" del Marino [*Adone*, XV, 171–181]. In: Perocco, Daria (a cura di): *Tra boschi e marine. Varietà della pastorale nel Rinascimento e nell'Età Barocca*. Bologna 2012, p. 477–511.
Emanuele, *Opera* = Emanuele, Mario: *Opera e riscritture. Melodrammi, ipertesti, parodie*. Torino 2001.
Ferrero, *Marino* = Ferrero, Giuseppe Guido: *Marino e i Marinisti*. Milano/Napoli 1954.
Ferretti, *Allegoria e finzione* = Ferretti, Francesco: "Quasi in un picciolo mondo" dantesco: allegoria e finzione nella 'Liberata'. In: *Lettere Italiane* 55/2 (2003), p. 169–195.
Fingerle, *Tempo* = Fingerle, Maddalena: "È tempo perduto che se ne faccia parola"? Gli animali nelle allegorie dell'*Adone*. In: *Fillide. Il Sublime rovesciato: comico umorismo e affini* 1 (2020).
Fingerle/Mehltretter, *Vigilanz* = Fingerle, Maddalena/Mehltretter, Florian: Vigilanz, *vigilantia, vigilancia, vigilanza*. Italianistische Anmerkungen zur Begrifflichkeit des Sonderforschungsbereichs. In: *Mitteilungen des Sonderforschungsbereichs 1369 Vigilanzkulturen* 1 (2020), p. 18–25.
Fischer, *Spielen* = Fischer, Andreas: *Spielen und Philosophieren zwischen Spätmittelalter und Früher Neuzeit*. Gottinga 2016.
Foà, *Di Somma* = Foà, Simona: Di Somma, Agazio. In: *Dizionario Biografico degli Italiani* 40 (1991), https://www.treccani.it/enciclopedia/agazio-di-somma_%28Dizionario-Biografico%29/ [ultimo accesso: 10/04/2022].
Frajese, *Popolo* = Frajese, Vittorio: *Il popolo fanciullo. Torquato Tasso e il sistema disciplinare della Controriforma*. Milano 1987.
Frare, *Canocchiale* = Frare, Pierantonio: Adone. Il poema del Neopaganesimo. In: *Filologia e critica* 35 (2010, ma 2011), p. 227–249.
Frare, *Marino* = Frare, Pierantonio: Marino al canocchiale. In: *Aprosiana* 9 (2002), p. 97–108.
Frömmer, *Italien* = Frömmer, Judith: *Italien im heiligen Land. Typologien frühneuzeitlicher Gründungsnarrative*. Costanza 2018.
Fusco, *Scrittori* = Fusco, Enrio Maria: *Scrittori e idee. Dizionario critico della Letteratura Italiana*. Torino 1956.
Garavelli, *Parlar figurato* = Garavelli, Bice: *Il parlar figurato. Manualetto di figure retoriche*. Roma/Bari 2010.
Geri, *Epistola* = Geri, Lorenzo: L'epistola eroica in volgare: stratigrafie di un genere secentesco. Da Giovan Battista Marino ad Antonio Bruni. In: Gigliucci, Roberto (a cura di): *Miscellanea seicentesca*. Roma 2011, p. 79–156.
Geri, *Lettera* = Geri, Lorenzo: Le epistole eroiche di Antonio Bruni tra Umoristi e Caliginosi. In: Gurreri, Clizia/Bianchi Ilaria: *Le virtuose adunanze. La cultura accademica tra XVI e XVIII*

secolo. Prefazione di Giulio Ferroni, introduzione di Gian Mario Anselmi. Avellino 2014, p. 173–193.
Getto, *Malinconia* = Getto, Giovanni: *Malinconia di Torquato Tasso*. Napoli 1979.
Gheno, *Femminili* = Gheno, Vera: *Femminili singolari*. Firenze 2019.
Giambonini, *Poesie* = Giambonini, Francesco: Poesie estravaganti di Marino. In: *Studi Secenteschi* 34 (1993), p. 69–121.
Gigante, *Commento* = Tasso, Torquato: *Giudicio sovra la Gerusalemme Riformata*. A cura di Claudio Gigante. Roma 2000.
Girardi, *Scrittori* = Girardi, Mariateresa: Scrittori greci nel Giudizio sulla "Conquistata" di Torquato Tasso. In: *Aevum* 78 (1999), p. 735–766.
Girardi, *Studio* = Girardi, Maria Teresa: *Tasso e la nuova "Gerusalemme". Studio sulla "Conquistata" e sul "Giudicio"*. Napoli 2002.
Grubitzsch-Rodewald, *Mythologie* = Grubitzsch-Rodewald, Helga: *Die Verwendung der Mythologie in Giambattista Marinos* Adone. Wiesbaden 1973.
Guardiani, *Spettacoli* = Guardiani, Francesco: Canto XX: Gli spettacoli. Il gran teatro del mondo, ovvero il mondo a teatro. In: id. (a cura di): *Lectura Marini*. Ottawa 1989, p. 317–325.
Guglielminetti, *Adone* = Guglielminetti, Marziano: L'"Adone" poema dell'"Arte". In: *Lettere Italiane* 1 (1962), p. 71–91.
Güntert, *Gerusalemme* = Güntert, Georges: Dalla *Gerusalemme Liberata* alla *Conquistata*: Racconto di nobili imprese e allegoria del *contemptus mundi*. In: *Italianistica*. 24/2–3 (1995), p. 381–395.
Haselstein, *Allegorie* = Haselstein, Ulla: *Allegorie. DFG-Symposion*. Berlino/Boston. 2014.
Hathaway, *Age of Criticism* = Hathaway, Baxter: *The Age of Criticism: The late Renaissance in Italy*. Ithaca/New York 1962.
Hempfer, *Probleme* = Hempfer, Klaus: Probleme der Bestimmung des Petrarkismus. Überlegungen zum Forschungsstand. In: Stempel, Wolf Dieter/Stierle, Karlheinz (a cura di): *Die Pluralität der Welten. Aspekte der Renaissance in der Romania*. Monaco di Baviera 1987, p. 253–277.
Huizinga, *Homo* = Huizinga, Johan: *Homo ludens*. Torino 1946.
Javitch, *Ariosto* = Javitch, Daniel: *Ariosto classico. La canonizzazione dell'Orlando Furioso*. Milano 1999.
Jenni, *Appunti* = Jenni, Adolfo: Appunti sul Tasso. In: *Studi Tassiani* 17 (1967), p. 25–27.
Kablitz, *Rhetorik* = Kablitz, Andreas: *Zwischen Rhetorik und Ontologie. Struktur und Geschichte der Allegorie im Spiegel der jüngeren Literaturwissenschaft*. Heidelberg 2016.
Kappl, *Poetik des Aristoteles* = Kappl, Brigitte: *Die Poetik des Aristoteles in der Dichtungstheorie des Cinquecento*. Berlino 2006.
Kennedy, *Modes* = Kennedy, William John: *Modes of Allegory in Ariosto, Tasso and Spencer*. Yale 1970.
Kerl, *Fiktionalität* = Kerl, Katharina: *Die doppelte Pragmatik der Fiktionalität: Studie zur Poetik der* Gerusalemme Liberata *(Torquato Tasso, 1581)*. Stoccarda 2014.
Labib Lecard, *Amori* = Labib Lecard, Ines: Amori proibiti e pensiero eterodosso: "Gerusalemme liberata" tra dissimulazione e trasgressione. In: *Esperienze letterarie* 3 (2010), p. 75–81.
Larivaille, *Prassi* = Larivaille, Paul: Dalla prassi alla teoria: l'allegoria nella "Gerusalemme Liberata". In: Della Terza, Dante (a cura di): *Dal "Rinaldo" alla "Gerusalemme": il testo, la favola*. Sorrento 1997, p. 129–152.

Lazzarini, *Testimonianza* = Lazzarini, Andrea: Una testimonianza di Tommaso Stigliani. Palazzi e libri di disegno in una dichiarazione di poetica mariniana. In: *Italianistica* 40/1 (2011), p. 73–85.

Lehnert, *Maskeraden* = Lehnert, Gertrud: *Maskeraden und Metamorphosen. Als Männer verkleidete Frauen in der Literatur*. Würzburg 1993.

Leone, *Villani* = Leone, Marco: Villani, Nicola. In: *Dizionario Biografico degli Italiani*. Vol. 99 (2020), https://www.treccani.it/enciclopedia/nicola-villani_%28Dizionario-Biografico%29/ [ultimo accesso: 25/05/2022].

Levin, *Men* = Levin, Laura: Men in Women's Clothing. Antitheatricality and effeminization, 1579–1642. Cambridge Studies in Renaissance Literature and Culture. Vol. 5. Cambridge/New York/Melbourne 1994, p. 121–143.

Lunin, *Kleid* = Lunin, Vincent: *Kleid und Verkleidung. Untersuchungen zum Verkleidungsmotiv unter besonderer Berücksichtigung der altfranzösischen Literatur*. Berna 1954.

Magris, *Libertà* = Magris, Francesco: *Libertà totalitaria*. Milano 2018.

Mango, *Fonti* = Mango, Francesco: *Le fonti dell'Adone di Giovan Battista Marino. Ricerche e studi*. Torino/Palermo 1891.

Mazzali, *Cultura* = Mazzali, Ettore: *Cultura e poesia nell'opera tassiana*. Bologna 1957.

Mehltretter, *Ambivalent* = Mehltretter, Florian: Ambivalent Allegories. Giovan Battista Marino's *Adone* (1623) between censorship and hermeneutic freedom. In: Vöhler, Martin/Fuhrer, Therese/Frangoulidis, Stavros (a cura di): *Strategies of Ambiguity in Ancient Literature* (= Trends in Classics 114). Berlino/Boston 2021, p. 351–363.

Mehltretter, *Ende* = Mehltretter, Florian: Das Ende der Renaissance-Episteme? Bemerkungen zu Giovan Battista Marinos Adonis-Epos. In: Höfele, Andreas/Müller, Jan-Dirk/Oesterreicher, Wulf (a cura di): *Die Frühe Neuzeit. Revisionen einer Epoche*. Berlino/New York 2013, p. 331–353.

Mehltretter, *Kanonisierung* = Mehltretter, Florian: *Kanonisierung und Medialität: Petrarcas Rime in der Frühzeit des Buchdrucks*. Berlino 2009.

Mehltretter, *Petrarca neu erfinden* = Mehltretter, Florian: Petrarca neu erfinden. Zu Niccolò Francos Dialog *Il Petrarchista*. In: Kablitz, Andreaas/Regn, Gerhard (a cura di): *Renaissance – Episteme und Agon*. Für Klaus W. Hempfer anläßlich seines 60. Geburtstages. Heidelberg 2006, p. 149–172.

Mehltretter, *Petrarkismus* = Mehltretter, Florian: Giordano Bruno und der Petrarkismus. Bemerkungen zum ersten Teil der *Eroici furori*. In: *Romanistisches Jahrbuch* 54 (2003), p. 146–179.

Mirollo, *Marvelous* = Mirollo, James: *The Poet of the Marvelous Giambattista Marino*. New York/Londra 1963.

Morace, *Allegoria biblica* = Morace, Rosanna: L'allegoria biblica tra "Gerusalemme Conquistata" e "Mondo Creato". In: Piras, Tiziana (a cura di): *Gli scrittori italiani e la Bibbia*. Atti del convegno di Portogruaro, 21–22 ottobre 2009. Trieste 2011, p. 41–53.

Morel, *Grottesca* = Morel, Philippe: Il funzionamento simbolico e la critica delle grottesche nella seconda metà del Cinquecento. In: Fagiolo, Marcello (a cura di): *Roma e l'antico nell'arte e nella cultura del Cinquecento*. Roma 1991, p. 13–32.

Morpurgo-Tagliabue, *Anatomia* = Morpurgo-Tagliabue, Guido: *Anatomia del Barocco*. Palermo 1987.

Murata, *Carnevale* = Murata, Margaret: Il carnevale a Roma sotto Clemente IX Rospigliosi. In: *Rivista italiana di musicologia* 12/1 (1977), p. 83–99.

Murrin, *Allegorical* = Murrin, Michael: *The Allegorical Epic*. Chicago 1980.

Muzzuoli, *Materiali* = Muzzuoli, Francesco: *Materiali intorno all'allegoria*. Roma 2010.
Nelting, *Formar* = Nelting, David: ... *formar modelli nuovi* ... *Marinos Poetik des 'Neuen' und die Amalgamierung des 'Alten'. Bemerkungen aus dem Blickwinkel einer laufenden Forschergruppe, Working Papers der FOR 2305 Diskursivierungen von Neuem*. Berlino 2017, https://refubium.fu-berlin.de/handle/fub188/21828 [ultimo accesso: 09/04/2022].
Nestola, *Egisto*, = Nestola, Barbara: L'Egisto fantasma di Cavalli: nuova luce sulla rappresentazione parigina dell'*Egisto ovvero Chi soffre speri* di Mazzocchi e Marazzoli (1646). In: *Recercare* 19/1–2 (2007), p. 125–146.
Olini, *Direzioni* = Olini, Lucia: Dalle direzioni di lettura alla revisione del testo: Tasso tra "Allegoria del poema" e "Giudizio". In: *La rassegna della letteratura italiana* 89 (1985), p. 53–68.
Oster-Stierle, *Schleier* = Oster-Stierle, Patricia: *Der Schleier im Text. Funktionsgeschichte eines Bildes für die neuzeitliche Erfahrung des Imaginären*. Monaco di Baviera 2002.
Oxford Latin Dictionary = *Oxford Latin Dictionary*, a cura di P. G. W. Glare. Oxford ^{2}2012.
Pazzini, *Eredità* = Pazzini, Domenico: L'eredità origeniana dell'allegoria medievale. In: Ferrari, Fulvio (a cura di): *L'allegoria: teorie e forme tra medioevo e modernità*. Trento 2010, p. 1–19.
Piantoni, *Officina* = Piantoni, Luca: Nell'officina del Marino. Considerazioni su alcuni casi di intertestualità a partire dall'*Adone* VII 189–224. In: *Seicento e Settecento. Rivista di Letteratura Italiana* 8 (2013), p. 91–103.
Piel, *Ornament-Groteske* = Piel, Friedrich: *Die Ornament-Groteske in der italienischen Renaissance. Zu ihrer kategorialen Struktur und Entstehung*. Berlino 1962.
Pieri, *Commento* = Marino, Giovan Battista: *Adone*. Lavis 2007.
Pieri, *Per Marino* = Pieri, Marzio: *Per Marino*. Padova 1976.
Pozzi, *Commento* = Marino, Giovan Battista Marino: *Adone*. A cura di Giovanni Pozzi. Milano 1988.
Praz, *Giardino* = Praz, Mario: *Il giardino dei sensi. Studi sul manierismo e il barocco*. Milano 1975.
Praz, *Marinismo* = Praz, Mario: *Secentismo e Marinismo in Inghilterra. John Donne, Richard Crashato*. Firenze 1925.
Profeti, *Commedie* = Profeti, Maria Grazia: *Commedie, riscritture, libretti: la Spagna e l'Europa*. Firenze 2009.
Prosperi, *Istituzioni* = Prosperi, Adriano: Istituzioni ecclesiastiche e idee religiose nella Ferrara del Tasso. In: Venturi, Gianni (a cura di): *Torquato Tasso e la cultura estense*. Vol. 3. Firenze 1999, p. 1293–1306.
Rebellato, *Fabbrica* = Rebellato, Elisa: *La fabbrica dei divieti. Gli Indici dei libri proibiti da Clemente VIII a Benedetto XIV*. Milano 2008.
Regn, *Manierismus* = Regn, Gerhard: Tasso und der Manierismus. In: *Romanistisches Jahrbuch* 38/1 (1987), p. 99–129.
Regn, *Systemunterminierung* = Regn, Gerhard: Systemunterminierung und Systemtransgression. Zur Petrarkismus-Problematik in Marinos Rime amorose *(1602)*. In: Hempfer, Klaus/ Regn, Gerhard (a cura di): *Der petrarkistische Diskurs. Spielräume und Grenzen*. Stoccarda 1993, p. 255–280.
Regn, *Tragödie* = Regn, Gerhard: Die Tragödie als spettacolo gentil: Poetik der meraviglia und hedonistische Weltmodellierung bei Marino. In: Oy-Marra, Elisabeth/Schroller, Dietrich (a cura di): *Parthenope-Neapolis-Napoli. Bilder einer porösen Stadt*. Gottinga 2018, p. 87–115.
Regn, *Zyklische Lyrik* = Regn, Gerhard: *Tassos zyklische Liebeslyrik und die petrarkistische Tradition. Studien zur Parte prima der Rime (1591/92)*. Tubinga 1987.
Residori, *L'idea* = Residori, Matteo: *L'idea del poema. Studio sulla "Gerusalemme conquistata"*. Pisa 2004.

Rhu, *Allegory* = Rhu, Lawrence: From Aristotle to Allegory: Young Tasso's Evolving Vision of the Gerusalemme Liberata. In: *Italica* 5/2 (1988), p. 111–130.
Riga, *Esempio* = Riga, Piero Giulio: Un esempio di moralità letteraria: il *Discorso intorno all'onestà della poesia*. In: Guarna, Valeria/Lucioli, Francesco/Riga, Pietro Giulio (a cura di): *Il discorso morale nella letteratura italiana. Tipologie e funzioni*. Roma 2011, p. 75–91.
Rizzo, *Commento* = Bruni, Antonio: *Epistole eroiche*. A cura di Gino Rizzo. Galatina 1993.
Romei, *Spettacolo* = Romei, Danilo: *Lo spettacolo del sacro, la morale del profano. Su Giulio Rospigliosi (Papa Clemente IX)*. Atti del Convegno Internazionale (Pistoia, 22–23 settembre 2000). Firenze 2005.
Russo, *Commento* = Marino, Giovan Battista: *Adone*. A cura di Emilio Russo. Milano 2013.
Russo, *Studi* = Russo, Emilio: *Studi su Tasso e Marino*. Roma 2005.
Russo, *Marino* = Russo, Emilio: *Marino*. Salerno 2008.
Russo, *Promesse* = Russo, Emilio: Le promesse del Marino. A proposito di una redazione della Lettera Claretti. In: id.: *Studi su Tasso e Marino*. Roma/Padova 2005, p. 101–188.
Russo/Pignatti, *Imperiale* = Russo, Emilio/Pignatti, Franco: Imperiale, Vincenzo. In: *Dizionario Biografico degli Italiani*, vol. 62 (2004), https://www.treccani.it/enciclopedia/gian-vincenzo-imperiale_%28Dizionario-Biografico%29/ [ultimo accesso: 12/04/2022].
Sacchi, *Vicende* = Sacchi, Guido: *Fra Ariosto e Tasso: vicende del poema narrativo*. Pisa 2006.
Santacroce, *Melodramma* = Santacroce, Simona: Un melodramma ridicoloso del "papa comico": *Chi soffre speri*. In: *Studi Secenteschi* 53 (2012), p. 73–88.
Santacroce, *Pastorale* = Santacroce, Simona: Una pastorale nostalgica per celebrare la corte: *Il Gelone* di Lorenzo Scoto. In: *Studi Piemontesi* 2 (2012), p. 373–382.
Santacroce, *Catena* = Santacroce, Simona: *La catena d'Adone di Tronsarelli*. Città di Castello 2014.
Sasso, *Allegoria* = Sasso, Gennaro: *Allegoria e simbolo*. Torino 2014.
Saviotti, *Cavalier* = Saviotti, Gino: *Il Cavalier Marino*. Firenze 1929.
Scholl, *Grotesken* = Scholl, Dorothea: *Von den "Grotesken" zum Grotesken. Die Konstituierung einer Poetik des Grotesken in der italienischen Renaissance*. Münster 2004.
Schrammek, *Kirche* = Schrammek, Bernhard: *Zwischen Kirche und Karneval. Biographie, soziales Umfeld und Werk des römischen Kapellmeisters Virgilio Mazzocchi*. Latina 2000.
Scianatico, *Armi* = Scianatico, Giovanna: *L'armi pietose. Studio sulla "Gerusalemme liberata"*. Venezia 1990.
Stein, *Nome* = Stein, Thomas: *Nel nome del gran Torquato. Gerusalemme Liberata e drammaturgia secentesca*. Berna 2012.
Taine, *Histoire* = Taine, Hyppolyte: *Histoire de la littérature anglaise*. Vol. 1. Parigi 1905.
Tonelli, *Tasso* = Tonelli, Luigi: *Tasso*. Torino 1935.
Travi, *Lirica* = Travi, Ernesto: *La lirica barocca in Italia*. Torino 1965.
Treccani = *Vocabolario della lingua italiana* (Treccani). Roma 1994.
Tristan, *Scène* = Tristan, Marie-France: *La Scène de l'écriture: essai sur la poésie philosophique du Cavalier Marin (1569–1625)*. Parigi 2002.
Urech, *Dizionario* = Urech, Edoardo: *Dizionario dei simboli cristiani*. Ginevra 1972.
Von Matt, *Intrige* = von Matt, Peter: *Die Intrige. Theorie und Praxis der Hinterlist*. Monaco di Baviera/Vienna 2006.
Weinberg, *History* = Weinberg, Bernard: *A History of Literary Criticism in the Italian Renaissance*. Chicago 1961.
Wittgenstein, *Untersuchungen* = Wittgenstein, Ludwig: *Philosophische Untersuchungen*. Francoforte sul Meno 1977.
Zappella, *Ornamentazione* = Zappella, Giuseppina: *L'ornamentazione*. Manziana 2011.

Tavole

Fig. 1a: Allegoria al canto I, testata.

Fig. 1b: Allegoria al canto I, finalino.

Fig. 2a: Allegoria al canto II, testata.

Fig. 2b: Allegoria al canto II, finalino.

Fig. 3a: Allegoria al terzo III, testata.

Fig. 3b: Allegoria al terzo III, finalino.

Fig. 4a: Allegoria al canto IV, testata.

Fig. 4b: Allegoria al canto IV, finalino.

Fig. 5a: Allegoria al canto V, testata.

Fig. 5b: Allegoria al canto V, finalino.

Fig. 6a: Allegoria al canto VI, testata.

Fig. 6b: Allegoria al canto VI, finalino.

Fig. 7a: Allegoria al canto VII, testata.

Fig. 7b: Allegoria al canto VII, finalino.

Fig. 8a: Allegoria al canto VIII, testata.

Fig. 8b: Allegoria al canto VIII, finalino.

Fig. 9a: Allegoria al canto IX, testata.

Fig. 9b: Allegoria al canto IX, finalino.

Fig. 10a: Allegoria al canto X, testata.

Fig. 10b: Allegoria al canto X, finalino.

Fig. 11a: Allegoria al canto XI, testata.

Fig. 11b: Allegoria al canto XI, finalino.

Fig. 12a: Allegoria al canto XII, testata.

Fig. 12b: Allegoria al canto XII, finalino.

Tavole — 157

Fig. 13a: Allegoria al canto XIII, testata.

Fig. 13b: Allegoria al canto XIII, finalino.

Fig. 14a: Allegoria al canto XIV, testata.

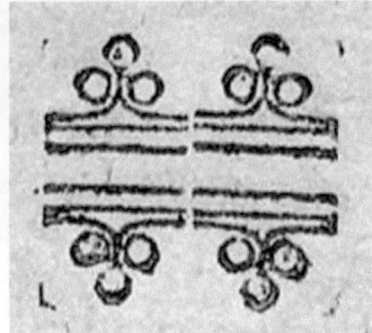

Fig. 14b: Allegoria al canto XIV, finalino.

Fig. 15a: Allegoria al canto XV, testata.

Fig. 15b: Allegoria al canto XV, finalino.

Fig. 16a: Allegoria al canto XVI, testata.

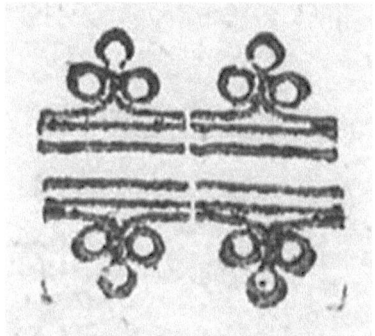

Fig. 16b: Allegoria al canto XVI, finalino.

Fig. 17a: Allegoria al canto XVII, testata.

Fig. 17b: Allegoria al canto XVII, finalino.

Fig. 18a: Allegoria al canto XVIII, testata.

Fig. 18b: Allegoria al canto XVIII, finalino.

Fig. 19a: Allegoria al canto XIX, testata.

Fig. 19b: Allegoria al canto XIX, finalino.

Fig. 20a: Allegoria al canto XX, testata.

Indice delle tavole

Fonte:
Marino, Giambattista: *L'Adone, poema del cavalier Marino [...] con gli argomenti del conte Fortuniano Sanvitale et l'allegorie di don Lorenzo Scoto. [Précédé d'une "Lettre ou discours de M. Chapelain à M. Favereau, conseiller du Roy en sa Cour des aydes, portant son opinion sur le poème d'Adonis du cavalier Marino".]* Parigi 1623. In BnF Gallica: https://gallica.bnf.fr/ark:/12148/bpt6k1329478.r=L%27Adone%2C%20poema%20del%20cavalier%20Marino.?rk=21459;2 [ultimo accesso: 26/04/2022].

Fig. 1a	Allegoria al canto I, testata, p. 4
Fig. 1b	Allegoria al canto I, finalino, p. 4
Fig. 2a	Allegoria al canto II, testata, p. 24
Fig. 2b	Allegoria al canto II, finalino, p. 24
Fig. 3a	Allegoria al terzo III, testata, p. 42
Fig. 3b	Allegoria al terzo III, finalino, p. 42
Fig. 4a	Allegoria al canto IV, testata, p. 64
Fig. 4b	Allegoria al canto IV, finalino, p. 64
Fig. 5a	Allegoria al canto V, testata, p. 96
Fig. 5b	Allegoria al canto V, finalino, p. 96
Fig. 6a	Allegoria al canto VI, testata, p. 114
Fig. 6b	Allegoria al canto VI, finalino, p. 114
Fig. 7a	Allegoria al canto VII, testata, p. 138
Fig. 7b	Allegoria al canto VII, finalino, p. 138
Fig. 8a	Allegoria al canto VIII, testata, p. 164
Fig. 8b	Allegoria al canto VIII, finalino, p. 164
Fig. 9a	Allegoria al canto IX, testata, p. 182
Fig. 9b	Allegoria al canto IX, finalino, p. 182
Fig. 10a	Allegoria al canto X, testata, p. 206
Fig. 10b	Allegoria al canto X, finalino, p. 206
Fig. 11a	Allegoria al canto XI, testata, p. 238
Fig. 11b	Allegoria al canto XI, finalino, p. 238
Fig. 12a	Allegoria al canto XII, testata, p. 265
Fig. 12b	Allegoria al canto XII, finalino, p. 265
Fig. 13a	Allegoria al canto XIII, testata, p. 296
Fig. 13b	Allegoria al canto XIII, finalino, p. 296
Fig. 14a	Allegoria al canto XIV, testata, p. 326
Fig. 14b	Allegoria al canto XIV, finalino, p. 326
Fig. 15a	Allegoria al canto XV, testata, p. 370
Fig. 15b	Allegoria al canto XV, finalino, p. 370
Fig. 16a	Allegoria al canto XVI, testata, p. 398
Fig. 16b	Allegoria al canto XVI, finalino, p. 398
Fig. 17a	Allegoria al canto XVII, testata, p. 427
Fig. 17b	Allegoria al canto XVII, finalino, p. 427

Open Access. © 2022 the author(s), published by De Gruyter. This work is licensed under the Creative Commons Attribution 4.0 International License.
https://doi.org/10.1515/9783110794113-015

Fig. 18a	Allegoria al canto XVIII, testata, p. 450
Fig. 18b	Allegoria al canto XVIII, finalino, p. 450
Fig. 19a	Allegoria al canto XIX, testata, p. 478
Fig. 19b	Allegoria al canto XIX, finalino, p. 478
Fig. 20a	Allegoria al canto XX, testata, p. 524

www.ingramcontent.com/pod-product-compliance
Lightning Source LLC
Chambersburg PA
CBHW020616300426
44113CB00007B/664